ビルマのウェイザー信仰

土佐桂子
TOSA KEIKO

keiso shobo

ビルマのウェイザー信仰／目　次

図表目次

ビルマ語表記について

ローマ字表記

ビルマ語のローマ字表記はいまだ確立したものがなく、言語学者J・オケールもいくつかの選択肢を挙げている。本論文ではそのなかから、Library of Congress (1966)の方式を改良したConventional Transcription with accented tonesを採用した（Okell 1971参照）。

また仏教用語にパーリ語を語源とする語彙が多く、必要な場合には、（P）としてパーリ語源を記した。

付記

ビルマは一九八九年に国名をミャンマー連邦と変更したが、慣用に従ってビルマという名称をそのまま用いた。現在の国名について特に言及するときはミャンマー、ミャンマー連邦を用いる。また地名のカナ表記は原則として現地読みに近いものを採用した。ラングーン、ペグー、プロームなど、従来から日本において通称として用いられている地名は、現地読みのなかに（　）で通称を表記した。

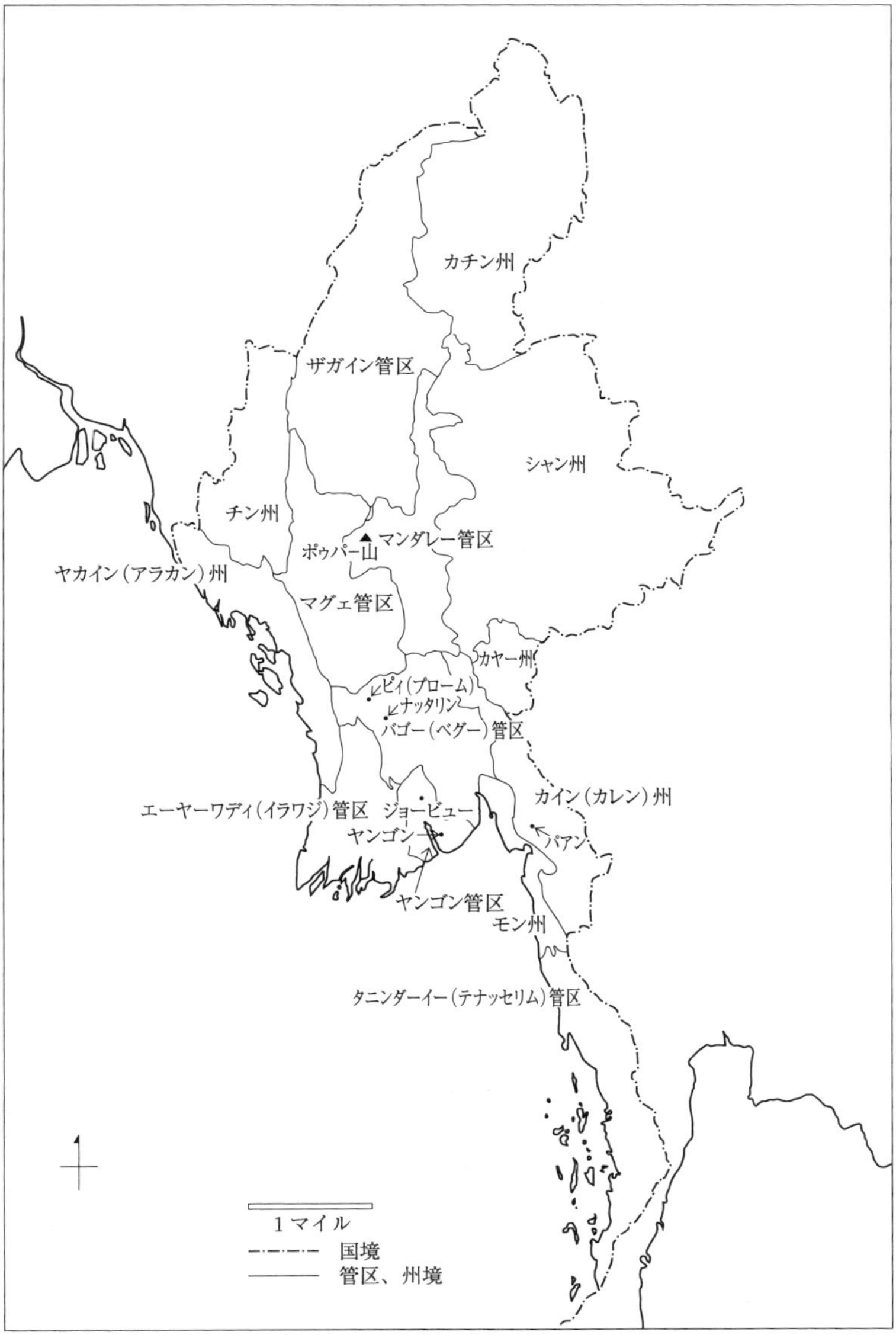

地図1　ミャンマー連邦全土地図

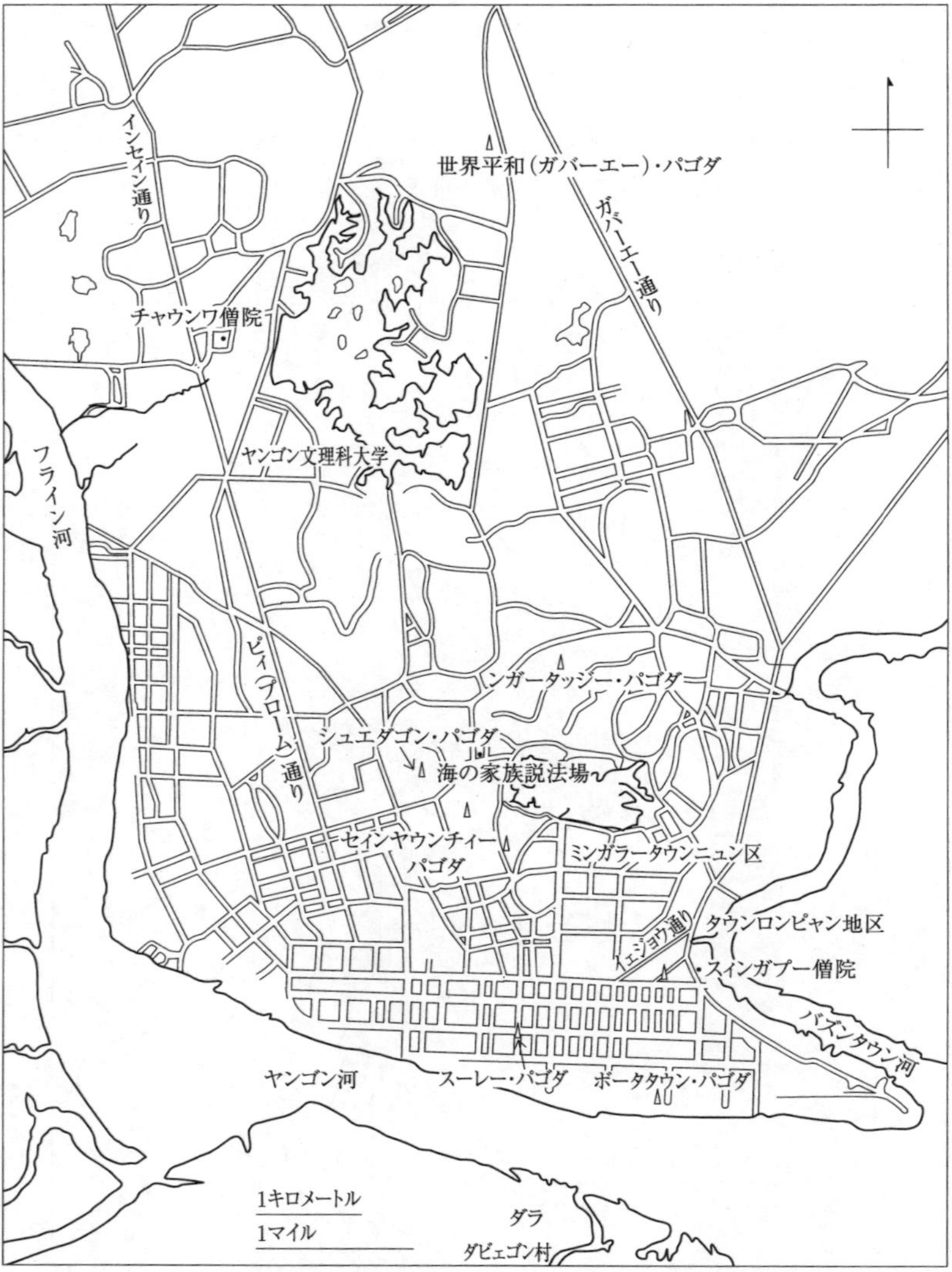
世界平和（ガバーエー）・パゴダ
インセイン通り
ガバーエー通り
チャウンワ僧院
フライン河
ヤンゴン文理科大学
ピィ（プローム）通り
ンガータッジー・パゴダ
シュエダゴン・パゴダ
海の家族説法場
セィンヤウンチィー
パゴダ
ミンガラータウンニュン区
タウンロンピャン地区
イェジョウ通り
・スィンガプー僧院
バズンタウン河
ヤンゴン河
スーレー・パゴダ
ボータタウン・パゴダ
1キロメートル
1マイル
ダラ
ダビェゴン村

地図2　ヤンゴン市街図

1　インセィン
2　ミンガラードン
3　北オゥカラーパ
4　マヤンゴン
5　フライン
6　カマーユッ
7　ヤンギン
8　南オゥカラーパ
9　ティンガンジュン
10　チィミンダイン
11　サンジャウン
12　アロン
13　ランマドー
14　ラター
15　バベーダン
16　チャウダダー
17　ボータタウン
18　バズンタウン
19　ダゴン
20　バハン
21　タームェ
22　ミンガラータウンニュン
23　ターケィタ
24　ドォポン
25　沿岸区（セィカン）
26　フラインターヤー
27　ダラ
28　タンリン
29　ダゴン沿岸区
30　北ダゴン

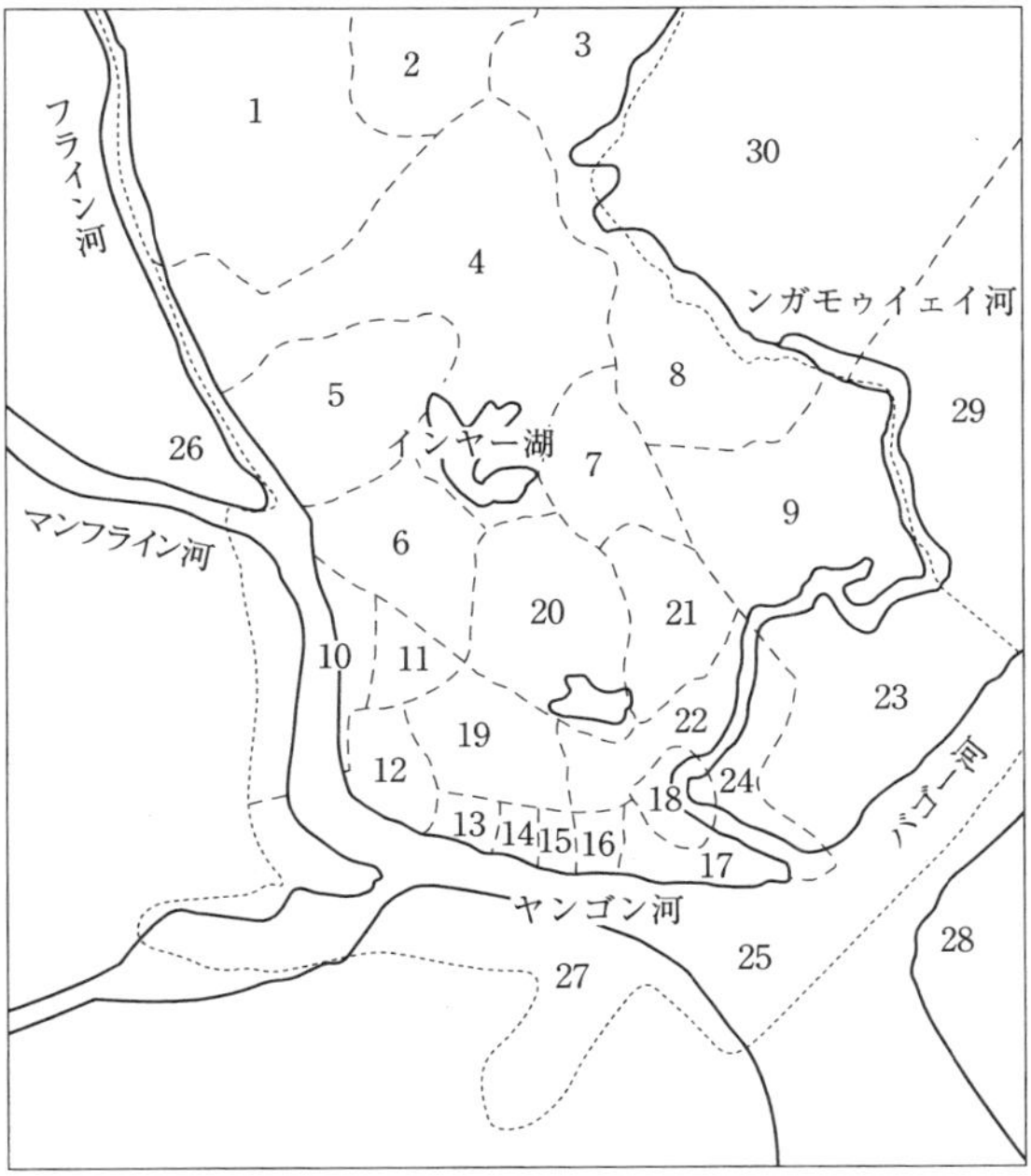

ヤンゴン市境
区境

（南ダゴン、東ダゴン、シュエピーダー地区は地図には入れていない）

地図3　ヤンゴン市区名

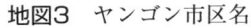

序章　ウェイザー信仰の研究と方法

1　本書の目的

本書は、ビルマという上座仏教社会におけるウェイザー *weikza* 信仰について論じるものである。ウェイザーとは、錬金術、呪符、マントラ、偈文《げもん》などの術の修得によって、超自然的力（空が飛べる、海の中を自由に行き来できる、食物なしで活動できる、傷を受けないなど）を得て、究極的には不死身の身体を獲得した存在である。ウェイザー信仰とは、ウェイザーという存在を信じ帰依する、あるいはウェイザーになろうとするといった信仰をいう。

ウェイザー信仰の先行研究は極めて限られる。そのなかで本書は、ガイン *gaing* と呼ばれるウェイザー信仰のために結成された集団や信者たちの調査を基にして、それぞれの信仰のあり方、ウェイザー理解、世界観などを記述することを第一の目的とする。

しかし、こうした人々はいわば、熱心な信者たちであって、彼らのウェイザー理解をもって、それをビルマ社会におけるウェイザー信仰としてしまうわけにはいかない。むしろ、ウェイザー信仰に関わる人々が、社会のなかでどのように活躍しており、彼らの持つ知識が何と結びついているのかに着目することによって、社会のなかに位置づける必要があろう。それが第二の目的である。ウェイザーが結びつく対象として論じるものは、具体的にはローキー・ピンニャー *lawki pinnya* と仏教である。

ローキー・ピンニャーとは、知識のあり方のひとつであり、タントラ系仏教や、ヒンドゥー教などに由来する外来の知識を含みながら、一部では体系化されて伝授され、一部では民俗知識として人々に受容されているものである。ローキー・ピンニャーの担い手は伝統的には知識人層であり、王権とも関わりがあった。この知識は文書に残される過程を通じて体系化されてきた。ウェイザー信仰の専門家は、そのように体系化された「学」と一般民衆のもつ民俗知識の境界で活躍する存在である。

ウェイザー信仰は、仏教とも深く関わっている。ウェイザーという存在は、転輪聖王や未来仏の概念と結びつき、また仏教活動を推進するものとしても理解されてきた。信仰のあり方としても仏教活動は奨励され、近年では、ウェイザーになるために必要な修行として瞑想を強調する派が多々見られる。ただし、ウェイザー信仰が関わるのが、いかなる仏教であるのか、正統的な仏教実践と考えられるものと比べてみる必要があろう。

ここで正統的仏教実践という言葉で扱おうとしているのは、いわゆる教義そのものではなく、ビルマ社会において「正統的」であると理解されるものを示している。当然のことながら、このような正統の理解は絶えず揺れ動くが、変わらないのは「教義に矛盾しないこと」であるといえよう。一般の人々にとって身近な行為である積徳行為も正統的な仏教実践と理解されている。僧侶の場合、宗派により戒律や経典理解にさまざまな解釈が存在するが、国内における統一的なサンガ（僧伽）組織が形成されておりその頂点に「サンガ総監長老会議」が置かれることで、最終的に意見を調整し方向性を決定することが可能となっている。このような形で、「正統的」な仏教のあり方というものが方向づけられているといえる。

一方、ウェイザー信仰とローキー・ピンニャー、仏教との関わり方は、実は、政治や権力の変化に強く影響を受けている。信者たちは、著名なウェイザーを歴史上実在した人物と理解し、その伝記を伝え、信仰の歴史もそれぞれに伝承しているが、その歴史観は時代の状況と深く関わっている。本書の第三の目的は、信仰を歴史的に眺めなおすことによって、ウェイザー信仰が権力や正統仏教といかに関わってきたのか、あるいは信仰に関わる知識がいかに規定されてきたのかを長いタイムスパンのなかで考察することにある。

2　従来の研究とその問題点

これまで上座仏教社会の宗教研究において最も問題にされてきたのは、社会における宗教的複合状態——仏教とそれ以外の霊的存在（精霊、魂、ヒンドゥーの神々など）に関わる信仰や儀礼などとの共存——をいかに理解するかというものであった。具体的には、仏教と非仏教的なものが、村人にとって二元的に理解されているのか、単一の伝統として理解されているのか、及び両者の相互関係がいかなるものかという観点から議論が行われてきた。ビルマでは、彼らは宗教世界を単一の伝統とみているという主張が主流となった。[1]それに対してM・E・スパイロは、村落において絶対的に仏教が優位であるとしながらも、仏教とナッ *nat*（精霊）信仰をはじめとする超自然物信仰の二つが人々に区別されているという点で、それぞれを独立したシステムとしてとらえた（Spiro

1967：257-63, 271-80）。こうした二つのシステムが村落社会に見られる水／火、男／女といった二元論的対立項と重なって展開していることを指摘する象徴的二元論の研究も進められた（田村 一九八〇）。

こうした見解とは異なる立場から、従来注目されてきた仏教と精霊信仰以外の「第三の構成要素」が存在するとして、ウェイザー信仰について報告したのがM・E・メンデルソンである（Mendelson 1960, 1961a, 1961b, 1963a, 1963b）。彼の定義によれば、ウェイザーとは「占星術、錬金術、呪符、マントラ（呪文）、薬といった技のいずれか一つを修得した人物」を指し、火に飛び込むとか土に潜るといった最終段階を経て、超自然的な力（空が飛べる、土の下を進む、姿を消す、姿を変える）を得た存在をいう。究極的には不老不死のトゥエヤッパウ *htwetyat pauk*（この世を抜けた）状態を獲得することを目指すと述べた（1961a：230）。またウェイザーになることをめざす在家信者中心の師弟集団としてガインについて報告し、ガインではしばしばウェイザーを仏教世界の理想王である転輪聖王セッチャーミン *Setkya Min* や未来仏パヤーラウン *păyàlàung* と結びつけて救世主と見なすことから、この集団を救世主指向的仏教集団 Messianic Buddhist Association と呼んだ（1961b）。

ウェイザー信仰の報告は、比較的早くに行われていたにもかかわらず、その後の二元論的研究のなかではほとんど言及されないか、スパイロの著作のように二つのシステムのなかで分断して記述されるに留まってきた。例えば超自然的信仰を取り上げた書物においてスパイロは、精霊 spirits、鬼神 demons、幽霊 ghosts、邪術師 witch という四つの超自然的存在を示し、ウェイザーを邪術師の項のなかで説明する[2]（Spiro 1967）。邪術師には、ソン *sòn* とアウラン・サヤー *auklàn hsăya*（下道の師）などがおり、彼らに対抗する悪魔祓い師 exocist としてアテッラン・サヤー *ăhtetlàn hsăya*（上道の師）がいる。スパイロは上道の師がすべてガインの師、すなわちウェイザー信仰の専門家であるとする。

一方仏教を扱った著書のなかでは、仏教を四つのシステム——涅槃指向の仏教 Nibbanic Buddhism、業指向の仏教 Kammatic Buddhism、厄払い的仏教 Apotropaic Buddhism、秘義的仏教 Esoteric Buddhism——に分類し、涅槃指向、業指向、厄払い的仏教が多かれ少なかれ経典を主にした規範的仏教から派生し、僧院を中心に展開するのに対し、ウェイザー信仰に含まれる秘義的仏教はガインを中心に展開し、経典や規範的伝統はさほど重要でないとする（Spiro 1970 : 162）。さらに秘義的仏教とはいってもウェイザー信仰自体は仏教とは関わりなく、転輪聖王信仰、未来仏信仰と結びついたときにのみ仏教のセクト（千年王国的仏教、終末論的仏教）となるとした（Spiro 1970, Tambiah 1984）。この見方は、ウェイザー信仰が仏教と結びつく概念を説明することにはなろうが、「秘義的仏教」の担い手であるガインそのものの活動は、結局明確には説明されぬままである。

このようなウェイザー信仰の実態の曖昧さは、村落におけるウェイザー信仰のあり方と対応していると考えられる。村落にはガインの成員が一人や二人はいて、上道の師として治病に従事している。しかし、ガインの師が村人全員のために、あるいは村の守護のために何かを行うことはない。つまり村落全体から見た場合、ガインの活動はある局面においてのみ関わってくる周縁的な実践と知識にすぎない（田村 一九九四）。一方、ウェイザー信仰の信者やガインの側からみても、村落というような地域社会、あるいは、親族といった社会組織に密接に結びつく形で展開するものではない。むしろその活動は、村落ではなく都市や特別な聖地を中心に行われる。

メンデルソンは、ビルマの宗教をひとつのものとし、ウェイザー信仰を第三の構成要素と見なしたが、それは村落などの地域社会においてというよりも、ビルマというより広い社会の脈絡においてのことであった（Mendelson 1961b : 573）。彼はウェイザー信仰を「アニミズムという土地に縛られた世界と、より大きな『純粋』仏教という国家的世界とのギャップを埋めるもの」（1961b : 573）と述べた。すなわち、仏教と精霊信仰に入りきらないウェイザー信仰というものの指摘と、国家的レベルで見たときに村落研究からこぼれおちるものに対する示唆を行ったといえよう。

この提起を展開させた論文は、その後わずか数編にすぎない。[3] そのなかで、J・ショーバーは、マンダレーにおける調査を通じて、象徴分析と認識論的立場からの仏教の人類学的研究を行った。彼女はスパイロらの研究ではウェイザー信仰が危機のときのみ仏教と結びつくとされてきたことを批判し、仏教をそれが展開する領域によって、在家信者の仏教、僧院における仏教、トゥエヤッパウ神秘主義の三つに分け、ウェイザー信仰を最後の神秘主義に含めた（Schober 1989）。トゥエヤッパウは「出口、あるいは抜けるべきところ（トゥエヤッ）から抜けた（パウ）」という意味のビルマ語であり、彼女は「修行によって輪廻を抜けた状態」を指すとする。彼女は「トゥエヤッパウ・ガイン」を「通常のサンガと在家信者が認定する仏教実践より上位の悟りへの道を求める人々の集まり」と定義している（Schober 1988）。また「トゥエヤッパウ神秘主義」は仏教の枠内ではあるが、正統仏教とは異なり「表層的には上座仏教の伝統にはふさわしくなく、概念的にはタントラ系その他の大乗的諸派に近く、仏陀の絶対的力を強調する神秘的カルト」であるとする。

ショーバーの功績は、ウェイザー信仰を含む一連の信仰を常態としてとらえたことである。彼女は、神秘的仏教という見方を導入することにより、集団の社会的編成や指導者のあり方は流動的に変化するものの、現象自体は危機のないときでも持続することが指摘できるとする。しかし、トゥエヤッパウの扱いに関していえば、ショーバーの議論には三つの問題点が残る。（1）呪術的実践を過少評価していること、（2）トゥエヤッパウという多様な概念を調査者の分析に基づき一義的にとらえ、（3）特に修行者たちの理解を中心に述べていることである。

第一にショーバーは、仏教という観点から取り上げたため、錬金術、呪符の術、占星術といったウェイザーと関わる実践を軽視している。これらの実践は、一般的な定義に基づき、超自然的存在の助けにより他に力を及ぼしたり、回りの事物などを変えようとする信仰と知識の体系という意味で、ひとまず「呪術」と呼んでもよいだろう。メンデルソンもこれらを、呪術的諸術 magical techniques と呼んできた（例えば Mendelson 1961b : 566）。上座仏教社会において、仏教とともに邪術、雨乞いの儀礼、占星術、錬金術等の「呪術」的実践が共存することに関してはさまざまな報告がある。(4) ただこうした「呪術」的実践そのものを、当該社会がいかに位置づけてきたか、そこに権力がいかに絡んできたかといった議論はほとんどない。

人類学は、フレーザー以来、呪術、宗教、科学という分析カテゴリーを通じて、他者の宗教現象を論じてきたが、タンバイアは、その論争に論者の歴史的背景——主に西洋キリスト教社会——が埋め込まれていることを指摘しつつ、一方では、異なる社会の精神性や思考様式に普遍的なものがあるのか否かという困難な問題を考察しようとしている（タンバイア 一九九六）。本書では、この問題をさらに少しずらした観点から考察する。すなわち、他者が位置づける「呪術」ではなく、当該社会内において、宗教的知識を呪術、宗教、科学と類似したカテゴリーへ再編成する動きを見ようとするものである。つまり、あるものを「宗教」と位置づけ、それ以外を「宗教」から切り離したり、あるものを体系化された「学」として伝承し、それ以外を「学」から外したりする流れのことである。

ビルマでこのような動きは、宗教と呪術という対立項ではなく、宗教と世俗、あるいは、ローコゥタラ *lawkoktara*（涅槃、来世に関わること）とローキー *lawki*（世俗、現世に関わること）という対立項に注目することで、より明確にとらえられると思われる。本書では、なかでもローキー・ピンニャー（現世的学問、諸術）というカテゴリーに着目する。ウェイザー信仰と関わる呪符、錬金術、民間医療、占星術などもこの知識に内包されている。そもそもこのカテゴリー自体、ローコゥタラの側から規定されており、現在では、ある意味で周縁化された知識である。しかしこの知識とその担い手との結びつきに絡んでくるのが一八世紀末以降の権力であり、ウェイザー信仰とは、ローキー・ピンニャーを含めた知識が近代にかけて再編成されていくダイナミズムのなかでこそ、とらえられるべきだと考える。

第二に、ショーバーは、仏教における教義、コスモロジーが、人々の仏教に対する理解や実践の領域に象徴的レベルで関わってくることを指摘した。彼女によればトゥエヤッパウ神秘主義はその典型例で、信仰のあり方や実践は一見すると正統仏教とは異なるが、トゥエヤッパウの諸状態が教義における「悟り」の理解と重なる点[5]、活動の説明が僧侶や在家信者たちの仏教の領域における説明と対応する点など、教義的理解とトゥエヤッパウ信仰とが象徴的連続性を持つという（Schober 1989: 10, 259-62）。ショーバーはさらに、トゥエヤッパウの目的は悟りへの道であるとし、精神的レベルの実践では瞑想修行を必要とし、身体的レベルでは、ウェイザーの諸術を必要とすると述べる（p.316-17）。

トゥエヤッパウの理解が教義的理解と対応を見せるという点は、確かに私の調査の過程でも見られた。ただしショーバーは、わざわざトゥエヤッパウ理解や修行の多様性を指摘しながら、多様な形で展開する彼らの個々のデータを挙げることなく、共通の概念、共通の実践を、自分の分析のなかで抽出してしまっている。精神的レベルでの瞑想と身体的レベルでのウェイザーの諸術という彼女の指摘は、出発点に過ぎない。重要なのは、トゥエヤッパウという信仰にあって、どの立場の人々がどのようなトゥエヤッパウ理解をしているか、また、ショーバーのいう二つのレベル、ウェイザーの諸術と瞑想とをいかなる比重において用いているか、またその二つをどのような言説で位置づけているかという差異に着目することである。

信者たちのトゥエヤッパウ理解を統一的に把握する困難さは、そのまま研究者のトゥエヤッパウ理解に現われ、まさに相反する解釈が取られるに至っている。メンデルソンらは、ウェイザーを中心に理解し、トゥエヤッパウをウェイザーがより高い状態に達したもの（＝ウェイザドー）としてウェイザー信仰のなかに含めた（Mendelson 1963b, Ferguson and Mendelson 1981）。ショーバーは逆に、メンデルソンらの論じたウェイザー信仰をトゥエヤッパウ神秘主義のなかに含めて論じた。またメンデルソンらは、人はローキー・ピンニャーに基づく修行によってウェイザーに達し、さらにローキー・ピンニャーか瞑想修行を経てトゥエヤッパウになるとしたが、ショーバーは、もっぱら瞑想修行に注目し、瞑想によってトゥエヤッパウになるという見方を取っている。さらに彼女はトゥエヤッパウ神秘主義の活動の中心が、メンデルソンらの調査した六〇年代に比して、「呪術的救済指向のガインからトゥエヤッパウ指向のガインへと変化している」とする（Schober 1988）。

しかし、九〇年代でもなお、トゥエヤッパウとなるための二つの説明は、人々のなかに別々ではあるが並行して見られたのである。つまり、いずれの見方も、ある側面においていえば誤りではない。批判すべき点があるとすれば、この信仰の多様性に着目することなく唯一の解釈を適用したことである。調査によれば、トゥエヤッパウだけでなく、同じ言葉、同じ表象で示されるものの中にさまざまな解釈が存在している。

本書では、とりあえず、ウェイザー信仰と呼ぶもののなかにトゥエヤッパウを含めて論じるが、どちらがどちらを含むといったことを論じるためではない。むしろ、信者たちの間では、ローキー・ピンニャーと瞑想などの仏教的修行とが、ウェイザーになる方法として、異なる比重で持ち出されるという事実に注目する。そこからこの二つはウェイザー信仰にとって、それとの関係を定めることで多様な形が生み出される軸となるような領域であると仮定する。その上で、ウェイザー信仰の個々の信者たちが、この二つとどう関係しているか、いかに彼らの言説や実践のなかに取り込んでいるかに注目する。

こうした前提で議論していく場合、当然のことながら信仰のなかの個々の人間の差異にも注意せねばなるまい。このことはショーバーに対する第三の批判と重なる。一九八〇年の時点で、彼女がトゥエヤッパウを瞑想修行を中心に理解した理由は、彼女の論文の方向性とも関係するだろうが、トゥエヤッパウの「教義」を追いすぎ、トゥエヤッパウを深く理解する修行者を中心に調査をしたことによると思われる。これに対して、信者の側の理解も調査する必要があろう。例えば、ある修行者が理解していることを、彼の力に帰依して群がってくる人々が「正しく」理解しているとはいえない。第五章で高僧の例を挙げて述べるが、同一の対象でも受け取る人々の宗教的立場によって、また帰依の度合い、知識の濃さによって、さまざまに解釈されるのである。同様に、正統仏教にせよ、トゥエヤッパウ（ウェイザー）信仰にせよ、それぞれの「教義」的理解を把握するものにとっては区別できる現象が、そうした知識から遠い人々にとっては、同じものに見えるということもある。すなわち、正統的仏教のあり方を考察するときに僧侶と在家信者の語ることをひとまず分けて考える必要があるように、トゥエヤッパウ、ないしウェイザーに関わる信仰においても、信者の帰依の度合い、修行への態度などの違いを考慮することが求められよう。

先に述べたように、ウェイザー信仰をとらえるには、近代以降の宗教や知識をめぐる権力の動きのなかでとらえる必要がある。しかし問題は、ウェイザー信仰の過去の姿をいかにとらえるかである。概して、歴史的過去において、民衆の宗教実践がどのようなものであったのかなどを知ることは難しい。歴史家も宗教に関しては、王朝側のサンガ政策、寺領地政策、サンガ組織のあり方など、仏教政策中心に論じている。(6) ましてやウェイザー信仰は、まとまったかたちでは歴史資料に全く残されない。せいぜい現在のウェイザー信仰の一部に関わるもの、つらなるものの示唆が与えられる程度である。だからといって、現在の信仰を構成する諸要素をばらばらに断片化してからその起源を遡り、「最古」の時代を指摘するだけでは不十分であろう。現在それぞれに関係しあう諸要素が、過去においていかなる形で分節してきたかを再構成することが必要となる。これは簡単な仕事ではない。本書では、人類学のなかで近年蓄積されてきた歴史研究へのアプローチを参照しつつ、次のような形で考察を進めることにする。

第一に、現在の調査において導きだした分析を援用する。タンバイアは、東北タイの一村落の調査を通じて、村落というひとつの場において仏教、精霊、悪霊信仰などがいかに分節しているかに着目し、相互の位階、対立、補完、結合といった共時的構造的関係を描き出し、こうした関係そのものが仏教と精霊信仰などのあり方の歴史的過程を考察する視点を与えることを示唆した（Tambiah 1970）。これは、タンバイアのような村落研究ではなくても、応用できる方法論であると思われる。現在のウェイザー信仰の多様な展開は、上で述べたように仏教とローキー・ピンニャーという二つの領域に着目した場合に、その偏差が最もよく把握できる。そのことは、本書第一章から第五章の記述によっても明らかになろう。そこから、ウェイザー信仰がこの二つの軸といかに関係を取り結んできたかという視点を、歴史的過去を遡る際の手がかりにしてみる。

第二に、資料そのものの選択である。ウェイザーの物語や、ウェイザーの歴史を表した書籍が、ウェイザー信仰の「内的歴史観」[7]を表す資料であることはいうまでもない。そのほか、ウェイザー信仰のように主となる活動が儀礼的実践にある場合、儀礼に現れる神格、信者が拝む図像の連なりを通じて、ウェイザーの系譜などの歴史的認識を読みとることが可能である[8]。もちろん、こうした信者の人々がさまざまな形で伝える「歴史」を、いわゆる歴史そのものと同一視することはできない。彼らが現在伝える歴史は、彼らの解釈によるものであり、まさに現在の姿を表しているともいえる。そのためには外部の資料を検討する作業が必要となる。具体的には、王統史、仏教史のほかさまざまなジャンルの歴史資料であり、ここからウェイザーやローキー・ピンニャーにつらなる記述を収集する。

こうした二つのタイプの資料のずれにも着目しながら、ビルマが王朝時代から植民地支配を経て、議会政治、さらには、軍政権に至る長いタイムスパンのなかで、宗教をめぐる近代化の動きをとらえ、その中でウェイザー信仰がいかに対応してきたかを捉えていくものとする。

3 調査方法

一九九一年九月から一九九二年七月まで、首都ヤンゴン（ラングーン）市ミンガラータウンニュン区を中心に活動するガイン（アーターナディィヤ・ガイン）を主要な調査対象とし、参与観察を行った。当時の状況では調査者は決められた居住区（カマユッ区ヤンゴン大学敷地内寮）に住まねばならず、夜間外出禁止令といった制約もあったため、調査は調査対象の人々の住む地域に通う形で行った。ただし夜間に行われる儀礼やヤンゴン近辺で行われる活動には彼らの移動に従っていき、ほぼ参加した。調査資料の最も核となるデータは、彼らと時間を共にすることで得ている。

補足的には以下のような調査を行った。ガインを結成していない人々の集まり（後出の「海の家族」「銀の家族」）を調査した。彼らはいずれもヤンゴンという都市の住民で、常時共に行動することはないが、集まりには核となる人物と場所があった。調査は主に、核となる人々のそばにいることによって、儀礼や集会の機会をとらえ、徐々に、ネットワークと活動を把握するという方法を取った。さらにローキー・ピンニャーのひとつである占星術をミャンマー・ヴェーダ研究協会に通って学んだ。また、協会会長が関わる儀礼に参加したことで、ウェイザー信仰の人々が関わる儀礼との比較の視点を得ることができた。調査対象の人々が多くは仕事を持つ人間であるため、儀礼や会合が土日に集中したり、儀礼が重なり集団が分かれて行動することもあった。集団が重なる場合にはアーターナディヤ・ガインの活動を、人々が分かれて行動する場合には核となる人間がいるほうの調査を優先するという原則で参加し、見聞できなかったものは、後に参加者から話を聞くことで補った。そのほか、ウェイザーとなることを目指して修行する人々、ウェイザーになったという噂のある人間、あるいはローキー・ピンニャーの専門家などにインタビュー調査を行った。このなかには、残念ながら諸々の事情のために、一度しか会えなかった人もいるが、いずれの場合も、その人間の位置づけに関しては、必ず複数の人間に尋ねるようにした。

こうした現地調査以外に、本書の目的に従って、年代記、勅令集をはじめとする歴史資料、ガインの人々が出版した書籍などを集め、歴史研究に用いた。

4　本書の構成

本書はⅢ部8章構成になっている。

序章に続き、第Ⅰ部はウェイザー信仰内部の人々の集まり方やウェイザー理解を示す。第一章では、ウェイザーを信じる人々がビルマ社会にどのように存在するのか、ウェイザーというものをどのような言葉で理解しているのか、概略を述べ、よく知られたウェイザーの伝記（物語）を紹介する。

第二章では、具体的事例をもとに、信者の組織化、ウェイザー理解、ウェイザーに関わる修行などについて記述する。まず、ガインという集団の記述を行い、ガインの特徴を押さえる。さらに、ガインという名称を持たなくとも、ウェイザーであると考えられる人間を核にして集まる人々などを取り上げ、共通性を指摘しながら、信仰に対する多様な解釈を示す。

第Ⅱ部では、より広いビルマ社会におけるウェイザー信仰の位置づけをさまざまな角度から考察する。

第三章ではこうした信仰が、ビルマ社会においてどのようなときに持ち出されるのかを考察するために、ウェイザー信仰の核となり、同時にビルマ社会においても重要視される「パゴダ建立」に注目し、儀礼分析を行う。

第四章では、ウェイザー信仰とローキー・ピンニャーという「学」との関係を見ていく。学の基本を押さえた上で、信仰と体系化された「学」とがいかに絡んでいるかを示す。

第五章では、ウェイザー信仰と仏教の関係を示す。ウェイザー信仰は、仏教とも深い関わりを持っている。その一例として、森林居住の高僧が仏教的世界観における聖者である「阿羅漢」とも、ウェイザー信仰における「トゥエヤッパウ」であるとも噂されることに注目する。

第Ⅲ部第六章では、ここまで非歴史的に扱ってきたウェイザー信仰に、時間軸を加えて歴史的に考察し、権力と宗教の関係と、ウェイザー信仰の対応を追う。各章の考察をまとめて、終章で本書の結論を提示する。

I

第一章　ウェイザーとその信者たち

1　著名なウェイザー

都市部では、ウェイザーの存在を信じているものは多い。そのほとんどはウェイザーを仏教の神格の一つと理解している。とりわけよく知られているウェイザーは、ボーボーアウン *Bò Bò Aung* とボーミンガウン *Bò Min Gaung* である。二人は実在の人物と信じられている。

この二人の彫像は、ヤンゴン市の主要なパゴダ（仏塔）——例えば、シュエダゴン、スーレー、ボータタウン等——には必ず奉られている。パゴダの一角に設けられた小屋に、あるいは独立した建物の中に石膏製の彫像が置かれ（図1、2参照）、像の前では、供物がたえず捧げられ、人々が引きも切らず訪れては祈る姿が見られる。また、境内にはみやげ物のほか、仏教関係の書籍、仏像、精霊の絵、僧侶の写真などを売る店が並ぶが、こうした店で僧侶の写真などとともに著名なウェイザーの絵や写真が売られている。ウェイザーに深く関わるというわけではない人々も、こうした絵や写真を買い求め仏壇に飾ることは多い。二人に関する物語は、口承で伝えられ、

図1　ボーボーアウンの像（ンガータッジー・パゴダにて。石膏像）

図2　ボーミンガウンの像（ンガータッジー・パゴダにて。石膏像）

書籍も出版されている。より詳しいエピソードが付け加えられることもあるが、一般に語られる物語はほぼ一定のプロットを持っている。

ボーボーアウンはコンバウン朝時代ボードーパヤー王（在位一七八二―一八一九年）の僧院学校時代の学友といわれ、僧院でイン *in* という呪符の秘術を偶然に手に入れ、呪符による修行のすえ超能力を得て「この世をぬけた（トゥエヤッパウ）」。ボーボーアウンはものを二倍に増やせる、死んだ鶏を生き返らせるなどの力を持った。しかし国王は出世したら互いに取り立てあおうと約束したにも関わらず、超能力を得たボーボーアウンを疎んじ殺そうとしたため、逆に懲らしめを受け改心させられた。またバジードー王の息子ニャウンヤン王子（一八一二―三八年）は仏教を守護する理想王の転輪聖王だったが、ボーボーアウンはその王子が処刑されたときに魂を救い、人々が必要とするときにこの世に戻してくれるといわれる。

ボーミンガウンに関しては、幼い頃の話や何の修行によって超自然的な力を手にしたかは不明である。一九三〇年前後から各地を転々とし、鶏を生き返らせたり、転倒した列車や大木を取り除いたり、事故から人々を救ったりといったさまざまな力を示した。また各地でパゴダを建立した。一九三八年からポゥパー山に入って瞑想のほかさまざまな修行を行い、一九五二年に「この世を抜けた」といわれる。彼は転輪聖王、あるいは未来仏であると信じられる。現在でも多くの人々がボーミンガウンのことを「狂人の姿でやってきてパゴダを建立する「狂人の姿で人々の間を回り、信心の有無を調べるから、乞食、狂人、おかま《メインマシャー》といえども邪険にしてはならない」などと語り、異形の人物をボーミンガウンであると見なす。

この二人については信仰の対象としての図像ができあがっている。ボーボーアウンは百歳ぐらいといわれ、多くの場合両手にそれぞれ杖と数珠を持ち、髭を延ばし、白い服、白い肩掛けというポゥトゥドー *hpòthudaw* の服装をしている。ポートゥドーとは、僧院などに居住し、在家よりは厳しい戒律を守る人々をいう。ボーミンガウンは、それより若い壮年の姿でイメージされている。ヨーギー *yàwgi* と呼ばれる茶色の服装をして、数珠を掛け、片足を若干立てる形のあぐらを組んでいるポーズが最も多い。

そのほか、歴史上著名な人物がウェイザーであったと語られる場合もある。シン・イッサゴーナ *Shin Itsagoná* シン・マティー *Shin Māhti* バーメ僧正 *Bàmè Hsăyadaw* ダンマゼィディ王 *Dhammá Zeidi Min* などがその最たるものである。(1)シン・イッサゴーナは歴史資料には見あたらないが、パガンのパゴダ林立と結びつけられる。彼は錬金術に懲り国王の金銀を費やしたため、罰として両目を潰されるが、最後に究極の処方を見いだし魔法の玉を手にしてウェイザーとなり、パガン王朝に尽きせぬ金をもたらしたとされる。彼は潰れた目の代わりに羊と牛の眼を入れたため、両目の大きさが異なる僧侶の図像で描かれる。そのほかバーメ僧正の物語が有名だが、いずれも術を手に入れるまでやウェイザーになるまでのパターンは、類似している。すなわち、術や特別の方法を手にして修行を行うことでウェイザーとなるというプロセスであり、これは著名なウェイザーの物語にまつわる典型的な枠組みといえる。

しかし、ウェイザーとなるための術は何でもよいのではなく、錬金術、呪符の術、民間医術などの諸術が核とされている。そもそもウェイザーとはパーリ語を語源とし「知識」という概念が含まれている。(2)神格としての存在にも、術の専門家という含意が込められ、各術とウェイザーとの関係は深い。通常ウェイザーになるための術には以下のものがある。

（a）呪符の術：呪符には呪文の文字（サマ *sāmá*）や、文字によってできた絵、四角の枠の中に文字（サマ）を書き込んだ呪符（インやアイン *ain*）などがある。

（b）民間医療（セィ *hseì*）
（c）錬金術（エッギヤ *etgìyá*）
（d）占星術（ベィディン *beidin*）

これら四つと別の形で必要とされることが多いのが瞑想である。一方、ウェイザーには次のような「種類 *ǎmyòásà*」があるとされ、この「種類」は右の諸術と対応している。

（a′）呪符ウェイザー *ìn weikza*
（b′）薬ウェイザー　*hseì weikza*
（c′）水銀ウェイザー *pyǎda weikza* 鉄ウェイザー *than weikza*
（d′）占星術ウェイザー *beidá weikza*

こうしたウェイザーの「種類」は一般の信仰において絶えず意識されているわけではないが、信仰対象としてのウェイザーが何の術に長けていたかということは信者たちにも広く了解され、術の効力が信仰の動機ともなっている。すなわち、ウェイザーはその存在が修めた術と極めて密接に関わっているということが出発点である。

2　概念と用語の説明

今後議論を進める際に、用語の整理が必要となるので、簡単に触れておきたい。ウェイザーを信じる人々は、ウェイザーを示す単語として、このほかにウェイザドー *weikzǎdò*(3)、トゥエヤッパウ、ボードー *bòdaw*（御祖）、ゾージー *zawgyi*（仙人）などを用いる。こうした単語は、信者たちの会話のなかで、必ずしも厳密な使い分けがなされているわけではない。

ウェイザーとウェイザドーを例にとれば、「ウェイザーが高い状態に到ったものをウェイザドーと呼ぶ」と説明する場合もあるが、通常の会話のなかではウェイザドーを意味してウェイザーと呼ぶことが極めて多い。また、トゥエヤッパウとウェイザーの場合、「ウェイザーとは、呪符の術などでトゥエヤッパウしたものである」「ウェイザー、トゥエヤッパウたる我らが師の〇〇」などのように同じ意味で用いたり、「ウェイザーの高い状態に到ったものがトゥエヤッパウである」と説明することもある。

敢えて一般的にいえば、多くの人はウェイザー、ウェイザドー、トゥエヤッパウを一つのまとまりとして理解している。違いを問えば、その存在が達した状態の高低によると答えるものが最も多い。ウェイザーの高い状態に達したものがウェイザドー、あるいはトゥエヤッパウであるという理解である。(4) ただし通常の会話のなかでは、ウェイザドー、トゥエヤッパウの意味で用いながらも単にウェイザーということが多い。そこで本書では、状態の高低はあってもほぼ同じものを指すときには、混同を避けるためすべてウェイザーと表記する。もちろん、ウェイザーとトゥエヤッパウを全く別のものとする理解もある。そのように意識的に使い分けている場合には、その都度ウェイザー、トゥエヤッパウと明示する。

さらに単語の使い方について、留意したい点がいくつかある。第一にトゥエヤッパウにアシン・トゥエッ *ăshin htwet* とアティ・トゥエッ *ăthei htwet* という二つの区別があることである。ある人間がトゥエヤッパウした場合、必ずといってよいほど、この二つのどちらで「抜けた」かが語られる。アシン・トゥエッとは「生きて抜ける」ことをいい、この世界から身体ともども姿を消してしまうことを意味する。アティ・トゥエッとは「死んで抜ける」ことをいう。この場合あとには身体が残るが、魂は抜けて出て行ったと理解されている。残された身体、すなわち遺骸は、火葬にされたりそのまま保存されたりする。ただし、アティ・トゥエッやアシン・トゥエッという状態の解釈は人によって異なり、輪廻を抜けたと考えるもの、悟りを開いたと同じ状態と考えるもの、身体的束縛から逃れこの世の中を自由に扱えるとイメージしているものなどさまざまなので、そのつど本文内で指摘していく。また、後者の考え方と似たものに「身体変え（ヨゥピャウン・ナンクェ *yok pyaùng nan kwè*）」と呼ばれる状態がある。これはウェイザーの特徴が「魂（ナン *nan*, (P)nāma）のみの存在であり、古い身体（ヨゥ *youk*, (P)rupa）を捨てて新しい姿に変わる」という考え方である。優れたウェイザーは、このように精神（ナン）と身体（ヨゥ）を切り放し、古い身体を捨て新しい身体をもって長寿を得るとされる。(5) その結果、自ら著名なウェイザーの「新しい姿 *bǎwá thit*」である、つまりそのウェイザーそのものだと主張することが可能となる。

第二に、ウェイザー信仰に関連して、ダッ *dat*（語義的には本質、要素の意）という用語がしばしば登場する。ウェイザー信仰の専門家たちが操作する対象はダッと呼ばれる「要素」である。より信仰に結びついた事例としては、ウェイザーを奉った部屋を「ダッの部屋（ダッカン *dat hkàn*）」、ウェイザーに捧げた供え物や儀礼などを「ダッポェ *dat pwe*」と呼ぶ。また、「ダッが増殖したもの（ダップワー *dat pwà*）」とはウェイザーから本質的なものを受け継いだ「分身」を意味する。また、ウェイザーが憑依した状態を「ダッが乗る（ダッスィー *dat si*）」と呼ぶ。「乗る《スィー》」という単語は通常乗り物に乗ることをいうが、ここでは神格が乗り移ることをいう。(6)

第三に、呼称としては、僧侶に面と向かってウェイザーと呼ぶことは回避される傾向がある。僧侶がウェイザーと理解されている場合、ウェイザーではなく「トゥエヤッパウ」という単語が用いられる。ウェイザーと用いても「僧侶ウェイザー *yăhan weikza*」などのように「僧侶」がわざわざ加えられたりすることが多い。すなわち、ウェイザーとは俗人であるという認識が存在するようである。

対面時の呼称としては、僧侶俗人に関わらず「ウェイザー」とはいわない。僧侶であれば、僧正（サヤードー *hsăyadaw*）、父なる僧正（ババヤー *hbàhpăya*）、俗人であれば、御祖（ボードー）、御父様（アペィジー *ăhpeigyi*）などと呼ぶ。ボードーは僧侶には用いず、在家の人間にのみ用いられる傾向にある。このように呼称にも、僧侶と俗人による微妙な使い分けが存在する。

第四に、ウェイザー、ゾージー、トゥエヤッパウという単語は、類似の意味を持つと説明されるが、その使用には時代的な流行のあることが若干感じられる。ウェイザーという用語はかなり古くから用いられており、現在でもよく用いられる。それに対して、ゾージー[7]（仙人）という単語の使用は現在は限られている。第三章で論じるように、パゴダ建立などの儀礼にゾージーは必要とされ、王朝時代の服装を思わせる赤い帽子と赤長衣という扮装をする（図3、4参照）。この扮装はゾージーを指すが、儀礼ではウェイザーと同じもの、あるいは代わりであると説明される。しかしながら現在誰かが「ウェイザーである」といわれることはあっても、「ゾージーである」と語られることはほとんどない。つまり、ゾージーという単語そのものは、現在形の文章ではほとんど用いられない。トゥエヤッパウという単語については、いつから使われたのかは不明だが、近年増える傾向にある。例えば、ウェイザーと考えられる僧侶は、述べたように概してトゥエヤッパウと呼ばれ、そうされることを本人も周りも好んでいるかのようである。

ここで強調したいことは、用語に唯一の意味を見いだすことを自制し、多様な用語のなかからの使い分けが織りなす微妙な意味の差異を見ること、また、用語の選択に個人の好みのみならず時代的推移を考慮することである。こうした概念の変遷の一部は、第六章で再度考察する。

図3　ゾージーの人形

図4　儀礼のときのゾージーの扮装

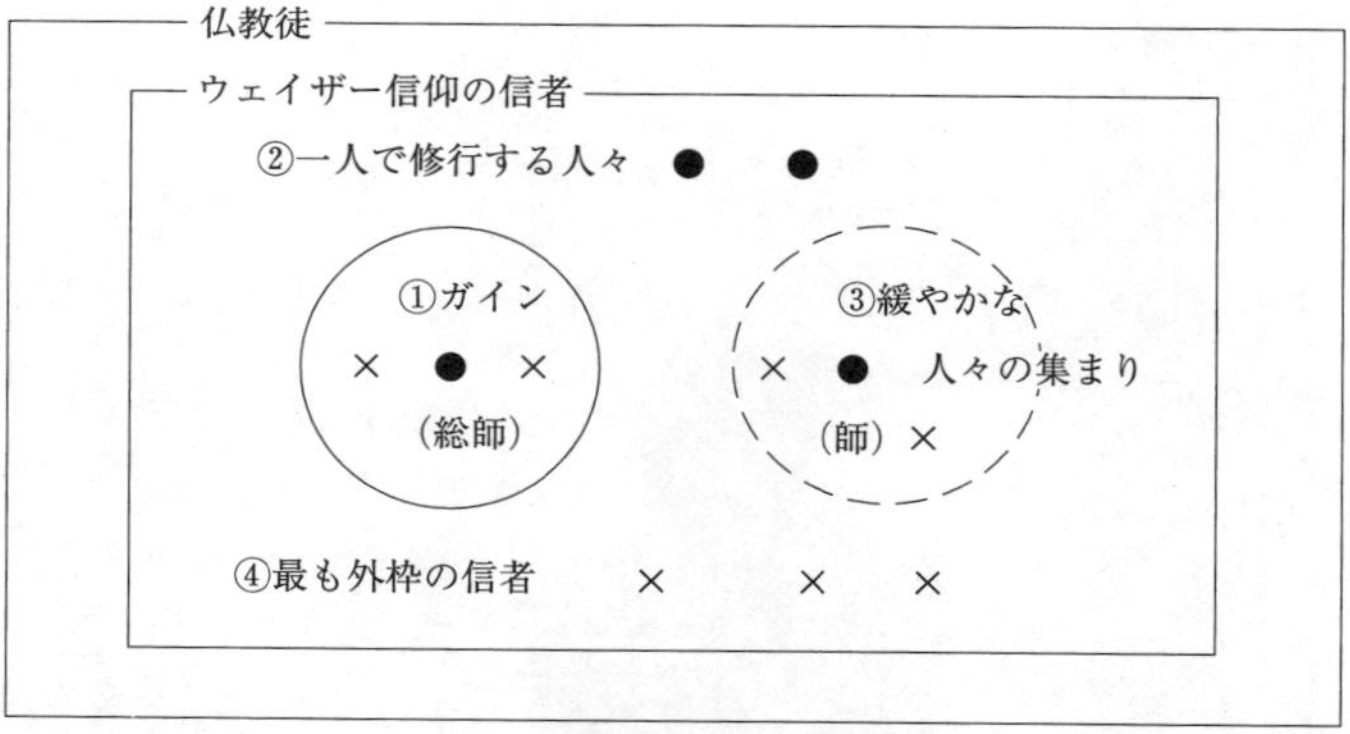

●は術を手にして修行する人物、ウェイザーになったと信じられる人物、×は信者

図5　ウェイザー信仰における信者のあり方のモデル

3　信仰のあり方

ウェイザー信仰の信者たちは、最初に述べたように皆自分を仏教徒であると考えている。そのためビルマの人口の約八割を占める仏教徒のなかで、どれほどの人々がウェイザーを信仰しているかを数値で把握することは困難である。また調査を通じて見たかぎりでは、人々は個人単位でウェイザー信仰に関わっている。

おそらく都市部でいえば、従来考えられてきた以上に、ウェイザーという存在を信じるものは多いと思われる。調査で出会った人々のなかで、ウェイザーの存在を否定する人間は非常に少なかった。ウェイザーを信じるか信じないかよりも、むしろ帰依の態度に濃淡があると見たほうがいいだろう。

信者の分布を、モデル図にしてみたのが図5である。ウェイザーを信じる人々のなかで、最も組織化された集団はガイン(①)である。そのほかトゥエヤッパウあるいはウェイザーをめざして一人で修行する人々(②)がいる。①の中心の人々や②はウェイザーを信じて拝むだけでなく、ウェイザーとなるための術を学び自ら修行を積む、非常に熱心な態度で帰依する人々である。一方、修行の結果特別な力を獲得したと考えられる人物が生じると、そのまわりに人々が集まる。このなかには、ガインを結成することもあるが、結成しないで緩やかな師弟（サヤー・ダベィ *hsăya dăbé*）関係が生じることもある（③）。最も外枠の信者として、ウェイザーという存在そのものは漠然と信じるが、ガインに入会することもなく、またウェイザーとされる人間を信仰する集まりに参加することもないような人々がいる（④）。彼らは最も淡い信仰態度の人々であり、おそらく人数的には最も多いと考えられる。これは、もちろん暫定的なモデル図にすぎず、例えば漠然とウェイザーを拝む程度だった信者（④）がガインに入り（①）、辞めて一人で修行をする（②）といったように一人の人間が立場を変えることも多々ある。

第二章では、この信者たちの組織と活動について述べるが、第一節から四節までがガインの記述であり、図5に則していえば、①の人々を指す。第五節では一人で修行する人間（②③の人々）の記述を行う。第六節では、ウェイザーになったと信じられる人々とその周りに集まる人々（③）のことを書いていく。

第二章　信者の組織と活動

ウェイザー信仰のなかで、最も明確な形で組織化されているのは、ガインである。ガインの人々がどのように暮らしており、いかにウェイザーを信仰し術を伝授しているかといった点について、調査を行ったアーターナディヤ・ガインを中心に見ていく。ただ、信者として活動するのはガインだけではない。一人で修行をし、ウェイザーと認められるようになった人物が、ヤンゴンでは多くの人々の帰依を集めている。また、ガインを結成せず会社組織と重なりつつ、緩やかなネットワークのなかで信者が集まることも多い。本章では、さまざまな形で展開するウェイザー信仰の姿を記述していく。

1　「ガイン」という集団

ガイン *gaing* という単語は、衆、組合、群などを意味するパーリ語 gaṇa を語源とし、ビルマ語ではサンガ（*thanga*, (P)saṅgha 僧伽）における僧侶の宗派を意味するが、在家信者を中心にウェイザー信仰のもとに形成された集団もガインと呼ばれる。ここで扱うのは後者の意味におけるガインである。

こうしたガインがビルマ全国にどれほど存在するのだろうか。ガインの数を尋ねると、人によって二〇、六〇、あるいは一〇〇近くとさまざまに答える。宗教省に登録制で把握される僧侶や僧侶の宗派とは異なり、ガインというものは自主的、自発的集団であり、その客観的数量把握は難しいといわざるをえない。実際の調査、人々の語り、ガインの出版した書物、従来の研究論文などを通して、確認できたガインは一八ある（表1参照）。

こうしたガインは、いずれも始祖や師をウェイザーとして信仰し、その教えを伝授する組織である。調査したアーターナディヤ・ガイン（表1①）は始祖のカンダゾーティ僧正を、マノーマイェイディ・ガイン（同②）はチョウジー大師を、ボゥダヤーザー（仏教王）・ガイン（同③）はミャンマー・エィを、それぞれウェイザーと考え、帰依の対象としている。さらに、表1⑤⑥⑪⑭⑮⑯などのガインはいずれもボーミンガウンを祖のウェイザーと仰いでいる。集団はガイン・ジョウ・サヤー *gaing gyok hsăya*（総師）に率いられている。

また、集団の成立過程は、ウェイザーとなった人間自身がガインを形成する場合（表1③）と、ウェイザーが残した術や教えを伝授する間に組織化が進み後にガインとなる場合（表1①、④等）の二タイプがある。

ガインという存在が歴史研究のなかで注目されたのは、サヤー・サン反乱（一九三一―三二）である。これは、一八八五年ビルマ全領土が英領化されて以降起こったなかで最も大規模な農民反乱で、指導者サン師 *Hsăya San* は民間治療師であり、ガインに入って呪術を学んだといわれている（石井 一九八二）。ただしサン師がどのガインに所属したのかは、判っていない。

一方、ガインの内部では、それぞれの集団の形成の歴史が伝承されている。最も古くまで遡れるのは、アーターナディヤ・ガイン（表1①）で、二百年前にトゥエヤッパウした（この世を抜けた）僧正の残した術を伝授し

表1　存在のわかるガイン

	ガインの名称	始祖とその師弟	設立、活動時期	ガイン内資料と先行研究
①	アーターナディヤ・ガイン *Athanădiyá Gaìng*	カンダゾーティ僧正 *Hkandá Zàwtí* チッポン　*Chit Pon*	200年前 20世紀初頭	Nagàwthá 1938 Tin 1962
②	マノーマイェイディ・ガイン *Mănàw Măyeikdí Gaìng*	チョウジー師　*Kyaw Gyì* 御母堂　*Medaw*	約1930年 37年前から	Kyaw Gyì 1946
③	ボゥダヤーザー・ガイン *Bokdá Yaza Gaìng*	ミャンマー・エィ　*Myanma Eì*	1942年ごろ	Myanma Eì 1958, 1962a 1962b
④	シュエインチョウ・ガイン *Shwei Yin Kyaw (Ithsathăyá Măheikdí Hseì) Gaìng*	転輪聖王　*Setkya Mìn* ボードー・ピュー　*Bòdaw Hpyu* ボードー・プィン　*Bòdaw Pwín* ボードー・ハン　*Bòdaw Han* →ティ派　*Hteì* →タンミン派など　*Thàn Myin*	 1911年ガイン設立 1955年「抜ける」 1979年弾圧される	 Tin Thaùng 1976 Hteì 1969 Pwín n. d. Myá Maung n. d.
⑤	パタマン・タータナーピュ・ガイン *Păhtăman Thathăna Pyú Gaìng*	BMG セィンカン師　*Sein Hkan*	 1950年ごろ活躍	Păhtăman Ăhpwé 1950 Sein Sán 1948
⑥	ウェイザー・ウースィ・アウンミンガウン・アポェ *Weikza Ùsì Aung Mìn Gaung Ăhpwé*	BMG		Zàwtí Palá 1952
⑦	ウェイザー・マヘィディ・マハーティラ・トゥピノーダダ薬のガイン *Weikza Máheikdí Măhahteirá Thúpinàw-thádá Hseìdawgyì Gaìng*	ヤティ・ボーボージー　*Bò Bò Gyì* ウー・ワーヤマ　*Ù Wayămá* ボーボー・ボーガ　*Bò Bò Bawgá* シェイン　*Sheìn*	 1952年ガイン設立	Sheìn n. d.

⑧	ウェイザー・ガインドージー *Weikza Gaìngdawgyì*	パンディタ僧正　*Ù Pandíthá* ボートゥンアウン　*Bò Tùn Aung* トゥンイン　*Htùn Yin*	←パガン時代1256-97 ←1810-64年ごろ活躍 1951年ガイン設立	Hpei Myín 1971
⑨	ウェイザー・メッガ・アマタ・イェイター *Weikza Meggá Ămắtá Yeiktha*			Zàwtí Palá 1962
⑩	マハー・ウィトゥディ・アウンドームー仏教布教の会 *Măha Wíthokdí Aungdawmu Thăthăna Pyanpwàyeì Ăhpwé*			Măha Wíthokdí 1972
⑪	マヘィディ・マハーウェイザドー・ガイン *Măheikdí Măha Weikzădo Gaìng*	BMG セィンミン　*Seìn Mìn*	1951年BMGに会う	Mendelson 1963b Òn Ngwei n. d.
⑫	ビャンマソー・コーチンタヤー協会 *Byanmăso Kokyíntăyà Ăthìn*	ボーパイサン　*Bò Paik Hsan*	1913年ガイン設立	Tha Yeì Htut 1968
⑬	アターラタ・ウェイザーマヘィディ・イッサーダヤ・マハーパタマン・ガインドージー *Átayáthá Weikza Măheikdí Ithsathăyá Măha Păhtăman Gaìngdawgyì*	イッサーダヤ・ヤティ・ボーボージー *Ithsathăyá Yăthei Bò Bò Gyì* サンダーバータ僧正 *Sandàwbathá* バハン　*Băhan*		Lun n. d.
⑭	マハーガンダーイェ・ウェイザドー・アポェ *Măha Gandáyei Weikzădo Ăhpwé*	BMG ボードー・セッチャー *Bòdaw Setkya*	1948年ガイン設立	Mendelson 1961b Spiro 1970 : 176-77
⑮	名称不明 （モールミャイン）	BMG 師　*Hsăya*		Mendelson 1961a
⑯	名称不明 （マンダレー）	BMG ウー・ポワー　*Ù Pwa (Pwà?)*		Mendelson 1961a
⑰	マノーマヤ・ティディ・ボーディ・パタマン・ガイン *Mănàwmăya Theikdí Bàwdí Păhtăman Gaìng*			Alawká n. d.
⑱	トゥヤダディ・メードー・ガイン *Thúyáthădi Medaw Gaìng*			Htin Paw n. d.

※BMGはボーミンガウンの略

ており、二〇世紀初頭にはガインとして組織化されていた。

そのほか、シュエインチョウ・ガイン（同④）も、ガインから出版された書籍によれば、一九世紀末まで遡ることができる（Pwín n.d., Lun n.d., Tin Thaìng 1976, Htei 1969, Myá Maung n.d.）。このガインは、転輪聖王 *Setkya Min* から術を授かったという伝承も残すが、遡れる限りで彼らの伝承する最も古い師は「ボードー・ピュー（ピュー御祖）」で、彼は一九世紀末に活躍していたといわれる。その後、「ボードー・プィン（プィン御祖）」が一九一〇年ピュー師と出会い、術を授けられ、一九一一年にガインを作った。また、ビャンマソー・コーチンタヤー協会（表1⑫）は、スゴー・カレン族のボー・パイサン（一八五三—一九三四）が一九一三年に設立したものである（1）（Tha Yei Htut 1968）。これらから、おそらく二〇世紀初頭には、組織化されたガインが存在していたことが推察できる。

一九四八年の独立前後にもいくつかのガインが成立している。例えば、ボゥダヤーザー・ガイン（表1③）は、ミャンマー・エィが作ったものである。ミャンマー・エィは、一九四一年ごろには明らかに民間治療師として活躍していた。ガインもこの時期に創立したようである（Myanma Ei 1958 : 16）。ただ、彼は薬などのローキー・ピンニャーに代わって、一九五七年あたりからは、瞑想を重視し、ガインのなかに瞑想道場を設けている（Myanma Ei 1962a, 1962b 参照）。

とりわけ五〇年代は第一章で述べたボーミンガウンが修行に入り「この世を抜けた」とされる時期で、ボーミンガウンの弟子やその「生まれ変わり」を自称する人間が多くのガインを結成している（表1⑤⑥⑪⑭⑮⑯）。例えばパタマン・タータナーピュ・ガイン（同⑤）は、ボーミンガウンの影響から一九四九年にこの名に改名し（Pătăman Ăhpwé 1950）、⑪⑭⑮⑯はボーミンガウンの「生まれ変わり」を自称する人間がガインを結成している例である（Ón Ngwei n.d., Mendelson 1961a, 1961b）。

ガインはまた、組織や始祖に関する書籍を積極的に出版してきた。戦前からウー・ヌ時代にかけて、こうしたガインの書籍は相当数出版されている。一九六二年以降のネーウィン時代には、出版そのものの規制がきびしく行われるようになり、七〇年以降ガイン関係の出版物は少なくなっている。ただし、活動そのものは盛んに行われていたと思われる。例えばウェイザー・マヘィディ・マハーティラ・トゥピノーダダ薬のガイン（表１⑦）は一九六八年に成立した。この始祖シェインは、ヤティ・ボーボージー（修行者のお爺さん）から呪符の術、ウー・ワーヤマという在家の師から錬金術による玉（ダッロン）と錬金術、ボーガ師から薬の術を、順次授けられたとされる（Teizá 1954）。ちなみに、メンデルソンがガイン（表１⑭⑮⑯）を調査したのは、ウー・ヌ政権の末期、一九五八年のことであった。また、スパイロが一九六〇年代に表１⑭のガインに対してインタビュー調査を行っている。

しかし、一九七九年シュエインチョウ・ガイン（表１④）が非合法化され、責任者は警察に逮捕された。シュエインチョウ・ガインは、「ウー・タンミン U Than Myint がリーダーとなり一九六〇年頃より、信者を広げていった」（生野 一九八二：八二）。さらに信者は全国的に広がり、軍人や官吏も多数まきこんだ大型の宗教集団になりかかった。「現実否定的、陶酔的傾向もあったため」反政府運動に発展することを恐れた政府は弾圧に踏み切ったという（生野 一九八二：八二―八三）。この時期を境にして、ガインの活動は表立って行われなくなり、今日に至っていると思われる。

次に、調査を行ったアーターナディヤ・ガインの事例をもとにガインの活動について記述していく。

2　アーターナディヤ・ガインの組織と活動

(1) ガインの歴史

このガインの名称は「阿吒曩胝護経（アーターナーティヤ・スッタ）」という経に由来する。(2) この経文のなかには呪文の文字（サマ）が組み込まれていたが、それに気づいて取り出したのが始祖のウー・カンダゾーティという僧侶であった。僧正はこうして編み出した呪符の術を元にした修行の結果、二百年前（一八世紀末）、一説によれば緬暦一一一一年（西暦一七四九年）に「トゥエヤッパウ」になったと伝えられる。(3) 僧正はアシン・トゥエッ（生きたまま抜けた）であり、成員たちはトゥエヤッパウについて、「輪廻転生を繰り返す人間界を抜けでたことを意味し、ウェイザーになることと同じだ」と語る。カンダゾーティ僧正は、ウェイザー、ないしはトゥエヤッパウ・サヤードー（この世を抜けた僧正）と呼ばれ、成員たちの信仰対象となっている。

ガインを実際に組織化したのは、この僧正の在家信者の孫弟子、中国系ビルマ人のチッポンだった。(4) チッポンは弟子の要請にこたえ一九〇九年、一九三八年にそれぞれガインの書物を出版し、僧正の残した学をまとめている。このことから、彼が一九〇〇年初頭から治療に従事し、ガインを形成していたことが窺える。(5) また、一九三八年出版の書籍『パヨーガの病治療法百科』からは、さまざまな弟子がチッポンを「ガイン・ジョウ・サヤー *gaing gyok hsàya*（ガインの総師）」と呼んで指示を仰いでいたことが読み取れる(6)（Nagàwthá 1938）。この書物には、どのガインの人間も匙を投げた病いを、チッポンが治療して名をあげたことも書かれている。多くのガインと同様、当時アーターナディヤ・ガインも治病活動をその核としていた。

チッポンは弟子が多いことでも有名で、一度は「謀反のたくらみのあるガイン」として逮捕された。しかしガインの弾圧にはいたらず、チッポンは釈放された。彼は後に「この世を抜けた」といわれている。総師には直弟子のナーゴーサ *Nagàwthà* が昇り、一九四〇年過ぎには総師を継いでいたことが確認できる。

アーターナディヤ・ガインの組織の中心はヤンゴンにあったが、活動は全国に及んでいた。全国は一〇ほどの地方に分けられ、それぞれに地方の総師を任命していたという。一九三〇年代、四〇年代にはこのガインが最盛期を迎えたと思われ、師と弟子の数から逆算すれば一、〇〇〇人から二、五〇〇人いたと推定できる。[7] この時期の活動は、聞き取りから三つの地方のものが窺える。首都ヤンゴン、下ビルマの都市ピィ（プローム）から南に二〇マイルほど下った町ナッタリン（ペグー管区）、さらには上ビルマのマンダレー市のそばにある中都市ザガイン（ザガイン管区）のものである。

ナッタリン地方では、地方の総師として、タイ *Thaik* 師という人物が任命されていた。彼は両親から民間治療師としての知識を学び、さらに自分の長男であるOに、薬草学の知識やアーターナディヤ・ガインの修行や知識などを授けていた。タイ師の家族は、民間治療師だけの収入では家計を維持できず妻は雑貨屋を家で開いていたが、村では尊敬されていた。ナッタリンの町では、近辺の村もあわせるとかなりの数のガインの成員がおり、ガインの儀礼を大がかりに行うこともあった。それが一九三〇年代あたりのことである。タイ師は、チッポンにじかに会ったことがあったという。

ザガインで窺える活動は、ザガイン市ンガータッジー・パゴダの西、チュエルー村にいたウー・メィガンダ *Ū Meigandà* という僧侶を中心としたものである。一九四〇年ごろ、彼はアーターナディヤ・ガインで名を知られた師のひとりであった。彼のそばには絶えず僧侶や在家信者の弟子が数名いた。彼は、後述する「鬼の薬」を調合したことがあったが、この調合には、総勢一〇〇人、二〇〇人の人手が必要とされ、たいそう大がかりな仕事だった。ウー・メィガンダ僧侶は、ヤンゴンやナッタリンで行っていたような毎年の儀礼などにはさほど注意を払っていなかったと伝えられる。

ヤンゴンでは、チッポン以来師弟関係が連綿と続いてきた。ここでは「ラーマーヤナの会」[8]という芸能活動とも結びついた。チッポンは「仏教の功徳会 *Boktha Batha Ponnyá Kúthǎlá*」(略称ＢＢＭＡ)という文化保存を唱道する仏教団体の長でもあり、その観点から「ラーマーヤナ」保存に乗り出し、「仏教の功徳会」の会員にも入会を呼びかけた。しかし、チッポンは上演にもガインにとって特別な意味を見いだすようになり、実際に劇中にガインと関わる守護神たちが組み込まれるようになった[9]。それ以降ヤンゴンのアーターナディヤ・ガインの成員は「ラーマーヤナの会」で踊ることが増えた。逆に「ラーマーヤナの会」の会員が、ガインに入っていくケースも見られた。しかし、このつながりはあくまでヤンゴンのものに限られる。ナッタリンのＯは青年の時にヤンゴンに出てきたが、ガインの人間は歌舞音曲に近寄ってはならないと幼い頃からいわれてきたため、イェジョウ地区で流行っていたラーマーヤナを見ることすら、当初は回避していた。ところが、見るどころか踊っている人々が同じガインの成員であることを知り、驚愕している。後にＯは、ガインの人々の勧めで「ラーマーヤナの会」に属し、現在では会とガインの双方に重要な役割を果たしている。

(2) 社会のなかのガインのあり方

Ｏはヤンゴンの総師といえる位置におり、サヤー *hsǎya* (先生、師)と呼ばれる(以下はＯをＯ師と記す)。ただ、全国における活動はナッタリン以外把握しておらず、全部で何名の成員がいるのかもわからないという[10]。古くからの成員は、昔は儀礼を大がかりに行い、それに参加した人間は、少なくとも百人ぐらいの人間が一度に集まるのを目のあたりにできたという。しかし、現在ガインの儀礼はさほど盛大に行われない[11]。ガインの活動が現在沈滞気味であることも窺わせるが、その背後には先ほど述べたような弾圧後のガインをめぐる状況があると思われる。

そもそも、ガインは集団として固まって暮らすわけでもなく、家族のすべてが所属するわけでもない。メィガンダの師弟関係のように、ガインに所属し、術を学んだのちには、去っていくものも多い。村落では、ガインの成員と思われる人間が存在し、多くは、民間治療師として活躍している。ある人物がガインの師である場合、治療を通じて人々の知るところとなる。それに対してヤンゴンでの状況は少し異なる。

O師と弟子たちの多くは、ヤンゴン市の南東部にあるミンガラータウンニュン区内の諸地区に住んでいる。この区の東端には、タウンロンピャン地区がある。中ないし中の下の所得者の住む木造長屋が河に面して並んでいる。その西にはカンドーレィ地区がある。この地区はかつてインド系移民が多かったが、最近ビルマ系住民が増え、高級住宅地化している。その南には古い住宅地のイェジョウ地区がある。タウンロンピャン地区には八〇〇ほどの戸数がある[12]。イェジョウ、カンドーレィ地区もほぼ同じ規模である。特に頻繁に行き来する弟子たちは、この地区にそれぞれ三軒ぐらいずつ散らばって住んでいる。彼らは、すべて職業を別に持っている。O師は著名な出版社兼書店の主任を長らく勤めており、平日は社の業務で忙殺される。弟子らは公務員や個人経営の会社の事務員が最も多く、その他も小さな商店経営者、店の手伝い、露天古本業者などであり、他の都市住民と同じような日常生活を送っている。ガインの活動についてはわざわざ他人に語らないこともあり、成員であることは他人にはわかりにくい。例えば、ある年輩の男性は、O師と何十年来の知り合いであったが、彼がガインの人間とは全く知らなかった。私に付いてきたことでたまたまガインの儀礼に参加するはめに陥り、ようやくO師がガインの人間であることを知ったのである。

先に、アーターナディヤ・ガインの活動を概観すると、内部での活動と、ガイン以外の人々と関わる活動とに分けられる。内部の活動として最も重要なのは、ガインへの入会と術や規則などの伝授である。またガイン内部で定められた儀礼も重要である。一方、外部とは、治療師や儀礼祭司として関わる。アーターナディヤ・ガインの成員たちは、調査当時、パゴダ建立や修復、結婚式などさまざまな儀礼にかり出されていた。こうした外部との関わりは、主に第三章で取り扱うので、本章ではガイン内部での活動を中心に記述したい。どのような活動であれ、ガインで核となるのは師弟関係である。そこで、まず師弟関係を辿り、ガインの入会や修行、目的と世界観などを記述し、最後にガインの変化とあわせて、彼らが治療や薬といかに関わるかに触れるものとする。

(3) ガインの師弟関係

ガインは自分の師弟関係を最優先し、同じガインでも師の系列が異なると、特に機会がない限り顔を合わすこともない。例えばL師は、一九四〇年ごろからビルマ北部のザガイン地方で活動していたメィガンダ *Meigandá* 僧侶に学んだ。L師とO師とは師の系列が異なり、ヤンゴンでは治療や儀礼で名を成した者として相手の名前を聞いたことはあったが、ガインとの関係は知らなかった。二人は一九九一年に政府が主催した仏教儀礼の準備に共に関わった際に、同じガインに属すことを初めて知ったという。L師によれば、メィガンダ僧侶はこのガインのなかでも有名であり、絶えず僧侶や在家信者の弟子が数名いたが、多くは一時的に滞在して術を学ぶと地方に帰っていったという。つまり師弟関係そのものが一過性のものであった場合もある。

ただし、ヤンゴンのO師たちは、さまざまなつながりや活動を通じて、互いに長期に関係を保っている。それぞれ師弟関係を辿るのは難しいが、O師を中心に系譜にしてみると図6のようになる。（a）はガインの成員でありO師に最も近い弟子、（b）は正式には入会せずガインの儀礼にのみ参加する人々である[13]。彼らはいずれもガインにもラーマーヤナの会にも関わりを持ち、絶えず集まっている。とりわけ中心となる場所は、ガインの成員でありラーマーヤナの踊り手の名手Yの家である。家は外から見たところ何の変哲もないが、ひとたび入り口に一歩足を踏み入れると、五×三メートルほどの細長く暗い客間の壁面に、仏壇を囲んでラーマーヤナの仮面とガインに関係する像などがぎっしりと奉られている。O師はYの家に寝起きし[14]、休みには人々が集まる。こうした人々は幾重にも重なる活動を通じて、いわゆる「キン・デー *hkin de*（親しい）」と呼びあえる関係を形成している[15]。仕事の上で関係を持つものもおり、彼らが数名集まったときに交わされる会話のなかでは、話題があちらこちらに飛ぶ。「ケチ」や「臆病」といった性格的特徴で人を呼んだり、内輪だけに通じる冗談、共通の記憶などを楽しそうに語り、ときには、長い関係に知り尽くした相手のことを飽むかのように批判もする。彼らの会話は、互いに共有した経験の深さを感じさせるものとなっている。

ガインには基本的に個人で入り、家族の誰かが入ったからといって家族全員が入るわけではない。そして圧倒的に男性が多い。しかし、自宅で儀礼を行う場合には、妻や子供など同居の家族が儀礼に参加することもある。家族たちは、儀礼には必ず参加する（b）の人々ほど熱心ではないが、成員に準じる存在といえる。このように儀礼に参加するうち、成員の息子や娘が最終的に正式にガインに入ることもある。従って、女性がガインに入ることももちろん可能で、調査した人々のなかにも少数ながら女性の成員がいる。O師らによれば、女性もウェイザーになることが可能だという[16]。

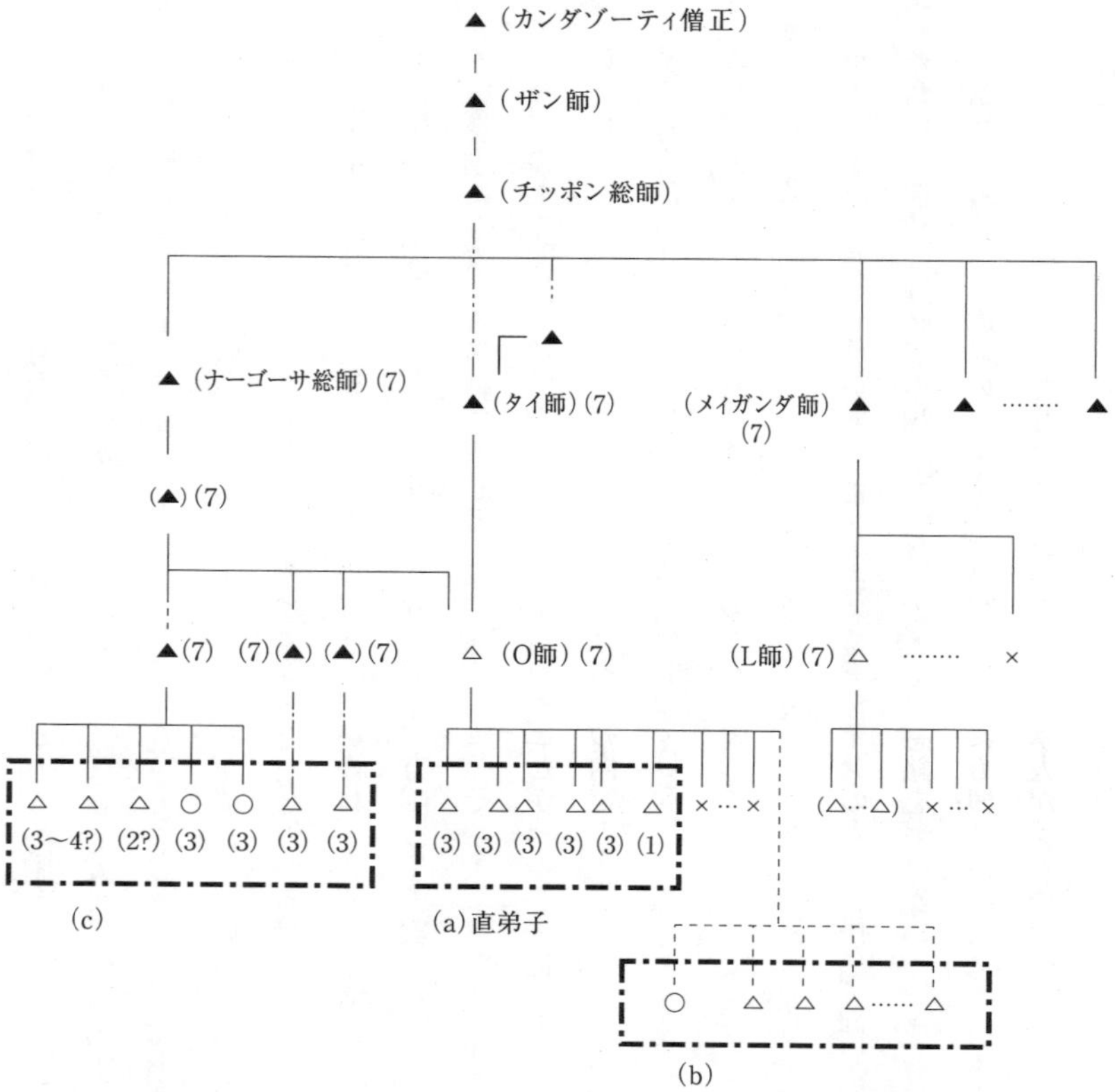

×は、地方の弟子などでラングーンに居住しておらず調査中では確認できなかった人
　あるいは一過性の弟子として、学んだのちはあまり関係がなくなっている人間を示す
黒い印(▲)は故人を示す
—— はガインの師弟関係の系譜を示す
---- は正式の師弟関係ではないが関係のあることを示す
-·-·- ははっきり確定できないが師弟関係があったらしいことを示す
（ ）内の数字はガインにおける段階を示す。何も書かれていないのは不明の場合
〈但し(b)の人々は、正式の成員にはなっておらず段階を登っていない〉

図6　O師を中心とした師弟関係

（c）の七名はO師の直弟子ではなく、O師と親しい関係にあった別の師から学んだ成員である。[17] 彼らは元の師の死後も、最低一年に一度はガインの儀礼を執り行っている。ただ、彼らのなかには「大師」（後述）がおらず、儀礼のときには大師のレベルにいるO師に儀礼祭司を依頼し、O師の弟子らも参加して合同で儀礼をする。表の×の人々は、地方に住む、ガイン以外のつながりがない等さまざまな理由から、（a）（b）の人々ほど「キン（親しい）」の関係を形成していない。これらから、ガインの中では師弟関係が最も重要視されること、またその師弟関係は術の伝授に最も重きが置かれ、それが終われば師弟という認識は続いても、遠方に居住するために生活上のつながりは疎遠になることもあること、一方、都市部でガインの成員が多く固まって住み他の活動と重なると親密な関係が成立することがあるといえよう。そのほか、ガイン以外の人間がさまざまな願いを持ってやってきて、ガインの人間のところで祈ってもらうことがある。見聞きした限りでは、子供の試験合格、夫の昇進、公務員の遠地転勤回避、子授け祈願などが祈願の内容であった。こうした人々はガインの人々と顔見知りであることは多いが、ガインの活動に直接関わるわけではない。

（4）ガインへの入会と位階、修行

ガインの成員になぜ入ったかを尋ねると、親がガインの人間だったという理由を挙げるものがいる一方、個人的な契機を挙げるものも少なくない。例えばO師に感銘を受けた、仏教に関わることだから、よい結果が得られるから、ラーマヤナの会に参加するうちにガインにも興味を持った、等である。しかし、儀礼に参加していても、正規の成員でない場合もある。正規の入会は、本人が望み、一定の年齢（二五歳程度）を迎えており、師が許可した場合にのみ可能である。入会には、バナナとココナツを組み合わせた供えものを捧げ、アーターナディヤ・ガインのきまりや教えを遵守することを、ガインの守護神である「アテッ・ポゥゴー *ăhtet pokgo*[18]（上の方々）」に誓う。それが終わると、彼らは「ガインの息子、ガインの娘 *gaing thu gaing thà*」と呼ばれ、正式の成員となる。それ以降は定められた規則を守らねばならない[19]（参考資料Ⅱ参照）。規則の第一の特徴は、五戒と五大無量（仏、法、僧、親、師という五つの尊敬すべき対象）を大切にすることを掲げる点で、これは、ビルマ人仏教徒が最も基本と考える帰依の態度である（参考資料Ⅱ①②）。第二は精霊（下位のナッ）を見下す立場を明確にしていることで（同「避けるべきこと」④）、これは通常よりも熱心な仏教徒が精霊に対して示す姿勢に重なる。第三は他のガインの教えを受けてはならないという規則であり（同「避けるべきこと」⑥）、第四はガドーボェ *gădaw bwé* と呼ばれる儀礼を義務づけ、師やガインの守護神との関係を保つことが奨励されることである（同「守るべきこと」⑦〜⑪）。この儀礼については後に記述する。

アーターナディヤ・ガインに入会すると、イン *in*（呪符）の術が授けられる。インとは、四角のなかにサマ[20]と呼ばれる呪文字を書き込んだ呪符を指し、ローキー・ピンニャーの一つである。詳しくは第四章で触れるが、ビルマでは世界は「水、火、風、土」という四つの要素（ダッ *dat*）によって成り立つと考えられ、ビルマ語の子音文字三三個もまた、それぞれの要素に属すとされる。例えば、「ウ」は土の文字、「ヤ」は水の文字というように四要素を顕わしている。このガインの呪文字は、例えば「ワ、ヤ、マ、パ」のように四文字で成り立ち、四要素が含まれる。こうした考え方は、ローキー・ピンニャーに含まれ、占星術、錬金術などと基盤の考え方において共通している。一方、このガインでは、「土」には釈迦仏、「水」には迦葉仏といったように、四要素に過去四仏がそれぞれ対応しているとされる[21]。アーターナディヤ・ガインでは「基本の呪文字《サマ》」が三八組存在し、それぞれを三八の守護神が守っていると説明される。この守護神は「アーターナディヤ経」から取り出された多聞天の家

来である鬼の神 *bălu nat* である。こうした四文字のサマを四角い呪符の枡目に書き込むのだが、書き込み方に更に決まりがある。

まず、フマイン紙 *hmaing sekkú* と呼ばれる和紙に似た手漉きの紙を用意し、二センチ四方ぐらいに切る。その紙にまず正方形から自分で描いていくが、きれいな形を描くには心の「定」（タマーディ *thămadhi*, (P)samādhi）という精神統一された状態が必要となり、この段階がすでに修行の一つとされる。さらに、正方形を碁盤の目状に区切る。碁盤を区切る枡目が増えるほど、呪符（イン）の力も強くなるとされる。一辺を三つに区切り、全部で九つの枡目になったものを「三枡の呪符 *thòn gwet in*」と呼ぶ。これが第一の呪符（イン）である。さらに、一辺を四つに区切った「四枡の呪符 *lei gwet in*」、同様に五つ、六つと区切っていき、最も強い呪符が九つに区切った「九枡の呪符 *kò gwet in*」である。

こうしてできた碁盤の目に、四文字の基本の呪文字（サマ）を入れ込む。文字を書くごとに、それぞれを守る四仏を心に抱かねばならない。入れ方にはそれぞれの枡目によって異なるが、結果的に、その枡目の中に、四要素が安定した形になるように組み込まねばならない。こうした四要素の置き方、文字の置き方こそが、ウェイザーになる術とされているのである。ガインの師が教えてくれた書き順と四要素の形は、参考資料Ⅲに記した。

書き終わると、この紙を飲み込む。これで一日分が終わる。紙は、小さく筒に丸めると飲めないことはない。しかし昔はごわごわした紙で非常に飲みにくかったという。次の日は、基本のサマの第二番目「マ、パ、ンガ、タ」の四文字を行う。このようにして、基本の三八の呪文字を三枡の呪符に埋め込み、順に飲んでいけば、この段階は終了となる。すなわち、第一段階だけで三八日かかることになる。

次に、第二段階として、四枡の呪符を三八枚飲む。段階が上がるにつれて成員に格付けがされている。一段階終えるごとに「第一段終了の称号 *păţămá ăhsin tet bwé*」「第二段終了の称号 *dútiyá ăhsin tet bwé*」などの称号が与えられる。また、それぞれの呪文字（サマ）の守護神とは別に、枡目自体を守る守護神三八神も存在し、その枡目を終了した人間を守ってくれると考えられている。(22)

第三段階を終えた人間は、「サヤー（師、先生）」と呼ばれ、人に教えることができ、ガインの師として治療を行ってよいことになる。さらに、九枡の呪符は「権威のある呪符 *ana pain in*」とも呼ばれ、九枡の呪符を終えた人間（第七段階）は、正式の「サヤージー（大師）」となる。むかしは、ガインの総師自らが宣誓してくれたという。同時に、このレベルは、「威力（ダゴー *dăgò*）を用いることができ、命令を与えることができる」といわれる。前に挙げたガインの人々の段階は図6に数字で書き込んである。

調査時点で、現存する師に威力（ダゴー）や命令を与えることのできる大師はO師とL師の二人しかいなかった。大師になるには、次の二通りがあるといわれている。

①ひとつひとつ順にレベルを上がっていった場合

②守護神たちがその人間を選んだ場合

例えばO師は、①のタイプであり、ガインの師で民間治療師だった父親の指示に従い、順に呪符を飲んで段階を上がっている。また、それにつれてふさわしい称号が大師によって選ばれた。一方、L師は②のタイプである。彼は学ぶまえから自分のサマと称号とを不思議な縁で授けられていた。(23) これは守護神が彼を「愛した *chit*」からだと説明される。彼も呪符は飲んだが、短縮法で飲んだという。L師は職業の選択など人生の岐路に際して夢などでお告げを得、その通りに行って成功しており、その点でO師とは異なっている。この二つは、後に述べるようなウェイザーとの二種類のつながり——術で結びつくことと、霊的に結びつくこと——と重なることを付記しておく。

成員が段階を上がるに従って、より難しい呪符の秘法が与えられていく仕組みになっている。また段階が上がるにつれ、仏教の戒律やガインの規則もより厳しく守る必要があるとされている。段階を登るには本人の決心が重要である。述べたように、段階を登らず、成員にもならない人々も多く存在する。また、与えられた呪符に見合うだけの知識を保持し修行を積んでいることが必要で、これは師が判断する。実際、成員の持つ儀礼、呪符、治療などに関する知識は、このような段階にほぼ比例していることが調査から窺えた。ガインの弟子同士の日常のつきあいのなかでは、各々が到達している段階がとくに意識されることはなく、服装などによって区別されることもない。ただ、おおよそ相手の段階は知っており、上のものには敬意を払う。さらに後で述べるようにガインの儀礼の際には、この段階に基づく成員の位階の順位が明確に現れる。

(5) ガインにおける師と弟子

ガインにおいて最も重要なのは、ガインにまつわる知識をいかに伝授するかであり、それが師弟関係を通じて行われる。それではガインの師と弟子とはどのような関係で結びついているのだろうか。

弟子たちと師には、知識の量と指導力において絶対的な差異がある。少なくとも弟子達はそう考えており、何か彼らに尋ねたとき答えにつまるとすぐ「先生（サヤー）に聞いてくれ」と表現する。彼らは師からさまざまなことを学びたいと考えており、畏敬の念を抱き、慕っている。例えば、大学在学中に彼を知った弟子Eは、O師の儀礼、呪符、治療など多岐にわたる膨大な知識、ラーマーヤナ保存のための無償の努力などに深く感銘を受け、主にラーマーヤナ保存に関係して活動を助けるうちに、ガインにも入り、彼の右腕となっている。

師弟間で金銭や労働奉仕のやりとりが明確に存在するわけではなく、緩やかな形で、相手に対する義務が語られる。例えば師の側は、弟子が頼めば必ず儀礼などを執り行ってやらねばならない。弟子の側は、ガインの儀礼や新年などの機会に、師に対して衣服などの品物、ときにはお金を渡す。喫茶店などへ行ったときには弟子たちが師の分も払うことが多く、その方が望ましいとされている。

儀礼には金銭の授受がからむこともある。例えばガインの外部の人々が依頼する結婚式の司会やおなり行列の扮装[24]なども引き受けるが、これには謝礼が払われる。普通弟子が代理で出かけた場合、彼らは必ずO師に謝礼を渡す。ただO師は、定職のない弟子、あまり裕福ではない成員を、できるだけ謝礼のもらえる儀礼に出し、彼らに謝礼を返してやっている。また、O師が儀礼祭司として招かれ食事の饗応を受ける場合に、そうした弟子を一緒につれていってやる場合もある。弟子の一部は、O師が貧しい弟子の金銭の面倒をみてやることに批判的である。彼らは、自分達の活動が商売のごとく金銭目的になり、質や格が落ちることを懸念している。

O師の知識は非常に多岐に渡っている。儀礼には弟子たちや若者が従っていたが、どのような場合でも彼が細かいところまで指示し、また弟子たちの側も彼の言いつけを忠実に守った。O師が行けない場合には、内容に応じて信頼できる弟子を選択し、代わりに行かせる。O師は儀礼祭司やラーマーヤナの芸能活動において、ヤンゴンでも非常に有名で、結婚式の司会（ベィティ・サヤー *beiktheik hsăya*）からパゴダ建立や仏像開眼の儀礼、僧侶のための葬式や誕生祝賀会に至るまで、多くの儀礼の「正しいやり方」の知識を持ち、儀礼を成功に導く力を持っているとして名高い。

O師の側は、自分の膨大な知識が分断されて継承されており、一人ですべてを覚えてくれる後継者がいないことへのいらだちもある。彼は、薬草学やガインの儀礼の基礎は民間治療師の父親に絶えず付き添い身につけたが、彼は現在薬草学を元にした治病はあまり行っておらず、この部分は弟子にほとんど教えられない。ガインでは、前述のように段階を上がっていくときの「呪符の知識」は整備され、書籍にも体系的に描かれている。一方でガインの活動には、儀礼の知識や治病の知識も原則として必要である。個人の達した段階と知識はこれまで述べたように対応する傾向にあるが、儀礼の知識などは教える方法があるのではなく、師について、あるいはガインの儀礼に参加することにより、身につけていく。例えば、私がはじめてガインの儀礼に招かれたとき、最初は何をすればいいのかも判らなかった。しかし、三帰依文などビルマの仏教儀礼に必ず含まれる文言があるうえ、ガインに特有の言葉も、すべて儀礼祭司を務めるO師のあとについて言えばいい。また儀礼に必要な手伝いは、より経験のある弟子達が行っており、知識、経験のないものは儀礼の順番もあとに回ってくるので、前の人と同じようにすればいい。逆に、こうして儀礼に参加することで知識を得ていく側面はある。しかし、儀礼祭司として自らが儀礼を仕切る場合は、人によって向き不向きがあるという。従って師はこれと見込んだ弟子に小さい仕事をすこしずつ任せていく。O師もヤンゴンでそのようにして育てられたという。調査時点では、O師はEとSの二人を後継者候補として見ていた。(25)

(6) 目的と世界観

段階を上って修行を行う最終目的はトゥエヤッパウになることだという。トゥエヤッパウについて、多くの成員は「輪廻転生を繰り返す人間界を抜けでたことを意味し、ウェイザーになることと同じ」と理解している。ガインの人間はウェイザーとは「超能力(26)（ティディ *theikdhi*）」を獲得したもの、具体的には、空を飛べる、おなかがすかない、病にならない、物を二倍に増やせる、けがをしないなどの力を獲得したものを指すという。ガインの成員は、術を極めることがトゥエヤッパウする、すなわちウェイザーになることにつながると信じている。またウェイザーになる目的は、長い時を生きることである。ガインのL師は長寿を望む理由を「後に覚醒される仏陀、弥勒仏（アリメッタヤ *ărimeiktăyà*）が悟りを開かれるまで命長らえるため」と語り、弥勒仏が悟りを開くとそのときまで生きていたものは涅槃に連れていってもらえるという理解を示す。つまりトゥエヤッパウという状態は、このガインでは輪廻を抜けて涅槃に行くのではなく、転生をせずに長時間生きるという、人間の身体的制限から抜け出ることと理解されている。

ビルマ社会において涅槃とは、戒律を守り経典を学び、さらに瞑想による厳しい修行を行ってこそ到達できるものであり、そうした修行は僧侶とならねば行えないと一般には理解されている。これに対して、アーターナディヤ・ガインの人々は、語りのみならず儀礼のなかでも、弥勒仏や未来仏の救済を持ち出し、弥勒が仏となればすべてが涅槃に行けるという、最終的には涅槃への到達に対する希望をしばしば語る。そのように、弥勒仏、未来仏による救済を強調することは、ビルマ社会の一般の在家信者に必ずしも見られる姿勢とはいえない[27]。

そのほかこのガインでは三八の守護神を信じている。この守護神たちをときに「ナッ」「ナッ王」などと呼ぶが、精霊である下位のナッと混同はせず、人間界より高い天にいる神（デワ deiwà）を意味するという。下位のナッに対しては、ガインの規則にも定められているように「存在することは認めるが、わざわざ儀礼などを行って積極的に関わる必要はない」とされる。三八の守護神は、述べたように「アーターナディヤ経」から取り出されたもので呪符を守るものでもある。三八守護神をとりまとめるのは、四天王であり、とくに多聞天（別名毘沙門天 *Kúweilá,* (P)Kuvela）は皆を代表して経を授けたことから、重視されている[28]。また、師たちは四天王衆天のアーターナディヤ市の位置を説明できるが、こうした知識は一般の仏教徒よりも詳しいといえる[29]。彼らは仏教経典を核とし、三八神や四天王といった神をそこから取り出して帰依するという点で、仏教的世界観に則っている。ただし、ガインの人々はそこに独自の解釈を加えて受け入れているといえよう。(30)

（7）ガインの儀礼——ガドーボェ

アーターナディヤ・ガインの人々は、儀礼祭司として一般社会に関わる以外に、ガイン内部で決められた時期に次のような儀礼を行う。

①新年のガドーボェ *gădaw bwè*（ビルマ暦ダグー *Dăgù* 月＝太陽暦四月中頃）
②雨安居入りのガドーボェ（ビルマ暦ワーゾー *Wazo* 月満月以降＝七月頃）
③雨安居明けのガドーボェ（ビルマ暦ダディンジュッ *Thădìngyut* 月満月以降＝一〇月頃）
④星宿礼拝儀礼 *nekhkà puzaw bwè*（ビルマ暦ダザウンモン *Dăzaungmon* 月＝一一月頃）
⑤マハーペィンネー祭 *Măha Peinnè bwè*（ビルマ暦ナッドー *Natdaw* 月＝一二月頃）

このうち、④⑤は必要とされる場合に行えばよいが、ガドーボェと呼ばれる儀礼(31)は必ず行うべきであると「規則」にも提示されている（参考資料Ⅱ参照）。通常さほど会うことがない弟子も、この機会にはできる限り師のもとに集まる。その意味でガドーボェは、ガインの成員にとって最も重要な儀礼である。

ガドーボェを行う時期は新年、雨安居入り、雨安居明けである。ちょうど同じ時期に、一般の人間も年長者に敬意と感謝を示してガドー *gădaw* と呼ばれる跪拝を行う。これもある種の儀礼行為であるが、ガドーボェはガインという集団でこの跪拝を定期的に行うように規則化したものといえる。ガインの人々は、儀礼を執り行ってくれる自分の師に対して衣服などを差し上げて拝《ガドー》み、感謝を示す。さらに、連綿と続いてきた過去の師や守護神にも人間に行うように拝《ガドー》んで、供えものを捧げねばならないという。守護神も人間と同じで敬意を表せば我々を忘れず守ってくれると成員たちは説明する。

ガドーボェの儀礼過程を知るために、S家での雨安居入りの儀礼を記述してみる。(32)

儀礼は仏壇の前で行われ、そこにはガインに関係する仏像、その下にカンダゾーティ僧正の絵姿、さらに下に家族が信仰している神格の像が飾られている。(33) 仏壇の前の机には、数珠の掛けられたココナッとバナナ三房の供えものが五対、その中に花、蠟燭、線香、茶の漬け物 *lăpet*、キンマの包みが差し込まれて供えられている。横には水の入ったコップ、線香、蠟燭が五組と、ダビエ(34)(*thăbyei* フトモモ)の葉を入れた鉢が、またガインの聖水を入れた瓶も数本、置かれている。家族は茶系のロンジー *longyi*(腰まき風民族衣装)に茶色の肩掛け *dăbet* という、仏教儀礼の中でも最も帰依を示す服装をしている。儀礼を行う師は、必ず頭を洗い新しい服をつけねばならないとされ、O師も水浴びしてからやってくる。夜七時頃O師の主だった弟子達と参加者が揃ったころを見計らって、まず石炭の上に粉の線香を置いて煙を出し、仏像などに煙りを吹きつけ清めると、いよいよ儀礼の始まりである。

O師がこれから執り行なう儀礼について名称や意図、主催者などについて二分ほどで説明する。皆仏壇の前に座って跪拝する。その後以下の順序で儀礼が進められる。

1　三帰依文(パーリ語)、五大無量(仏法僧と親と師)に対する礼拝(ビルマ語)、五戒の授受(パーリ語)……これらは一般社会においても仏教儀礼の最初に必ず含まれるものである。

2　ガインの礼拝(ビルマ語)……仏陀、始祖のカンダゾーティ僧正、ガインに関係する男女のウェイザー、ガインを守る守護神、女神に対して「供え物を捧げて祈る」という語句が並べられる。

3　三帰依文（パーリ語）
4　神格招来（ビルマ語）……帰依する神格をO師が次々に呼び、招来する。このとき、O師は折り畳んだ五〇センチ幅ほどの大きな手漉きの紙を持って読む。この紙は皆には見せないが四から六までの祈願文、勅令などが書かれていると理解されている。
5　祈願文（ビルマ語）……招来した神格たちに祈願を聞いてほしいという文を、O師が唱え、皆で繰り返す。
6　勅令（ビルマ語）……祈願の内容を神に頼む文句をO師だけが唱える。

ここまでに三〇分ほどかかるが、ほとんど動きがなく、皆は祈る体勢のままO師のあとについて祈りを唱えるか黙っているかである。勅令の終わり頃に、フトモモの葉を入れた水、ついで香水を、弟子のSが師から順に皆に振りかける。勅令が終わると、O師が読んでいた紙を鉢の上で燃やす。全部真っ黒になるまで火を付け、燃やし切るようにする。灰を大切そうに大きな鉢に入れ、仏壇にあげてあった聖水の瓶と、素焼きの壷に入れてあったきれいな水一瓶分を混ぜる。灰水をよく混ぜ保存用の瓶にもどす。あとに残った一瓶分ほどの水を、O師の指示に従い、高い段階にいる人間から順に、成員、主催者の家族、ガインに正式に入っていない人たちが飲む。残った聖水は、翌日ガインに関係する人々が取りに来る。

ガドーボェとは以上のような儀礼であるが、ここには同じ師を持つ弟子達がみな集まり、聖水を飲む順序は、成員間の「段階」の高低にほぼ従っている。一年の決められた時期に儀礼を行うことによって、成員たちは過去の大師たちの師弟関係を思いだし、儀礼行為を通じて、弟子の末端までがその系譜に加わる。すなわち過去から現在にいたる師弟関係、あるいはガインという集団のつながりを確かめる儀礼という側面も持つことになる。

また、一般のガドー行為と異なる特徴は、これがガイン不可欠の義務であるだけでなく、聖水や儀礼に対し現世利益的な期待が寄せられることにある。参加者は「呪符の灰水は何にでも効く薬のようなもので、人を健康にする」「望みを叶えてくれる」「聖水は、今年一年の健康を保ち危険から守ってくれるから、毎年季節ごとに飲まないと安心できない」などと水の効用を語る。聖水は二百年間ずっと維持されてきた、大戦中戦火にあったときも、家に宝石や金銀類を置きざりにすることはあってもこの瓶だけは持って逃げたと伝えられている。このことはほとんどの成員が知っており、そのゆえに一層聖水に価値を置く。また聖水には、紙に書かれてあった命令の威力が灰を通じて入り込んでいるから効果があるとも説明される。

そこで、威力が灰に入り込むと理解されるプロセスを4から6の神格招来、祈願文、勅令から追ってみたい。4の神格招来は、守護神に来てくれと頼む呼びかけである。初めに「○○の勅令」という言葉が延々と続き、誰の出した勅令であるかが示される。具体的には、過去四仏、弥勒仏、未来仏、仏教の聖者（独覚者、第一弟子、大弟子、阿羅漢）、ウェイザー、修行者（ヤティ *yăthei*）、カンダゾーティ僧正以来の師たちの名前が挙がる。そのあと「彼らの勅令でもってお招きいたします。ナッの王、諸々のナッよ。しばしお越しあれ」と呼びかける。すなわち、守護神であるナッを仏陀や過去四仏、さらにウェイザーやガインの師の威力によって招来するという形になっているのである。また、5では、招来した守護神たちに祈願を叶えてほしいということが伝えられる。次に6では、具体的な祈願が以下のような「勅令」として読まれる。

……転輪山にお住まいの定（タマーディ）ある優れし守護神たちよ。こうして雨安居入りのガドーボェをいたしました。三帰依を守り、五戒を授与する御利益のため、また四つの呪文字《サマ》、正しき四要素をもつ呪符《イン》の法力と御利益のため、アーユルヴェーダの薬学の方法を守り、呪符を守るナッ（守護神）、デワ（天神）、仏陀の御命をきき、その方法によりできあがった薬、呪符、呪文字《サマ》を飲むことによって得た御利益のため、我述べし優れた神々たちが我々をお守りになるよう、招聘しお願い致す次第なり。かくなるうえは、願ったかぎり聞きとげられたまえ。述べたとおり成就させたまえ。祈願どおり成し遂げたまえ。……転輪山に住むすべての悪い人間、悪いソン、悪いナッ、タイェイ *thăyè*（幽霊）、アセィン *ăsein*（横死者）、ゾーガニー *zawgăni*、チャッ *kyat*、ポゥ *hpok*、ペイター *peikta*、タセィ *tăhsei*、オゥタザウン *oktăzaung* などの脅威とあらゆる危険から守りたまえ。われ願いし日より、一日もかかさず守りたまえ。守護神たちよ。知りたまえ。聞きたまえ。忠節を守り給え。そは仏陀の威力のなり。仏法の威力なり。僧侶の威力なり。ウェイザー、ヤティ八万、優れし師たちの威力なり。ウー・カンダゾーティ僧正の威力なり。我らが師チッポンの威力なり。○○の威力なり（以下名前を変えて同じ）。我らが師の威力なり。それら威力によりて、この簡略宣誓が守られんことを。優れし守護神たちよ。

ビルマにおいて一般に、超自然的存在として信じられるものにはナッ、幽霊、悪霊がいる。そのほか邪術師も人間ではあるがこれらと類似の存在と理解されている。ナッ（天神とは区別される精霊）には、重要な場所やものに宿っている霊、死者、特に横死者がナッになったもの（アセィン・ナッ）などがいるとされる。こうした精霊よりさらに下に、前世の悪い業のためにここに転生したとされる幽霊（タイェイ、タセィ）や悪い鬼神（バルー *bălu*）などがいる。チャッ、ポゥ、ペイターなども幽霊、悪霊の一種と理解されている。また邪術師として知られるのは、主に女性のソン、カウェ、ゾーガニー、男性のアウラン・サヤー（下道の師）などである。病いの多くは、悪い超自然的存在がとりついたり、邪術師が術をかけ、悪霊をとりつかせることに起因すると理解されている。

ガドーボェの儀礼が、こうした精霊、悪霊理解を含む世界観、厄災観を下敷きにしていることは勅令から明らかである。[35] さらに、この儀礼に参加することによって厄災から守られるような装置が以下の形で設けられていることに注目する必要がある。

第一には、勅令のなかで、成員達が三つの力を通じて、守護神たちに自分を守ることを要求している点である。勅令で語られる三つの力とは、仏教に対する帰依の力、呪文字《サマイン》と呪符自体の力、呪符や薬を飲むという行為の力である。

第二に、成員を神格のヒエラルキーの中に結び付け、加護を得られるようにする過程が、儀礼そのもののなかに含まれている点である。儀礼では、祈願を述べるまえに神格招来を命令する権威者の名が連ねられていた。この権威者の名は単なる羅列ではなく、ヒエラルキーの順に呼んでいると理解すべきであろう。さらにウェイザーたちは、信仰対象のヒエラルキーのなかで守護神より上位に位置し、守護神に命令できる存在と理解されている。[36] 人はガインに入ることで師弟関係を通じてカンダゾーティ（＝ウェイザー）の威力の内部に入ることができる。少なくとも儀礼の勅令と祈願文はそうした願いを示している。

ガドーボェの儀礼の分析を通じて次のことが指摘できる。精霊や悪霊が災いや病をもたらすという災厄観や、仏陀、超自然的存在を含むヒエラルキー的な神格理解を背景とし、ヒエラルキーの上位にいる仏陀やウェイザーや過去の師たちの権威によって、下位の守護神に命令を下し、それよりさらに下位の精霊や悪霊を抑える、それにより健康や良運をひきだそうという過程が儀礼には込められている。また、ガインに入ることでこのような命令を下す力、あるいは師弟関係を通じて自分の代わりに命令してもらえる権利が得られるとされている。成員たちの全てがこの儀礼的プロセスに意識的であるとはいえないまでも、儀礼に参加する目的に挙げる健康、幸運の獲得という祈願が、儀礼の言葉のなかでも同様に求められていたことは確かである。また、ガドーボェの最初の儀礼過程が仏教帰依で始まることからも分かるように、儀礼で求められる力の源泉は、仏教に求められていること、同時に呪符の力やそれを飲むというガイン独自の修行にも求められていることが分かる。

(8) 治療と呪薬——ガインの変化

ガインにとって病気治療というものは重要な活動のひとつである。ただし、いままで述べてきた呪符の術や儀礼に比べて、治療活動に関しては、彼らが伝える過去の活動と現在彼らの行っていることとの間に若干の違いが生じているように思われる。そうした違いを含めて、ガインの民間治療との関わりを考察してみる。

アーターナディィヤ・ガインの総師だったチッポンは、他人が治せない病いを治したことで名を馳せたと伝えられる。O師らによればガイン・サヤー（ガインの師）は多かれ少なかれセィ・サヤー（民間治療師）として働くと語る。また、治療師として必要な知識は、ベィンドー（*beindaw* 薬草学）、ベィディン（*beidin* 占星術）、パヨーガ（*pàyàwgá* 超自然的存在の介入による病、またその病の治療）であった。O師の故郷や村では、薬草学などに関する医療は知っているものが、パヨーガの治療法を知りたいためガインに入る場合が多かったという。

O師の場合は、父親のタイ師から治療に関する知識とガインの修行の双方を学んでいる。記憶のある限り、家の鴨居や梁には、薬草や樹の根が釣り下げられていた。父親の言うとおり、そうした薬草を臼で引いたり、乾燥させたり、潰したり、叩いたりした。ガインの段階を上る手引きは父から得た。呪符は、父親の指示通りに書いて覚え、決められたものを飲み込んだ。またどのような呪符がどのような病気に効くのかを学んだ。O師によれば、パヨーガもずいぶん治療したと語る。たいがいの病は、ガインの聖水か呪符を飲ませることで治ったという。儀礼のやり方は、父のみならず、父と一緒に仕事をすることの多かった別の治療師からもずいぶん学んだ。占星術によって、患者の病気を判定したり、薬を飲ませる時刻を選んだりもした。レッポエ（*lethpwé* 護符）の作り方などもすべて学んだという。

L師は、メィガンダ師の勧めで先に僧侶になり、それからガインの術を学んだ。そのときに、治療に関しても学んだという。ただ、薬草学に関しては、緬方医学の指導員を育てる厚生省主催の講座で体系立てて学んでいる。彼は現在でも治療所を開いて活躍している。

こうした事例は、民間治療に必要な知識のすべてがガインの術として教えられるわけではないことを示している。アーターナディヤ・ガインでは、述べたとおり呪符を核としており、パヨーガの治療のほか腹痛や頭痛などに効く呪符なども教えていた。民間治療師として活動するならば、薬草学などについては別に学ばねばならないし、O師らのいうとおり、ガインに入ったときにはすでに知っているものも多かったと思われる。

O師らは治療師のあり方を以下のように伝えている。病人を見たらこちらがお願いしても治療してやらねばならないものである。お金が欲しいからという理由で治療をするのは論外で、治療費は受け取らない。「御礼」として持ってくるものは受け取るが、病人がでる家庭は貧しいことが多く、滋養のある食物をこちらが持っていってやらねばならないこともあったという。そのために、自分たちは金銭的には決して豊かにはなれないという。また、ガインの治療師としての持戒の中には歌舞音曲には近寄らない、ぜいたくなものを着ないなどがあった。そして治療師は、尊敬の対象となっていることが多かったという。それを裏付けるように、O師について彼の故郷に行った弟子たちは、列車から降りたとたんに周りの人間が、O師を「小先生 *hsăyalei*」と呼び、地面に座って拝むのを見て驚いたと語った。彼の父は「大先生 *hsăyagyì*」と呼ばれていた。しかし、現在ガインの成員と民間治療の結びつきは必ずしも明確ではない。

第一に、多くの成員たちは必ずしも治療師として活躍していない。述べたとおり、O師の弟子でもサヤーの段階に達したものは、多かれ少なかれ民間治療の知識を持っている。しかしいずれも職業を別に持っており、たとえ治療を施す場合でも、無償で行う、頼まれたときだけ行うというように、生計の手段とはしていない人々が多い[37]。唯一L師が診療所を開いているだけである。また他の成員たちはむしろ、治療の知識を求めているというより、仏教帰依の一つの姿勢としてガインに入る、あるいは、聖水を飲める、呪符がもらえる、そのことによって健康が保たれる、幸運に恵まれる、困難から救われるといった加護を求めて集まる傾向にある。

第二に、ガインの中では呪符と並んで呪薬が重要なものとして伝えられていたが、現在では呪薬はあまり用いられない。呪薬とは「ガインの薬 *gaìng hseì*」「鬼の薬 *bălù hseì*」「神薬 *nat hseì*」などを指す。なかでも「ガインの薬」は重要で、この薬を持てば、ガインに入っていなくとも、たとえ守護神やガインのことを信じていなくとも、三八の守護神である鬼たちが守ってくれ、アーターナディヤ・ガインを信じさせることもできる万能薬と伝えられる。この薬は個人的に調合できず、「ガインの総師に報告し許可をもらってから調合するべきである」とされていた。調査した成員のなかでは唯一L師がこの「ガインの薬」を保持している。L師によれば、この薬は師であるメィガンダ僧正からもらったという。僧正はビルマ人百名と中国人二名シャン人二名とをいくつかの分隊に分け、全国に派遣した。大樹を探させ、皮に鬼など特殊な形の瘤ができているものを千個集めさせた。その瘤を石臼三八個の上で女性三八人が昼夜を分かたず挽いた。さらに呪符を乗せて、紙が樹皮と混じり合うまで挽いた。その際に単に挽くだけでは足りず、男女三八人ずつが薬を「あやす *kyu*」ことが必要だった。「あやす」とはふつう子女を宥めたりやさしく話しかけることをいうが、ここでは楽団に合わせて歌い賞賛することをいう。何日もかけて「あやし」、薬にガドーボェ（供えもの）を捧げ、偈文《げもん》などを唱えたのちに完成するという。このように、「ガインの薬」には大樹に宿るとされる守護神（ナッ）の力、呪符の力のほか集団の力を込めていることが窺える。現在O師やL師らは、このような大規模な儀礼と多くの人手を必要する「ガインの薬」はもはや作れないという。

第三に、現在は用いないような術を以前は伝えていたことが窺える。呪薬「鬼の薬」「ナッの薬」の製法と効用がガインの書物に残されているが、この記述をみると、邪術と思われるものが散見される（Nagawthá 1938）。例えば「鬼の薬」は、「ガインの薬」ほど効力はないものの、「フモーの術 *hmaw*（何かを使役者として用いる邪術）を行うときに、（使役しようと思うものに）飲ませる。あるいは、薬を混ぜて好きな鬼や守護神の姿を刺青として入れれば、呼ぶだけで（そのものが）乗り移る」という効果があると記される（p.188）。そのほか、「鬼の薬」の製法の過程のなかで「白ナツメの樹の瘤を避ける」という項目があるが、製法のところでその理由として「白ナツメの樹は卑しく……ムェ・フモー・サヤー *mwei hmaw hsăya* は用いない」と述べている[38]（p.185）。ここで書かれるフモーの術やムェ・フモーの術についてガインの書物には説明がないが、一九一二年に書かれた報告によれば、ムェ・フモーとは蛇を使って人に術をかけるもので、悪い意図で行ったとされている（Shwe Zan Aung 1912）。こうした術は通常アウラン（下道）と呼ばれる。序論で述べたように、ウェイザー信仰はアテッラン（上道）に関わるとされている。しかし、村落では上道の師（アテッラン・サヤー）は下道にも通じているといわれる。そして呪薬の記述を見る限り、たしかにこのガインが下道の術を伝えていることが窺えるのである。現在のヤンゴンのガインの成員は、こうした呪薬にほとんど興味を示さない。現在彼らの伝えるガインの規則のなかには、白ナツメ、蛇に似た形態の食物を禁忌する項目があり、彼らはそれを守っているにも関わらず、その理由に関しては「きまりだから」というばかりで、多くの成員はいわれを知らない。

第四に、刺青が減少していることである。アーターナディヤ・ガインの昔の成員は、背中にガインの呪文字《サマ》などの刺青を入れておくことが多かった。そのときに刺青の効果を高めるために「ガインの薬」をいれることもあった[39]。L師は、メィガンダ僧正自身の手で、「ガインの薬」を混ぜた赤い染薬によって、背中に一四〇の呪文字《サマ》を彫りこんでもらった。これによって、守護神たちの加護がいつでも得られるようになったという。O師はヤンゴンに出てきたときに、サヤーたちが同じガインの師であることを証明するために、黙って上着を脱いで刺青を見せてくれたという記憶を持つ。しかし、O師は刺青を施していない。彼は刺青を、本来は入れるべきであるが、入れなくても構わないものととらえている。刺青は「薬（治療）の力が増すように *hseì sùn aung*」膚に薬を入れるものである。彼の考えによれば、刺青をしても、仏教の教えを守らず酒を飲んだりすれば、薬（刺青）の威力は消えてしまい、模様だけが残る。これは恥ずかしいことである。それで彼は刺青を施さずに呪符を飲む行為だけで修行を行ってきたという。O師の弟子達は、ほぼこの考えを受け入れており、誰も刺青を入れていない。

このように、さまざまな形で少しずつ治療行為との結びつきは弱くなっており、民間治療に対する態度の変化もみられる。時代のうつろいに従って蛇使いの邪術や刺青が衰えた、都市で展開することによって変化した、単に個人的選択によって取捨選択しているなど、さまざまな可能性があろうが、とりあえずここではそうした事実を指摘するにとどめる。

3　より「仏教化」したガイン
——マノーマイェイディ・ガインの事例——

(1) ガインの略史

アーターナディヤ・ガインでは、呪符の術の伝授が核となっており、仏教的世界観のなかで、成員たちはウェイザーになることを目指すか、ウェイザーから加護的力を引き出すことが、儀礼やガインの活動を通じて試みられていた。もちろんアーターナディヤ・ガインのみがガインを代表するわけではない。そこで別のガインの事例を挙げながら、集団の組織と、ウェイザーとなるために伝授される術や修行を中心に見てみたい。

ここでは、マノーマイェイディ・ガインを取り上げる。このガインも、総師に率いられている。総師は調査当時八〇歳の女性で、ガインの成員たちからはメードー *medaw*（御母堂）と呼ばれている。[40] ガインの師は通常男性が多いが、このガインでは女性が総師を務めていることが大きな特徴である。

このガインはもともと彼女の夫の故チョウジー師が基礎を作ったもので、現在も彼はガインの総長老と考えられている。[41] 彼は一八八九年に地主の息子として生まれ、一九二二年三三歳にしてこの「学」を身につけ、四年後から弟子を取り、治療とガインの仕事に専心するようになった。一度結婚、離婚を経て、四三歳で患者の家族の娘（現在の御母堂）と再婚した。結婚に際して師はさまざまな角度から考慮したが、守護神や諸々のウェイザーである「上の方々（アテッ・ポゥゴー）」が勧めたことが決め手となったといわれている。師は一九五六年六七歳で亡くなったが、そのとき「この世を抜けた（トゥエヤッパウ）」とガイン内では考えている。ガインの後継者を決めるときにも、再び「上の方々」たちの意向が働いたという。師には師との関係や人柄、さらに実力から鑑みて後継者にふさわしい弟子がおり、彼がガインの総師として後を継ぐと考えられていた。ところが、その人間はなぜか師の写真や供えものが捧げられている「ダッの部屋（ダッカン）」に長い間入っていることができなかった。妙な気持ちがして部屋を出てこざるをえない。ところがチョウジー師の妻が入ってもどうということもない。この出来事の解釈はガイン内で一致したため、彼女が「ガインの総師」を継ぐこととなったという。

このガインは、チョウジー師をトゥエヤッパウ・ポゥゴー（この世を抜けたお方）、あるいはウェイザーとして信仰することを基本としている。チョウジー師は、過去のウェイザーであるタンワラマーラー *Thanwălá Mala* の生まれ変わりと考えられており、四仏すべての時代を見てきた存在であり、天神（ナッ）の年齢にして五百歳、人間であれば五百万歳になると説明される。また、彼は次に悟りを開く筈の弥勒仏（メッタヤー *Mettăya*）を待っているとされる。

（2）組織と入会、規則

現在の組織は、チョウジーが死ぬほんの数年前に整えられたらしい。師が「この世を抜け」られてから一九九二年の時点で三六年経ち、ガドーボェも毎年続け三六周年を迎えた(42)。御母堂によれば、ガインの人数はおそらく一、五〇〇名程度、全国に散らばっているというが、このガインも人数が明確に把握されているわけではない。チョウジーの弟子達がさらに弟子を作りその弟子が入会していくという形になっている。ガインの師によれば、ガインに入会するのは、実際に病気などを治療してもらい、その効果に驚いて入る人間が多いという。ガドーボェの機会にはチョウジーの直弟子はできるだけ御母堂の儀礼に参加しようとするが、自分の師弟関係のなかでのみ行って、御母堂の儀礼には参加しないこともある。

入会には簡単な誓いが必要とされ、このガインでは五つの規則を守るべきとされている。[43] 仏陀の教えを基本に、五戒や五大無量を大切にするといった通常の仏教帰依の姿勢が含まれている点はアーターナディヤ・ガインと同じである。違いがあるとすれば、規則で瞑想を推奨していること、また、「呪符や護符（レッポェ *lethpwé*）、薬、錬金術による玉（ダッロン *datlòn*）などを用いてはならない」という項目をもって、アーターナディヤ・ガインのような呪符や呪薬を否定している点である。

ガインでは成員たちにチョウジー師の残したマントラ *mandan*（呪文）の術などを中心に教え、瞑想の修行も奨励している。弟子たちは修行を熱心に行うが、治療の力は「上の方々」から直接もらうことが多いという。総師は現在治療を行わず、治療のできる師のところに患者をまわす。

御母堂は、自分たちのガインを語るときに次のことを強調する。ガインにはローキーを基にするガインと、ローコゥタラを基にするガインの二つが存在する。右のような呪符、護符、薬、錬金術による玉の力によってウェイザーになろうとするのは、ローキー・ガインであり、自分たちはローコゥタラ・ガインを目指している。御母堂とチョウジーの直弟子に聞いたところアーターナディヤ・ガインの存在は知っていたが、「あれは呪符（イン）によっているからローキー・ガインである」と述べる。さらに、彼らはさまざまな点で自分達の教えがローコゥタラであることを語る。例えば、彼らはあくまで仏陀と「この世を抜けた人」「阿羅漢ウェイザー」などにのみ帰依しているといい、ウェイザーにはわざわざ「阿羅漢」という仏教の聖者を表す単語を付ける。彼らが認めるお守りは、偈文（ガーター *gahta*）とマントラだけである。この二つは、経典の語句から取ったもので、彼らは呪符や護符などより仏教的と理解している。他のガインでは、呪符などの効力が落ちることを恐れ、不浄の場に行かないといった禁忌を課すところが多いが、[44] 彼らのガインは仏陀などに対する帰依さえ守っていれば、禁忌はないという。そのほか彼らは、お供えのお下がりの扱いを見てもウェイザーが精霊より仏陀に近い存在であると強調する。[45]

（3）ガインの治療活動――H師の事例

H師（一九二一―一九九三）は、御母堂のところから回されてくる患者を請け負う何人かの師の一人である。もちろん直接やってくる患者もおり、彼は治療師として活躍している。H師は自分の略歴を以下のように語ってくれた。

彼はキリスト教徒の家族に生まれた。ミッション・スクールに通い、英語での教育を受けてきた。ただし自分は心の中では仏教徒だと思っていた。そのことは家族にはいわなかった。仏教徒の妻と結婚し、結婚後にはじめて皆にそのことを告げたという。

H師は生活スタイルにおいて、意図的な形で「伝統」的なものを選択している。典型的ビルマの民族衣装であるタイポン（*taikpon* 上着）とロンジー（腰巻き風民族衣装）を絶えず着ている。[46] 彼はかつては写真の現像業を営んでいた。インド系の会社の代理店を務め、教育の影響もあって、西洋化された人物だった。周りが民族衣装のロンジーをはいていても絶対に背広などを着用し紳士然としていたという。昔を知るH師の友人は、H師がこのガインに入ったのち非常にビルマ風になったのでとても驚いたと語る。

彼はガインに入って二〇年ぐらいになるが、それ以来「妻とは兄妹のように暮らしている」と語る。これは性的関係を断ったことを意味する。[47] 彼が語るには、ガインのなかで師になっていくのは、自分の努力による。彼も、師の決めた教えに従い、瞑想修行やマントラを唱えたりして精進したという。しかし、最終的に治療の力を与えるのは「上の方々」である。彼の場合は、師の死後にお告げがあり、治療にたずさわる力を得た。このお告げがあって初めて御母堂のところへ行くと、彼が何も言わぬうちに「何が変わりましたか」と問われた。その言葉によって、御母堂のところにもお告げがあったこと、彼女も彼の状況が変化したことを知ったことが判ったという。

いまこうした治療が出来る人間は少なく、ガイン内で彼はかなり上の方にいる。彼はガドーボェを自分の弟子を集めて自宅で行っており御母堂のガドーボェには参加しない。このガインもアーターナディヤ・ガインのように、自分達の師弟関係を活動の中心としている様子が窺える。ただしアーターナディヤ・ガインのO師らは、現在、治療活動をほとんど行っていなかった。それに対して、H師は毎日午後三時から六時まで、治療を行っている。H師は、治療室を「ダッの部屋（ダッカン）」と呼んでいる。部屋には、机があり、その上にチョウジー師の写真とバナナとココナツの供えもの（ガドーボェ）が置いてある。彼は、チョウジーの絵を見るように我々に言った。そのまま、移動するように言い、絵をどの方向から見ても、まさに絵のなかの師が自分を眺めているように見えるだろうと語る。一緒に訪れた数名のビルマ人は、試してみてその通りに感じたと答える。H師は、それもチョウジー師が「この世を抜けた（トゥエッヤッパウ）」証拠であると語った。また机の前にベッドがあり白い布がかけてある。彼によれば、この部屋にボーボーアウンなどさまざまなウェイザーがこられて、ここでお休みになるという。

治療を受けたい人間は、新しいガドーボェ二組と敷布用の白布を準備せねばならない。これらは、決してH師や始祖のチョウジー師が受け取るものではない。師は、天神（上位のナッ）の国に行き我々の代わりに捧げてくれるという。チョウジー師に捧げるときにH師は「これは、○○という×曜日生まれの人間が捧げたものです。

お納めください」と語りかける。終わると、患者は供えものを持って帰ることができる。こうした供えものは調理してもよいが、必ず仏陀、トゥエヤッパウ・ポゥゴー、阿羅漢ウェイザーに捧げるのが望ましい。白布は男性なら上衣に、女性なら枕にして身につけることができるという。

チョウジー師に治療の救いを求めるのは簡単である。一師よ、私は、三宝以外信仰しません。お救い下さい」と言い、コップに水をいれ五戒を唱えるだけだという。自分の行いが正しければその水は聖水になるという。H師によれば、エイズや狂犬病は、悪霊（マカウンソーワー *măkaùng hsòwà*）がついているためにおこる。そうした人々を前にして、師に加護を願い、聖水を飲ませることで霊は落ち、治るという。アーターナディヤ・ガインのO師が語ったように、H師も、治療費を得るために働いてはならない、患者の側からお礼として持ってくる場合は受け取らねばならないが、病気の人間を見れば直すのが自分の義務であるという考え方で行っているという。

H師は、いくつか自分の治療の事例を語ってくれた。例えば、モーラミャイン（モールミャイン）から病気の青年が来て治してやった。青年はキリスト教徒だったが、自分の病気が直ったことでこの「ピンニャー（学）」に興味を持ち、方法を教わって帰宅してから友人の前で試したという。「上のお方（アテッ・ポゥゴー）」を呼び出し、本を持ち上げようとしたら上がらない。驚いて「ご自分のところへお帰りください」というと急に軽くなったという。これを見ていた回りも驚き、後に彼は仏教に改宗したという。また、H師が勤めていた会社のインドの支社長の妻が、足が腫れる原因不明の病気にかかった。三回手術したが再度腫れて来たという。手紙で知らされた彼は、写真を送らせ「ミッターポ *mitta pó*（慈愛を送ること）」をしてやったところ、夫人の足は治ったという。彼は完治を告げる感謝の手紙を見せてくれた。最近には血液のガンになった人がやってきた。医者が匙を投げてしまって仕方なくここへやってきた。聖水を何度か飲ませたところ全快した。昨日も喜んで報告に来て、医者も驚いていたと語ったという。

このように、異教徒が改宗する例や、西洋医学によって治せないものが治癒する例を、H師は強調した。アーターナディヤ・ガインでもインド系ビルマ人に霊が乗り移り、以降、仏教に改宗した例が語られたことがある。このように、ガインにおける超自然的力が、異教徒の仏教への改宗を誘うという言説はしばしば聞かれる。

このガインはアーターナディヤ・ガインの場合と比べると、H師自身が霊的啓示によって治療師になっているせいもあろうが、治療は、師の力に全面的に頼り、儀礼なども非常に簡単なものとなっている。アーターナディヤ・ガインが儀礼のなかに加護を得るプロセスを組み込み、修行も段階的に行っていたこととは対照的である。一方で、通常のガインが「ローキー」であることを批判し、「ローコゥタラ」を大切にするとして、他のガインとの差異化を計っていることに注目したい。

4　ガインの差異化
――ローキーとローコゥタラ――

マノーマイエイディ・ガインとアーターナディヤ・ガインを比較すると、とりわけ組織上の特徴――総師を立てること、師弟関係が中心となること、ガインの組織としての伝承を持つこと、簡単なものにせよ入会の儀礼があること、何らかの修行を体系的に伝授すること、ガドーボェを重視し、師弟が毎年集まること等に共通点が見られる。これらは表1に示したガインにおいても、確認できる限り当てはまる。

また、二つのガインの儀礼や治療における祈願を見ると、ウェイザーは仏教的ヒエラルキーのなかに組み込まれ、仏陀や阿羅漢などの聖者の下、天神や人間、精霊、悪霊の上に置かれている。ウェイザーは神格たちと人間の間の媒介とも理解されている。すなわち、仏陀や天神（上位のナッ）や「上の方たち（アテッ・ポゥゴー）」がいるとされる天の世界と人間世界の双方を自由に行き来し、人間の願いを伝えたり、病に陥れる精霊（下位のナッ）や悪霊、幽霊、ソン、カウェなどの邪術師から守るよう依頼してくれると期待されている。

アーターナディヤ・ガインの場合、仏教的世界観を背景に、守護神などについては経典から引き出した独自の解釈を付け加えていた。マノーマイェイディ・ガインでは独自の世界観は示されなかったが、ウェイザーになることを目指し、その目的を未来仏、あるいは弥勒仏を待ち涅槃に救済されるためと説明している点は、二つのガインに共通する。(48)

しかし、いかなる修行を通じてウェイザーとなるか、いかなる修行を伝授するかという点で、二つのガインの解釈は異なっていた。アーターナディヤ・ガインは呪符の術がローキー・ピンニャーであることを認め、これを主要な核としていた。マノーマイェイディ・ガインは、マントラの術を伝授し、同時に瞑想の修行も奨励していた。そこでローキー・ピンニャーと瞑想など仏教的な修行をいかに組み込んでいるかという観点から、知り得たガインについて、以下の三つの立場に分けて考察してみる。

（A）ローキー・ピンニャー中心の立場

人間はローキー・ピンニャーによってトゥエヤッパウできると考える立場である。具体的には、アーターナディヤ・ガインは呪符、シュエインチョウ・ガインは薬（表1④　三二頁参照）、ウェイザー・マヘィディ・ガイン（同⑦）は呪符、薬、錬金術などをウェイザーとなるための術であるとして伝授している。彼らはローキー・ピンニャー（のいずれか）によって「この世を抜け」たガインの始祖やガインの大師の物語を伝えている。始祖らの物語はいずれも、特別な術を手にし、その術によってトゥエヤッパウしたと伝えられる点で、はじめに記したボーボーアウンの物語と共通点を持っている。

この立場でも、仏教的持戒や修行は力の増加にもつながると認識され、仏教に対する意識はことあるごとに語られるが、瞑想などの具体的修行のやり方が、呪符の場合のようにガイン内の修行として整えられ指導されていることはほとんどない。アータナディヤ・ガインの師は、呪符を書く際に「定（タマーディ）」という仏教用語を用いて精神の統一状態が重要であると語ったが、瞑想修行のやり方についてガイン内での伝授はない。

(B) ローキー・ピンニャーを行いながらも仏教的修行に注意を払うもの

マノーマイェイディ・ガインの人々はマントラ、偈文などをローコゥタラと呼んでいたが、一般的な理解としてはマントラなどはローキー・ピンニャーに入れられる。ただ、このガインでは瞑想のやり方も師から弟子へ伝授している。ボゥダヤーザー（仏教王）・ガイン（表1③）では呪符、薬、聖水などを儀礼の際に飲ませるが、ローキー・ピンニャーだけではトゥエヤッパウできないとし、瞑想を勧める。⑤⑥も同様である。いずれもローキー・ピンニャーを教えつつ、ローコゥタラ修行に依拠するローコゥタラ・ガインであることを書物などで強調し、具体的なローコゥタラの方法として瞑想を勧めている。ここに挙げたガインの始祖たちの物語は、最初に説明したボーミンガウンの物語と抜け方が同じである。すなわち、ローキー・ピンニャーの術によってウェイザーとなった後、最終的には瞑想を行いトゥエヤッパウ（この世を抜けた状態）になるというものである。

(C) 瞑想修行のみ行う人々

ローキー・ピンニャーを積極的に否定し仏教的修行のみを中心にしようとする集まりも、少数だが存在している。例えば「マハーウィトゥディ・アウンドームー仏教布教の会」（同⑩）は、会の名称には「ガイン」という言葉を用いていない。ただしパンフレットにはウェイザーのことも言及され、少なくともウェイザーが存在するということは暗黙の了解となっている(Mǎha Wíthokdhí 1972 : 13, 15)。しかし、ローキー・ピンニャーに頼るのは正しくなく、ローコゥタラ的方法、すなわち瞑想修行のみ行わねばならず、瞑想を通じてのみ涅槃に達すると説明している。

ガインの修行をめぐる差異は、以上のようにローキー・ピンニャーと瞑想などの仏教的修行とをどのような比率で取り込んでいるかということから生じているといえる。その際にローキーとローコゥタラという一対の単語が絶えず意識されていたことを思い出したい。このローキーとローコゥタラという言葉は、ガインの人々のみ、あるいはウェイザーの信者のみが用いるのではない。一般にも用いられ、とりわけガインやウェイザー信仰を説明する際に、信者でない外部の人々がこの言葉を用いることが多々ある。

例えばサンガ総監長老会議 *Thangá Mǎha Nayǎká Ǎhpwé* は、全国の全宗派から選出された四七名の僧侶から成り、仏教や出家者に関するさまざまな諸問題を扱う最も上位の組織である。その意味で、この会議の見解は、ビルマという国家における正統的仏教のあり方を左右するといえる。会議の長老の一人は、ガインやウェイザー信仰の活動に関して、ああした活動は、個人の欲望につけこんで信者を勧誘するから望ましくないと思うという個人的見解を述べつつ、「ただ在家の人々が行っていることに関しては長老会議でどうこういうことではない。つまりはローキーのこと *làwki keiksá* だからだ。問題は出家していながらそうしたローキーに手を出す僧侶だ。僧侶はローコゥタラにのみ関わるべきで、目に余る場合はサンガ総監長老会議でも問題にする」と語った(49)。実際にここ十年間の間に、ウェイザー信仰に関わっていた著名な僧正数名が還俗させられており、還俗の理由としてローキーに関わりすぎたことが挙げられている(50)。

僧侶だけでなく一般の在家信者もこの単語を非常によく口にする。一例を挙げると、ウェイザー信仰に熱心と思われる僧侶を評して、ある四〇代の公務員は「あれはローキーの僧侶 *lawki pòngyi* なのだ。周りの信者たちもローキーを目指して集まっている」と述べた。

ローキーとローコゥタラはもともと仏教教義の基本概念である。パーリ語ローコゥタラ(P)lokuttara は彼岸的世界、涅槃を目指す超輪廻的世界、ローキー(P)lokiya は此岸的、輪廻的世界を指す(石井 1975 : 30, 38参照)。ただし、この単語がビルマの日常会話のなかで用いられる場合、必ずしも教義的意味だけを担っているわけではない。ここでは二つのレベルにおいて理解するべきであろう。一つは実態的な内包と対応するレベルで、上で示した教義的概念を表したり、「ローキー・ピンニャー」のように用いられて、具体的に諸術を指したりする。もう一つ注目したいのは、観念のレベルで一種の価値判断の尺度として用いられるものである。すなわち、話者が仏教的と感じることをローコゥタラと呼び、仏教的ではないと感じるものをローキーと呼ぶ傾向にあるといえる。

例えばサンガの重鎮の言葉は、ビルマにおける正統的仏教理解を持つ多くの僧侶の見解と重なるだろう。彼らが理想とするのは、ローコゥタラとローキーの区別が明確に保たれ、出家がローコゥタラのみに関わることであり、これは教義に則っても正しい姿勢である。一方、錬金術や占星術などはまさにローキー・ピンニャーであるからこそ、僧侶が関わることは教義的には望ましくないとされる。他方で、ローキー・ピンニャーを在家があくまで世俗のこととして仏教と切り離して行っていく場合には、それがローキーであるがゆえに、サンガ組織からは何の批判もでないことになる。しかし、実際に僧侶が関わってはならない「ローキーのこと」が具体的に何を意味し、何が逸脱行為として還俗の対象となるかは、より社会的なものであり、歴史的に微妙に変化してきたと考えられる。この点はウェイザー信仰に関わる重要な論点であり、歴史的な視点から第六章で考察したい。いずれにせよ、ローキーの意味が確固とした内包と対応しないという点では、サンガの重鎮の言葉もある種の尺度といえよう。

一方、ガイン内部では、他のガインをローキーと批判し自らをローコゥタラ的であると語る。これはマノーマイェイディ・ガインの師の語りに典型的である。彼らが自分たちがローコゥタラであるとする根拠はマントラ、偈文だけを使用しているからで、これらが経典の文字を取り込んでいるからという。しかし、マントラもローキー・ピンニャーの一部であり、外部から見ればこのガインもローキー的だとみなされることは充分ありうる。

このように、ローコゥタラとローキーという対の単語は、ビルマにおいて「仏教的だと考えられるもの」とそうでないものを規定するカテゴリーとしても働いている。ガインで見てきたローコゥタラを主張する語りは、この大きな言説の働きのなかで理解すべきであろう。彼らはそのなかで、自らがいかにローコゥタラを求めているかを主張し、互いに競い合う。あるいは、自らを正当化するためにローコゥタラという言葉を積極的に利用しているともいえるだろう。しかし、こうした言説の分析だけでは不充分である。彼らがローキーとして、あるいはローコゥタラとして行っていることは、より広いビルマ社会のなかでどのようなものと関わり、何と競合しているかを追う必要がある。これについては、後の章で分析したい。

ウェイザーを信仰する人々は、ガインの成員に留まらない。ウェイザーになったと考えられる人物が、必ずしもガインを形成するわけでもない。ここでは、明確な形で組織化されないウェイザー信仰のなかで、一人で修行するうちにウェイザーとして有名になった人物の事例を紹介する。

5　「修行者」たち

(1) あるボードー（御祖）

ヤンゴン市において、「ボードー（御祖）」や「この世を抜けた」存在の噂を聞く度に出かけていく人々は少なくない。そうした人々の一人に、ある中年の夫婦がいた。このG夫妻は、ヤンゴン随一のショッピング・センターといわれたボージョウ市場に洋装店を出している中国系ビルマ人である。数年前に、彼らの考案したデザインが当たり、そのころが商売の頂点だったが、後に同業者たちに模倣され、また最近では大資本を元手に開店するものが出てきて押され気味である。商売が下降しはじめたころから、こうしたウェイザーへの帰依を深めるようになった。夫婦は自分たちはガインとは全く関わりがないし、自分たちの帰依はガインとは異なる活動だと考えている。今回は、あらたに耳にしたボードーに会うために、仕事を休み、知人や興味を持つ近所の人々を連れて車で出かけた。ボードーの住む村を目指して、ヤンゴン市の西に流れるフライン河を越え、さらに車で一時間半ほど進む。村のはずれの広い平野に、建物がぽつりと建っている。境内の一角には仏像や小さなパゴダが建てられている。ボードーは「墓場での瞑想」などを経て、超能力（ティディ *theikdi*）を得、予知能力（アチャーアミン

ăkyá ămyin）もあるといわれている。ただし一見したところでは、村落によくいるような、平凡な老人にも見える。ピィ（プローム）市の方から来たという信者たちが彼と談笑している。そばにいる女性はボードーの妻だが、ボードーは持戒を守り隠遁生活を送っているので、夫婦生活は持っていないと信者たちは説明する。

自分たちの番がくると、ヤンゴンの一行は次々に自分の悩みを告げ、ボードーの答えを待つ。夫婦は店の状態を説明し、元手を掛けて事業を拡張するべきかを問う。現在彼らの所有する家を処分する話が出て、その是非も尋ねた。ボードーはすぐに、さまざまな指示を出した。家は売るな、さらに家の片隅に多羅樹を置くようになどと指示する。ほかにも海外に出られるかどうかを聞く若い女性、漠然とお守り下さいとお願いする中年の男性、人間関係や自分の始めたことがいずれもうまくいかず、何か妨害が入っているように思うと訴える学校の女教師もいた。人々は皆最後におずおずと「何かお守り（アサウン *ăhsaung*）を下さい」という。実は行きの車の中で、こうした信仰にかけては経験を積んだG夫人が、お守りを所望するようにと入れ知恵をしていたのである。ボードーは、少し考え、袋の中から指輪を出す。指輪には「錬金術による玉（ダッロン）」がはまっている。ある女性には「○○の仏像の裏を見に行ってごらん」といって見に行かせる。彼女は、小さな三角状の金属を見いだし、喜んで戻ってきた。指輪や三角状の金属など錬金術との関わりを匂わせ、「樹を置く」ことやその他のさまざまな指示は、占星術にもよく用いられる「厄払い」である。ボードーは瞑想修行によって「トゥエヤッパウした人物」と噂されているが、同時にローキー・ピンニャーの知識に詳しく、人々もそれを求めていることが判る。人々は、その後ボードーのパゴダ建立などのために、喜捨を行っていた。

たまたま、写真を撮ることをお願いしたところ、ボードーは、「何のためか」と鋭い声で聞き返した。周りが「これは、日本の留学生で、ボードーのことを海外で知らせ仏教を布教するためです」などと口添えしてくれた

図7　あるボードー

結果、考えた挙げ句にボードーは許可をくれた。彼の指示する形で二枚撮ったところ、一緒に拝んでいたピィ（プローム）市からの信者が寄ってきて、現像したらぜひ欲しいという。彼らが言うには、いままで写真の許可を得たのは、バゴー（ペグー）市から来た年輩の信者一人だけで、その写真もあまりよく撮れていなかったという。勝手に撮ったものがいたが、ボードーが厳しい目で眺めたところ、現像してみると、写真には何も写っていなかったという。彼らは、ボードーに帰依して何度も礼拝にきたが、写真は得られなかった、今回ぜひ写真を飾り拝みたいからと何度も訴える。その後、ヤンゴンに帰ってずいぶんしてから、ある大学の教官が、どこから聞いたものか、ボードーの写真を撮ったと聞いたので一枚欲しいともちかけてきた。これもボードーたちに関する信仰の広がりを感じさせるものであった。

ただし、G夫妻らはその後このボードーのところへは行っていない。その後、ヒンダダ管区に住む僧正をトゥエヤッパウと聞きつけて、旅に出ている。

(2)「ティディ・シン(超能力の持ち主)」

ヤンゴン管区トンクワ市ピンマピン村には、Kという師(サヤー)がいる。彼は元々官僚だったが、引退して修行したいという気持ちが捨てがたく沸き起こり、とうとう家庭を捨てて七年間修行をしたという。パガンなどの山を歩き、果物のみを食べては慈愛を送り、墓場で瞑想を行った。当時、肩掛けカバンにろうそく、マッチなどを入れ、髪は伸び放題で、親類は非常に恥じ、彼に対して怒ったという。しかし彼は修行を続け、とうとう「宝守りの長たる母堂(タイチョウメードー *thaikchok medaw*)の加護によって」、定(タマーディ)を徐々に獲得した。のちに予知能力(アチャーアミン)を手にした。ある日瞑想中に近寄ってきた蛇が急にインド人 *kālā* になり、「善哉(タードゥ *thadú*)」と唱え、「自分が守ってやる」と言ったという。そのとき以来彼は、いまのような「超能力を得た人間(アウン・ティディ・シン *aung theikdi shin*)」となった。彼はまた「九つの墓における修行に成功した人 *kogu thingyain aunggèthu*」とも呼ばれる。先ほどのボードーの場合も墓場で修行をしているが、墓には悪霊などの妨害が最も多く、瞑想修行のなかでもレベルが高いと考えられている。

彼は、修行中にさまざまなウェイザーに出会ったという。「日本のウェイザーもやってきた。そのほか、中国、イギリス、フランス、カンボジアなど世界中のウェイザーがやってきて(自分と同じ場所で)修行に励んでいた」と彼は語る。

現在K師は村内のはずれに、かなり広い敷地をとり、小さなパゴダを建てて住んでいる。この土地を村人は「菩提樹パゴダ」と呼ぶが、それは、敷地の一角に存在する特徴的な菩提樹に由来している。その樹は根元は二本別々に生えているのだが途中で絡み合ってしまい、U字を逆さにしたような形を形成している。この菩提樹には精霊が宿っていると考えられ、U字を逆さにした部分からブランコを釣り下げ、「宝守りがここで遊ぶ」と説明される。パゴダは、丈三メートル程度の小型なものであるが、まわりに彼の信仰する精霊の祠が数個設けられいる。別の一角には「成就のダッの部屋（アウン・ダッカン *aung dat hkàn*）」と呼ばれるウェイザーの祭場が設けられている。この中には「日本の仏像」やウェイザーたちの「写真」などが供えものとともに祭られているほか、貨幣が並べてあった。K師は「世界中の仏像や貨幣が集められている」と説明する。

K師が語るには、この一角ではさまざまな不思議な出来事が起こっている。例えば、異常なほど大きな果物がとれる、盗賊がまったくこない、望んだことがすぐ叶えられるなどである。村の人間もこの地の霊的力は理解しており、K師を「先生《サヤー》」、ときにはパゴダにちなんで「菩提樹の師 *nyaungbin hsăya*」と呼んで、望みなどがあるときに、拝みにいくという。K師はまだウェイザーやトゥエヤッパウとは見なされず、自称もしていないが、超能力《ティディ》を獲得していること、自分でウェイザーと出会ったことを語り、かなり高い状態まで達したことを印象づけようとしている。

K師はヤンゴンで有名になっているわけではない。たまたまこの村からヤンゴンに出て農業機械の販売を行っている事業家が、村にパゴダを建立することになった。彼はO師に建立を依頼したが、村の側でパゴダ建立に携わったのがK師であった。二人の師たちはパゴダ建立の際に、協力して儀礼を行い、役割をうまく分業をしていた。例えば、パゴダ建立儀礼の過程は第三章で述べるが、パゴダの傘蓋に護経を唱える過程が必要になる。この村では若い女性を中心に「護経唱経の会 *păyeikdaw ăhpwé*」が結成されていたが、K師の弟子にあたる中年女性Nがその指導に当たり、儀礼に参加させていた。Nはもともと仏教には熱心な独身女性であったが、あるとき憑依を経験した。通常、憑依は精霊との関わりのなかで考えられ、踊りたくなったり、身体がふるえてきたり、精霊の儀礼で我を失ったりすると語られる。彼女の場合は何か霊が憑く状態を経験したが、その後に瞑想や仏教活動などに導かれたため、自分の状態は精霊ではなく「ダッスィー」であると理解したという。ダッスィーは第一章で述べたとおり、ウェイザーかその守護霊が憑依することをいう。彼女は、それを境に瞑想の修行を六年続け、最近では簡単な予知能力を身につけた。そのほか村でパゴダが建立されたときには、建立のために常時用意する供えものにいつも気を配り、雑務に従事している。彼女はこうした活動を自分を支配するダッの導きによると理解している。ただし、どのようなダッが憑依しているのかは明確には判らないと述べている。

6　緩やかに集まる信者たち
――会社組織と重なる事例――

(1) 白鳩僧正の分身Pと「銀の家族」

白鳩僧正（一八九四―一九七九）は、トゥエヤッパウ僧正としていまなお信者の帰依を受けている。僧正はエーヤーワディ（イラワジ）管区パンタノー郡スィラウンジー村で生まれた。さまざまな土地で師について学んだのち、各地の僧院に移り住んで、仏教布教（タータナー・ピュ *thathăna pyú*）に務めた。僧名はアディサウンタ *Adeisáwunthá* である。僧院やパゴダを建て、仏教が繁栄するとそれを他人に譲り、自分は、他の布教の必要な地域に出かけていったという。一九五四年以降、ヤンゴン管区タイジー市ジョービュー（白鳩）池のそば、バンブエコン村内の一地区に住むようになった。それ以降「白鳩僧正（ジョービュー・サヤードー）」として有名になり、一種のトレードマークとして白鳩が羽ばたく絵が用いられたりもする。信者の若い男性が語ったところによれば、僧正には両肩の上と胸の上に体毛が渦を巻いており、それがちょうど「サ、ダ、バ、ワ」の文字のようであったという。これは僧正の身体に呪符の文字が刻印されており、間接的に、僧正がウェイザーであることを示していると解釈されている。僧正がどのようにして、ウェイザーに関わる知識や信仰を得たかなどは不明である。僧正は国中のパゴダ、宿坊、窟寺、池のある地域をつとめて歩き回られたが、一九七九年に寝室で座したまま亡くなったという。信者は、僧正は「死んで抜けた（アティ・トゥエッ）」と理解し、その遺体をジョービュー地区に運んだ。

僧正は、信者に内観瞑想（ウィパタナー *wipatthăna*, (P)vipassanā）と呼ばれる瞑想を教えた。また弟子や信者たちに慈愛の大切さを説き、瞑想のほかに、「慈愛の送り方（ミッターポ *mitta pó*）」や偈文などを教えている。この瞑想方法や「慈愛を送る」ことは、一般の僧侶、熱心な在家信者なども行う仏教実践である。ただしパンフレットによれば、僧正はこうした「仏教の繁栄のための活動を行うだけでなく、ボーミンガウン、ボードー・ウー・ポワーたちの、下ビルマにおける宗教活動を引き受け」一切衆生の救済にたずさわっていたと記している（Ei Hpei n.d.: 7）。この言葉は、僧正がウェイザーを意識し、ウェイザーたちの活動を引き継いでいたことを示している。

信者たちの思い出によれば、僧正は穏やかな人柄で、欲のない立派な方であった。また、特殊な力を示されることがあり、信者はそのことに一層帰依していたようである。僧正はパゴダ建立を重視しており、パゴダに奉納すべき聖なる骨（ダットー、第三章参照）も集めていた。そのほか、薬や錬金術による玉なども持っており、必要な時には信者に与えたり、その玉を入れた水を飲ませていたという。また、僧正に非凡な力があることがさまざまなエピソードを通じて語られる。例えば、ある信者は、悩みを持って訪れると、その悩みを言わぬ先に僧正はすべて理解されていたという。また、僧正が心身を分離できたこともよく語られる。ある夫婦は、僧正にしばしば寄進していたが、夫は海外勤務が多く、いつも妻だけが僧正に会いにきていた。ある日妻は、夫婦で来ることができないことを僧正にお詫びした。ところが、僧正は一言、わしはおまえの主人に会ったことがあると言われた。その女性は、僧正がしばしば、魂（ナン）を外に送られるから、海外にいる自分の夫を見かけられたと思ったという。

僧正の分身P

現在、白鳩僧正を信仰する人々は、Pを僧正の「分身（ダップワー）」と理解し、Pを通じて帰依を示し、願い事を語り、拝んだりしている。

Pは、僧正が白鳩地区に住むようになってから知り合い、それ以来、熱心に彼に帰依してきた信者のひとりであった。白鳩僧正も、彼を非常に可愛がり、ヤンゴンに出てきた際には、しばしば彼の家に宿泊した。また、地方に仏教活動（タータナー・ピュ）に出かけるたびに、彼を連れていったという。Pは大学の教官で、当時大学内で組織される仏教活動の委員会会長として宗教活動に身を呈しており、白鳩僧正は、Pを通じて大学関係者、大学寮などの招待に応じ、説法を行ったり、雨安居にはいる際の僧衣贈呈を受けたりした。

僧正には実の甥で僧侶となったものがおり、白鳩地区に建立した僧院はこの甥に継がせている。しかし、聖骨、聖薬、錬金術による玉（ダッロン）や、ウェイザー信仰に関連するさまざまな考え方、供えものの準備、儀礼の行い方などに関しては、死ぬ間際にPに委託した。このことを信者の人々は、ウェイザーの活動には肉親か否かは関係なく、それにふさわしいもののみが後継者となれる、僧正はふさわしい弟子を選んでお与えになったと理

図8　白鳩僧正の像（P家のダッの部屋に置かれる石膏像）

図9　66個の供えもの
（写真は供えものの一部、ジョービュー地区「宝宮の姫」儀礼、1991年11月30日）

解している。P師は、人生の転機となる重要な場で口から出た言葉は、白鳩僧正のものであると自分で理解している。Pの人生は、他人からみてもとんとん拍子にうまく運んでおり、それは僧正が守っているためであると周りの信者たちも語っている。

Pは、一般には「ボードー」と考えられ、「尊父（アペィジー）」と呼ばれる。その自宅には、白鳩僧正の信者やPを信じる人々がひっきりなしに訪れる。P家の「仏陀の部屋（パヤーガン）」の続きには、「ダッの部屋（ダッカン）」が設けられている。仏陀の部屋には段差があり、上には各種の仏像が、さらに中段にはトゥヤダディ（弁天）女神などさまざまな神格が所狭しとばかりに飾られる。また、白鳩僧正のほか、ボーミンガウンの写真が手前に立てかけられている。手前の「ダッの部屋」のあたりには白鳩僧正の大きな像があり、手前にベッドが並べられている。ここに「僧正が来て、お休みになる」とPらは語り、「ダッの部屋」をときには「ダッの休憩所（ダッサカン dat săhkàn)」「休憩所（サカン）」と呼んだりもする。人々はこの部屋で悩みを訴えたり、祈願を行ったりする。夫の女性関係、子供の麻薬といった家庭内の問題や、昇進や転勤といった公務員の悩み、商売上の迷いなども訴えるというが、Pは通常はそうした悩みに神託の形で解決を出すのではなく、どちらかといえば、僧正に願い、訴え、加護をお願いする。しかし、信者は満足そうであることが多い。あるものは、入ったときと異なり吹っ切れたような晴れ晴れとした顔で出てきた。

一方、妻のP夫人は、商売を広く手がけている。彼女は、知人と共同出資をして、製紙関連の会社を設立し、その社長を務めていた。彼女は「宝（タイ *thaik*）」から来た人間と考えられている。(51)「宝」から送られた人間は、金に縁があるが、何らかの形で他人から特徴づけられ、現実社会に適応できなかったりして、いずれ「宝」に返らねばならないと理解される。P夫人は、子供のころ、家族とも口をきかなかったが、誰もいないところでおしゃべりをしていたので、家族のものは何か由縁があると考えていた。出生票（*zata* ザータ—、第三章注(10)参照）を見てもらうと、彼女が「宝」から来たことが判明した。さらに、彼女は七歳で「宝」へ戻ってしまうとされたので、儀礼を行いその期間を延長してもらった。次の期限が一四歳であった。これも儀礼によって延長したところ、次は四〇歳終わりまで延長された。彼女が初めて白鳩僧正に出会ったころ、僧正が「娘や、お前はもう帰る必要はない」と言って、僧衣を沙弥にとってこさせ彼女のうえにかけたという。P夫妻は、僧正が何を意味したのか分からずめんくらったが、P夫人の「宝」の生まれのことを言われたのだとようやく理解した。そして、僧正が彼女の生まれを見抜き、さらに守ってくれたと悟り、僧正に深く帰依する一つの起因になった。P夫人は、僧正の仏教布教（タータナー・ピュ）に力を尽くすことを誓った。僧正は、Pに右側、すなわち仏陀やそれに類する神格関係の儀礼を、P夫人に左側、「宝」や精霊関係の儀礼を行う責務を分担したという。僧正は、精霊や

「宝」関係の神格に対しても、きちんと儀礼を行うことを示唆された。「敬うべきでないにしても、あれらは存在しているのだから」とおっしゃったと信者たちは伝えている。

P師は、白鳩僧正の遺志をついで、僧正の遺した寺院にさまざまな建築物を建立している。その際の布施集めや、事業のための実務、あるいは儀礼の準備などに、自分の知り合いや、夫人を中心とする「銀の家族（ングエ・ミーターズ *Ngwei Mihtazu*）」の人々を誘ったりしている。

この「銀の家族」は、ガインのように、会則を設けた組織的な集団ではない。「銀の家族」は、P夫人の会社の共同出資者や実務を担当する女性たち、さらにそれぞれの家族などを中心に形成されている仏教活動のための緩やかなネットワークである。夫人の会社の関係者が主とはなっているが、それに留まらず、商売上の取引き先の夫人や、従来から親交のある知人がそのつど、参加している。概して、夫人の会社以外の参加者も女性であった。彼女らは、夫として現役、退役の高級軍人、外国で働くもの、外国船の船員などを持つ富裕層といえ、多くは夫の稼ぐ資金を元手に国内で商売などを行っていた。

一九九一年一一月三〇日から一二月一日にかけて、白鳩僧院の説法堂 *dămayon* 完成に続いて、「宝宮の姫（タイナンシン *thaiknan shin*）」の宮の開催式を行った。このときヤンゴンから車で三時間ほどのところにある白鳩地区に、主催者として三〇数名が参加した。特にP夫妻と一緒に車を仕立てて出かけたのは、六家族一五名であった。彼らは、当時公務員の月給が一、〇〇〇チャット前後であるのに対して、一度の布施に最低一万、二万チャット程度寄付しており、ビルマでは高価な自家用車を所有し、ヤンゴンの富裕層といえる。彼らは、こうした一連の活動を、「タータナー・ピュ（仏教布教、仏教活動）」と呼んでいる。あるものは、瞑想は素晴らしいことだが自分一人しか救われない、タータナー・ピュは多くを救うことになるから優れた活動であると語った[52]。彼らは、自分たちは仕事をしてたくさんお金を稼ぐけれども、稼いだものをこうして寄付する、不思議なことに、いくら寄付しても、また寄付できるほど金が入ってくる、これも僧正の威力(ダゴー)によるのだというのである。

Pと夫人は、白鳩僧正のみならず、他の「トゥエヤッパウ(この世を抜けた)僧正」にも帰依していた。例えばピィ(プローム)地方の金鷺僧正や、ヤンゴンのチャウンワ僧正などである。このような僧正に帰依し、布施を行ったり儀礼の推進役などを請け負ったときには、彼らは、同じようなネットワークを使って動いている。この動き方を見ていると、最終的な意図はもちろん宗教活動なのだろうが、ときには、社会関係を用いて儀礼の費用や宗教建築物建立のための資金を効果的に集めたり、逆に仏教活動を、経済活動や社会関係の取り結びに利用することがあった。

後者の例を挙げてみたい。チャウンワ僧正は昨今ヤンゴンで「この世を抜けた」として名を馳せている。僧正には、有力な檀家(ダガー dāga)グループがいくつか付いている。僧正は、何か事業を行う場合、檀家たちに仕事を分担する。一九九二年、僧正は僧院内にパゴダを建立したが(第三章注(5)参照)、その際に仕事を檀家らに分担し、檀家は請け負った仕事をそれぞれに持つネットワークを用いて行っていく。こうした檀家との関係は、もちろん普通の僧正も等しく持っているといえるが、トゥエヤッパウ僧正といわれる存在は、具体的に力があると思われているからこそ人々がより集まり、それゆえに、有力檀家とそうでないものとの差も明確に出てくる。

Pらは、経済的な余裕もあり、チャウンワ僧正にも多大な寄付を行っていた。例えば、三日間でのべ二、〇〇〇人以上が参加したといわれる僧正の誕生日会(一九九一年一二月二二日—二四日)は彼女たちが中心となって主催した。P夫人とそのグループは当日の儀礼の際には僧正近くの特別席を与えられており、僧正への喜捨の後に行われる灌水供養において、他の有力檀家である軍人らとともに、主役となっていた。

夫人たちは、当時水面下で動いていた政府関連事業に自分たちの会社が食い込めるように、さまざまな形で運動していた。そのひとつとして、関連の局長の妻が、こうした僧正に対して「帰依したい」と考えていることを知り、この僧正に紹介したのであった。この妻は、僧正から重要視されている彼女たちの姿を見せられ、同時にその知人ということで大切にされるという契機を通じて、彼女たちの活動に深く感じいり、また急速に親しくなった。もちろん、他の要因もあろうが、彼らが最終的にその事業の関連部門を受注された背後に、チャウンワ僧正を紹介したことが大きく関わっていたと思われる(53)。

（2）T師と「海の家族」

Tは香港本社W船舶会社のビルマ代理店の社長である。彼はビルマ族だが、シャン族のサッサインロン *Hsat Sain Lon* という人物を「御兄上 *naungdawgyi*」として帰依している。その「兄」はしばしば、彼に憑依する（ダッスィー）という。

彼は、元々軍人であったが、若い頃に辞めて、船員として働くようになる。あるとき、船が沈没し、彼は一人で海を漂流した。そのときに、彼は、海を守るとされるマニメーカラー女神などに助けを乞い、命長らえれば、この後は仏教活動を行うと約束したという。彼は唯一の生存者となった。それ以来、仏教活動に熱心になった。また経済状態もそれに伴って上向いていった。いつごろから「兄」が憑依するようになったのかは定かでないが、周りの友人や実弟の記憶では、一九六七年七月二七日にパゴダ建立に出かけたとき、Tに憑依したのが始まりだったという。Tは異言を語ったが、その言葉は誰にも判らなかった。友人の妻にシャン族のものがおり、彼女にはTの語る言葉が多少判った。ただしその言葉は古語が多く、現在のシャン語とは異なっていたという。Tはそれ以降パゴダ建立に関わるときには、「御兄上」にちなんでシャン族の服装をする。その方が儀礼や工事などを成功に導きやすいと考えている。

Tは、自分の会社の船員たちを中心に「海の家族」という宗教協会を結成した。彼は自分に関わるいくつかの神格、例えば、「御兄上」のほか、マニメーカラー女神、エィンダイェッカと呼ばれる鬼などを奉っている。また、父親の趣味を引き継いで「ラーマーヤナの会」を設立し社員も会の活動に参加しているが、この活動は、ラーマーヤナのなかのダタギリ（ラーバナー）一族が鬼であることから鬼の信仰とも関わっている。

Tは、自分の多様な活動を「経済はW会社、宗教は海の家族、文化はラーマーヤナの会」と、標語のようにして語る。市街地にあるW社の事務所には、「海の家族」と「ラーマーヤナの会」という看板も貼ってある。

「海の家族」

何度か名称を変えたが、現在正式には「仏教布教・海の家族 *Thathana pyú Ǎnnǎwa Mìthàzú*」という。この会は、一九七八年以降正式に仏教布教（タータナー・ピュ）活動を始めたという。このタータナー・ピュは、明らかにパゴダ建立を指している。活動のはじまりは、マンダレー管区レィピンの傘蓋奉納儀礼であった。その後徐々に山岳地帯（タウンダン・ディタ *taungdàn deithá*）でパゴダ建立を行うようになった。現在では、宗教省の「山岳布教協会 *Taungdàn Deithá Thathǎna pyú Ǎthin*」の活動に組み込まれる形で働くこともある。主な会員はW社の社員である。W本社と正式に契約し外貨で定額の月給を得るのはTだけで、あとの事務員はTが国内で雇う形になっている。W社からテレックスが入ると、決められた人数の船員を送り出すことになっており、現在正規に登録する船員は約五〇〇名である。ネーウィン時代に経済統制を行ってきたビルマにおいて、外国船の船員は外資が得られる数少ない職業であり、八〇年代以降最も嘱望され、女性が結婚相手として最も望ましいと考える職業であった。大学出の国家公務員の月給が平均数百チャット（一九八〇年代）ないし一、五〇〇チャット前後（一九九〇年代）であったのに対して、数カ月から一年の航海で、一〇万チャット単位のお金を手にすることになる。(54)

「海の家族」では、航海に出る度に、布施のための金として、一等二等航海士などから一万チャット、平船員からは五、〇〇〇チャットずつ集めることにしているが、皆喜んで払う。というのは、通常ブローカーを通して船員になると一〇万から一五万チャット払わねばならないが、彼らの場合は登録さえしてあれば、ブローカーに払う必要がないからである。Tらによれば、多くの社員にとって、得た収入で布施したいというのは当然の気持ちであるし、会社がこのように宗教活動に力を入れることを非常に喜んで受け入れているという。また、船員の登録に加えてもらいたくて、仏教活動などを行うときに、ボランティアで働く若者も少なくない。そのような若者のなかから実際に、船員として雇うこともあるという。

「海の家族」はシュエダゴン・パゴダの東門側の参詣道筋に「海の家族説法場 *Ǎnnǎwa dǎmayon*」の建築に着手し、一九九一年一一月に鉄筋コンクリート建ての建物を完成させた。このような説法場は、母体が仏教活動を行う場合の拠点となる。東側参詣付近には、九〇年代に入ってさまざまな集団が次々に説法場を建立しているが、その母体は教育省、法務省など省単位であることが多く、私的な企業集団が建立した例はまれである。土地を手に入れるだけでも少なからぬ喜捨を宗教省に行い、建物にも四〇万から五〇万チャットかかったというから、「家族」の資金力、宗教省への影響力が窺える。

　彼らは、毎年、多くの僧侶を招いてご馳走したり、米袋などを喜捨するなど、布施に勤めている。その際には、船員のほか航海中の船員にかわってその夫人が手伝う。また、前述のパゴダ建立などさまざまな宗教活動にも専念している。会の人々は、このような活動を「タータナー・ピュ（仏教活動、布教）」と呼んでいる。会の全員がこれまで述べてきたようなウェイザー信仰を受け入れているとは思えない。ただし、Tは社長であり彼の決断一つに彼らの命運がゆだねられていること、国家主催の仏教儀礼にも関わり、宗教省の重鎮とも親しいこと、そのほか、パゴダ建立を進めていく実行力や指導力、Tの周りの人々の語る不思議な話や偉業談などから、皆Tを特殊な人間であるとみなしており、畏敬の対象となっている。地方のパゴダ建立に随行していくのは、Tが重用している数名の弟子（ダベィ）たちである。職業としては、彼らも船員である。特に気に入られたものは、Tが手放さず、そのため「なかなか船に乗せてもらえない」と冗談まじりにぼやくものもいる。しかし、この数名の人間は、自分たちが選ばれ、社長Tと自分たちの宗教活動の核となっていることを誇りにしている。彼らはTの信仰をよく理解し、自分でも受け入れている。何人かは、供えものの捧げ方や儀礼の行い方などを伝授されている。儀礼の時には、特にTの指示を最も理解する人々であり、他の社員（船員）らに影響力を持って導いている。

7　ウェイザー信仰の広がり

本章で記述しただけでもウェイザー信仰がいかに多様に展開しているかは理解されよう。ここでは以下の順に考察する。（1）ウェイザーそのものの存在に、共通の理解はあるのか、あればどのようなものか、（2）信者の集まり方に何か特徴はあるのか、（3）ウェイザー信仰とはビルマ社会のなかにどのように位置しているのか、である。

（1）ウェイザー理解の共通点と差異

ウェイザーという存在の理解には、かなり共通する理解が見いだせる。ウェイザーは、呪符、占星術、錬金術といった術と深く結びつけられ、術に習熟した存在だという理解があるが、同時に、ウェイザーは肉体的制限から抜け出し、その核とでもいうべき重要なものを他に送ることができると考えられている。その核がダッという概念であり、多くの人が、「分身（ダップワー）」「憑依（ダッスィー）」「ダッの部屋（ダッカン）」「ダッの休憩所（ダッサカン）」といった用語を同じように用いていた。「ダッの部屋」「休憩所」の部屋の飾り方も、マノーマイエイディ・ガインのH師、白鳩僧正の分身P師のほか、メンデルソンの事例（Mendelson 1961b）でも、ウェイザーが休む場所としてベッドを用意している点において共通している。ウェイザー信仰は多様で互いに関連なく広がっているように見えるが、一方でウェイザー理解はかなり共通していた。すなわち、ウェイザーは修行によって到達した人間だが、同時に、人を越えて神格化された霊的な存在だと理解されるのである。

こうした二つの側面は、実際の修行や活動の際に見られるものとも連動している。例えば、ガインの師にもO師のように段階を上って大師になった修行型の師と、L師のように守護神などから「選ばれ」、修行に先んじて加護が得られた師とがいた。マノーマイエイディ・ガインの御母堂や「海の家族」のT師も後者であろう。一方、独りで修行したK師などは、修行を行いつつも最終的には加護の力で「定」を獲得し「超能力」を手にしており、双方の側面が強調されている。

仏教世界の神格におけるウェイザーの位置づけもほぼ共通している。ウェイザーと守護神（上位のナッ）との位置づけは変わるものの、ウェイザーが仏陀、聖者に準じた高位を占め、下位のナッや悪霊より上にいるという点では広く共通している。アーターナディヤ・ガインの儀礼では、ウェイザーは上位のナッ（守護神）に命令し悪霊や下位のナッ（精霊）を従わせ、人々を災厄や病いから守るという理解が顕著に表現されていたが、このウエイザーの働き方は、マノーマイェイディやシュエインチョウなど多くのガインに共通する理解である。

こうしたナッたちに命令できる力を含めて、ウェイザーは現実世界を変革できる力を持っていると理解されている。この力は、通常、「超能力（ティディ）」と認識されている。超能力は、ボーボーアウン、ボーミンガウンの物語においても重要な役割を占める。また本章で見てきた事例、すなわち、現在ウェイザーであると考えられる人、また「この世を抜けた」と考えられる人にも、ほぼ同じような力が認められている。この力の概念をめぐっては、より仏教的な神通力としばしば混同される。この議論は、第五章でさらに深めたい。一方、特筆すべきは、力の内容であり、政治状況に対応した形で語られている。例えば、白鳩僧正の信者やKなどがウェイザーを語る際に、国際的な世界が認識され、ウェイザーは国外の世界に出かけるものとも理解されていた。政治をめぐる語りについては、第六章でさらに議論する。

一方、差異があるとすればトゥエヤッパウの理解と修行の内容にあり、その理解と修行は深く結びついていた。第一はローキー・ピンニャーの修行のみでトゥエヤッパウに到達するという理解である。人はローキー・ピンニャーを極め、ウェイザーになるが、これは普通のウェイザーにすぎない。最終段階として、火に飛び込んだり土中に籠もったりするなどして肉体的仮死を体験し、信頼できる弟子などの協力によって再生すると、以前より強い力を得、究極的には不死身の肉体を手にする。これがトゥエヤッパウであるという見解である。第二は、ローキー・ピンニャーによってウェイザーとなったものが、瞑想修行を通じて更に高い段階に至る。これがトゥエヤッパウだという見解である。第三は、トゥエヤッパウになるためには、ローキー・ピンニャーには全く関わらず、純粋に瞑想修行によってのみ到達するという見解である。

序章で検討してきた先行研究は、このいずれかに「ビルマのウェイザー／トゥエヤッパウ理解」を帰結させようとしていたといえる。すなわちメンデルソンらは、第一、第二を強調し(Mendelson 1961a, 1963b, Ferguson and Mendelson 1981)、ショーバーは第三の理解を強調している(Schober 1989)。しかし、こうした多様な見方のなかで、どれが「本当」の理解であるかを議論することは全く意味がない。そうではなく、どの立場の人間が何を意識しているかを導き出す必要がある。本書では、ウェイザー信仰のトゥエヤッパウ理解には偏差があり、仏教的修行とローキー・ピンニャーとの取り込みがその差を生み出しているという見方に立つものである。

(2) ビルマ社会における信者の分布

何度もいうように、ウェイザー信仰はあくまで個人で関わるものであり、信者の人々は、通常の日常生活を送っている。一見したところでは、信者であるか否かもわからず、地域社会のなかでは非常に把握しにくい。メンデルソンは、「宮殿」と称して、核となる人間が住み、そこに人々が集まる事例を報告している (Mendelson 1961b)。このように、都市での活動は、新たに核を形成するか、別の母体や人々のネットワークと結びついた場合に、かなり強力に活動が促進される場合がある。アーターナディヤ・ガインのヤンゴン市の活動の場合、「ラーマーヤナの会」という芸術文化保護の団体と結びつき、また会はかなり地域と結びついている。「銀の家族」や「海の家族」も、営利団体である会社を母体として形成された集まりといえる。こうした宗教と団体との結びつきは興味深い。信仰がこの団体の結束に効果的に働く面もあろうし、逆に文化保護団体や営利団体と結びついて、多額の寄付を集める、パゴダを建立するといった大がかりな活動を推進することにもなる。通常はさほど社会のなかで固まらずに師弟関係のなかで伝授されていくものが、別の要因との相互作用を通じて団体として顕在化すると理解できるだろう。

ただ、こうした信者の集まりのなかで、ガインという集団を結成する場合としない場合があることは、いかに理解すればよいのだろうか。ガインは専門家を育てる明確な集団で、他は、加護を求めるだけの信者たちという図式が導き出せるが、実際はそれほど単純ではない。ガインの内部にも、ウェイザーになることではなく、加護を得ることを重視する人々が存在した。

ビルマ社会においては一般に、涅槃とは戒律を守り経典を学び、瞑想による厳しい修行を行ってこそ到達できるものであり、そうした修行は出家しないと実際には行えないとされ、在家信者はよりよい来世に転生するために積徳行為に励むものとされてきた。また、現世的諸問題の解決を宗教に求める際には、精霊信仰やその他の民俗知識に主に頼るというのが一般の姿勢とされてきた。それに対してガインは以下のような特徴がある。

第一に、出家信者のみが目指すとされる涅槃が、多くのガインでは追求可能な目標として説明されている。見てきたように、ウェイザーとなって長寿を得る目的を、弥勒仏や未来仏が悟りを開き、涅槃に導かれるのを待つためとガインの人々は説明していた。こうした弥勒仏、未来仏への言及はビルマ社会において、必ずしも一般的なものではない。

第二に、ガインは熱心な仏教活動に従事していると思わせる回路が開かれている。ガインの儀礼は仏教の枠組みにおいて行われ、規則では五大無量への帰依、五戒の保持が基本とされ、活動は一種の仏教活動であるという説明がとられた。またガインでは精霊に対する確固とした態度が表明されている。こうした態度は、通常は熱心な仏教徒のものである。

第三に、現世利益的な効果が期待できる点である。ガインで伝授されるウェイザーの諸術（ローキー・ピンニャー）は、現世における諸問題、たとえば病気や厄災などに対処するものであった。また、二つのガインの儀礼や治病の際の祈願などでは、ウェイザーの守護的力によって病気や厄災から守られるという説明があった。

こうしたガインの特性を一言でいうならば、仏教の枠内にとどまりつつも、通常の在家信者を越えた宗教的態度、慣習的な仏教実践とは異なる選択肢を求める可能性が、信者に開かれるということであろう。とりわけ、仏教という枠組みのなかで現世利益や現実の諸問題の解決などを求める回路が整備されており、そこが信者達のよりどころとなってきた。

また、ビルマにおいて女性は出家しても、正式なサンガとは見なされず、その意味では、出家者としての修行やそれを経て達するはずの涅槃への道から遠ざけられがちである。それに対してガインは、女性の入会も認め、時には女性が総師を務め、女性のウェイザーも理論的に存在するという意味で、女性にもウェイザーとなる修行やウェイザーになることを通じて涅槃に至る道が開かれている。またガインの成員の多くが在家信者であるということも重要であろう。出家しないでも、通常より深い仏教帰依が在家信者に可能となるわけである。

一方、ガインを結成していない集まりは、きまりなどが明確でないことを除けば、信仰に関わる共通点は多い。にもかかわらず彼らは、ガインを批判し、自分達の集まりがガインでないことをくどいまでに主張する傾向にある。例えば「海の家族」は、アーターナディヤ・ガインの人々と関わりがあったが、彼らを「ガインである」と批判していた。こうした批判には、一九七九年以降のガイン弾圧という社会背景があると思われる。ガインそのものも、見たように、集会の規模やガインの人数という点で停滞気味であった。むしろそうした政治的社会的背景のなかで「ガインを結成しない」ことが意図的に選択されているようにも見える。すなわち、ガインとガインを結成しない人々とのあいだに、信仰や考え方、組織の特徴に差異があるというよりも、「ガイン」という組織そのものをめぐる社会状況、政治的要因が立ちはだかっていると考えるべきであろう。

一方、信者のウェイザー理解という共通項をもってビルマのウェイザー信仰としてしまうわけにはいかない。本章で描き出したのは、あくまで、ウェイザーを深く信じる人々の理解にすぎないのである。本書の次の目的は、ビルマという上座仏教社会においてウェイザー信仰がどのような位置を占めているかを考察することであり、そのためには、信者の活動がより広い社会でどのように理解されるか、あるいは、信者が伝授している知識がどのようなときに外部の人々に必要とされるかを追う必要があるだろう。

(3) ビルマ社会のなかでの位置づけ

ウェイザー信仰の多様な展開を理解するために、第三節で述べたことを再度思い出したい。ガインは他の集団との違いをきわだたせようとする際に、しばしば「ローコゥタラ」と「ローキー」という用語を使う。この二つは、ガインを結成しないウェイザー信仰の人々によっても、あるいは外部の人々によっても意識されている。つまり、ローキーとローコゥタラという一対の概念を背景として、自らを位置づける言説において、ローコゥタラ、すなわち「仏教的」であることを主張する傾向にある。これは一方では、仏教を最良のものとするビルマ仏教社会の価値観を最も明確に表している。

しかし、彼らが他からローキーと批判される点も故なきことではないのである。初めに述べたように、ウェイザーはローキー・ピンニャーと深く結びつくものであった。また、「ローキー的であること」は言説のうえではしばしば批判的に語られたが、別の側面においては、世俗(ローキー)問題の解決こそがウェイザー信仰に期待されるわけである。このことは、これまで行った記述からも明らかであろう。

敢えてモデル化すれば、ローキー・ピンニャーと仏教的修行を核となる二つの領域と仮定し、その組み合わせ方のなかに信仰のあり方の偏差が生じていると考えることは可能である。しかし、こうした静態的モデルを用いる限り、二つの領域を結ぶ線上に偏差が延々と並ぶことを指摘するにとどまるだろう。むしろ、両端で起こっているケースに着目することにより、ビルマ社会におけるウェイザー信仰の位置がより明確に見えるのではないだろうか。例えば、ローキー・ピンニャーはウェイザーの信者とのみ関わっているのだろうか。そうでないとすれば、ウェイザー信仰はローキー・ピンニャーのなかでどのような位置をしめているのだろうか。また、同様にウェイザー信仰の信者たちのいう瞑想や仏教的修行、仏教活動（タータナー・ピュ）は、ビルマ社会のなかで、ないしはビルマにおける仏教理解のなかで、いかに位置づけられるのであろうか。さらには、ウェイザー信仰と結びついているローキーとローコゥタラとの多様な結びつきは何によるものだろうか。ガインの場合のように歴史的に形成されたと考えられるのだろうか。

こうした問題意識に基づき、四章、五章、六章でビルマ社会の脈絡におけるローキー・ピンニャー、仏教とウェイザー信仰がいかに関わるか、それが歴史的にどのように関わってきたかを見ていく。ただし、こうした領域に関わる考察を行うまえに、ウェイザー信仰の信者の人々が、それ以外の人々といかに関わるかについて、第三章で把握しておきたい。

Ⅱ

第三章　パゴダ建立儀礼に現れるウェイザー信仰

ビルマ社会のなかで、パゴダ建立は最も高い功徳を獲得できる積徳行為とされている。しかし、パゴダ建立は困難を伴う大きな事業であり、そこで重要な役割を果たすのが、ウェイザーという神格とその信仰の専門家である。ウェイザー信仰の側からみても、建立儀礼はより大きな社会と関わる重要な機会である。例えばO師、「海の家族」のT師、白鳩僧正のP師、K師は、パゴダ建立を自分たちの活動のなかで重視していた。大きなパゴダ建立を行える儀礼祭司は限られており、ヤンゴンで異なるインフォーマントが同じ儀礼の場で出くわすことも多々見られた。本章では儀礼に関する具体的事例を記述分析し、なぜパゴダ建立にウェイザーや信仰の専門家が求められるのか、またパゴダに拝み帰依するという態度がいかなるものであるかについて考察する。

1　ビルマ社会におけるパゴダ建立

(1) ビルマ人にとってのパゴダ

パゴダ(パヤー *hpǎyà*)とは、仏舎利、仏歯、仏髪などを奉納した塔を指す。仏教社会に仏塔は広く見られるが、上座仏教社会ではさらに独自の展開を遂げた。パゴダは、信仰対象(仏陀)のシンボルであり、スパイロがいうように人々は「パゴダで拝むのではなく、パゴダを拝む」(Spiro 1970 : 204)。また、パゴダは人々にとって身近な信仰の場である。自分の誕生日をはじめ、機会があるごとにパゴダへ出向き、境内の仏像に祈りを捧げ、花や蠟燭、水などを供え、時には寄進を行ったりと、積徳行為に従事できる場でもある。

上座仏教社会のなかでもビルマはとりわけパゴダを意識しているように思われる。国内の「観光」は、まず地方のパゴダ巡礼を中心に計画される。各地へ延びる観光バスは「パゴダ参りバス(パヤーブーカー *hpǎyà bù kà*)」と呼ばれ、由緒あるパゴダが順路のなかに無駄なく組み込まれる。パゴダはその意味である地方を代表するシンボルといえようが、「パゴダ史」は地方の歴史と深く関わり、その歴史を民衆に伝える場ともなりえた(1)。

パゴダの特色は、仏教におけるもうひとつの宗教的建築物である僧院と比較した場合明確になる。パゴダは僧院の内部に建立されることもあるが、有名なパゴダの多くは、僧院とは空間的にも機能も分離している。僧院とは出家が修行学習し生活を行う場所であり、在家信者が僧院を訪れるのは、布施、子弟の教育、あるいは説法や瞑想などみずからの修行のためである。その意味では、僧院は出家のみならず在家信者にも教育と修行の場を提供し、出家に準じた戒律を要求する。それに対してパゴダには、芸能が催されたり市がたったりするパゴダ祭などの機会があり、在家信者が自由な形で参加できる開かれた祭祀空間を提供している。管理においても二者の相違は明確で、僧院があくまで僧侶の管理下にあるのに対して、パゴダの実際の管理は在家信者による管理委員会（ゴーパカ・アポェ *gàwpăkă ăhpwè*）に任されている（Sadler 1970, 生野 一九七五：四五-五四、高谷 一九九三 など参照）。大まかにいえば、僧院とは原則的に出家の修行の場であり、パゴダは在家の信仰の場である。パゴダが在家と関わるということは、まさにパゴダの内部からも窺える。例えば、ヤンゴン市で最も有名なシュエダゴン・パゴダを例に挙げてみよう。

東西南北に開かれた門からパゴダを昇っていくと、両側には仏像、仏教に関する書籍、数珠をはじめ、おもちゃや土産品を売る常設店が並ぶ。階段を登り、パゴダの中広間といえる上部の境内に到着すると、四面に安置された仏像を拝むことができる。建物のあちこちに続きものの絵が掛かり、一角にはポーズを取った像の群れが飾られる。これらは仏陀の生涯や経典の物語の有名な一幕であり、仏陀の物語を視覚化して伝えている。パゴダ内部には、厳密な教義とは相入れないような「非仏教的要素」も多々見られる。境内の隅には、パゴダを守る「お爺さん（ボーボージー *Bò Bò Gyi*）」と呼ばれる精霊が奉られ、ボーミンガウンやボーボーアウンなどのウェイザーも奉られている。中央の大パゴダの八つの角には、占星術に結びついた八曜日の守護動物が飾られる。人々は自分の生まれた曜日の角で礼拝するのである。このように、パゴダはまさに在家の信仰に対応したものとなっている(2)。

さらに注目したいのは、パゴダに期待される現世利益の役割である。同じくシュエダゴン・パゴダ境内の一角には敷地に印が埋め込まれている。ここに座って大パゴダに向かって祈れば祈願が叶えられるという「祈願成就（スタウン・ピィ *hsutaùng pyi*）」の角である。さらに大パゴダのまわりを取り囲む小パゴダの一つに、「祈願成就パゴダ」と呼ばれるものが北西の隅にあり、熱心に祈る人々の姿が絶えず見られる。シュエダゴン・パゴダ以外にも、有名で格式のあるパゴダはしばしばダゴージィー・パヤー *dăgò gyì hpăyà*（威徳あるパゴダ）と呼ばれる。ダゴーには、望みを叶えたり不思議を起こす力という意味も含まれ、パゴダにそうした力が期待されていることが窺える。

（2）パゴダ建立

それでは、パゴダを建立することは、ビルマ社会においてどのように理解されてきたのだろうか。上座仏教社会においては、在家信者が最も意識するのは涅槃への到達よりも、よりよい来世への再生だとされる。よりよい来世のためには、功徳を積むことが最も重要となる。「功徳」とは教義的には布施（*danà*, (P)dāna）、持戒（*thìlá*, (P)sīla）、瞑想（*bawăna*, (P)bhāvanā）から生まれると説明されるが、具体的に功徳を生み出す行為とされるものは、それぞれの社会により異なり、ビルマではパゴダ建立が最も重要とされてきた（Shwe Yoe 1989 (1882) : 153, Nash 1965 : 116, Spiro 1970 : 455）。

パゴダ建立は困難であるだけに、成就すれば世俗社会にも効果がもたらされる。パゴダ布施を行ったものは、「パゴダの施主 *hpăyà dăgà*」と呼ばれ、寺院建立者である「寺院の施主 *kyaùng dăgà*」と並んで、一種の称号として正式に用いることができる。また、ナッシュは、パゴダの建立者、施主になるのは、人生ただ一度のことであり、自分の業（カン *kan*）が最高のとき、その世俗的、霊的力の高さに応じて、この最も偉大な積徳行為が行われる、したがって、パゴダ建立はその人間の徳（ポン *hpòn*）、業（カン）、そして、富の高さに関する評価を反映すると述べている（Nash 1965 : 117）。従って、パゴダ建立はその成就によって威信を獲得するのみならず、威信の指標や誇示としても用いられる。それゆえにこそ、権力と結びつきやすいものであった。

歴史的に、代々の王朝がパゴダ建立に力を注いできたことは、改めてここで述べるまでもない。この国が上座仏教を取り入れたのは、パガン王朝時代、一一世紀に王位にあったアノーヤター王の時代といわれるが、その王は、シュエズィーゴン・パゴダなど今なお残る著名なパゴダを建立した。この王以降、歴代の王朝がパゴダ建立や古いパゴダの改築補修事業に力を入れてきた。この意味では、独立後の諸政権も、王朝時代の連続性のなかでとらえることができる。例えば、ウー・ヌ時代の「世界平和パゴダ *Gäbà Ei Hpăyà*」、ネーウィンの「ウィザヤ・パゴダ *Wizăyá Hpăyà*」というように、政府、ないしは権力の中枢にあるものが、パゴダ建立に並々ならぬ興味を抱いていることは明らかである。彼らは、パゴダをこの国の仏教繁栄を現示させるものとしてとらえ、「平和」あるいは「サンガ統一」を記念して建立するという説明を取ってきた。(3) 現政権も例外ではない。パゴダの建築改築補修を宗教内務省のもとで制令化した上で、「パゴダ建築改修委員会」を設置し、とくに九〇年代に入って大がかりにパゴダの建築改修事業を進めている。(4)

さらに、パゴダを建立することに呪術的意味が見いだされることがある。占星術などによって予言された大きな災害を回避するために、厄払いとしてパゴダが建立されたり（Spiro 1970 : 258）、建立されたパゴダが厄払いであったと解釈される場合である。

このように、ビルマ社会でのパゴダの重要性やパゴダ建立行為の重視という傾向は従来の研究でも指摘されてきたが、建立行為そのものにはほとんど注意が払われず、民族誌に建立儀礼が記述されたこともなかった。例えば、ナッシュの調査したナンドゥイン村のパゴダは、今から四世代前に建立されたと説明されるに留まっている。

パゴダ建立は、ウェイザー信仰の専門家たちが重要な活動と見なしているという意味で、また、ビルマ社会にとって極めて重要な事業に関わるという意味で興味深い事例を提供してくれる。調査の間にウェイザー信仰の師たちが関わったパゴダ建立の事例は九例ある。(5) 九例のうち四例は村落の事例だった。パゴダの建立や改修には特殊な技術と儀礼的知識を必要とし、それは通常村落のなかで伝授されているものではない。そこで専門家として外部の人間に委託することが必要になる。それが従来の村落の民族誌からパゴダ建立事業に関わる記述が抜け落ちてきた理由でもあろう。

2　パゴダ建立に必要な儀礼

(1) 建立の過程

パゴダ建立は、計画されてから最後の入魂儀礼が終わるまでに、長い期間を要する。儀礼が始められてから早くても一年かかり、二、三年以上費やされることも多々ある。残念ながら、一つのパゴダのすべての過程を観察しえた事例はないが、個々の儀礼に関しては、ほぼ観察し、また、儀礼に関わる祭司たちから話を聞くことができた。パゴダ建立には工事の進展に従って必ず五つの儀礼(A杭打ち、B礎石配置、C奉納品胎蔵、D傘蓋《さんがい》奉納、E入魂)が必要とされている。なかでも頂点を迎える儀礼はCの傘蓋奉納儀礼である。CDEの具体的記述は次節で行うが、パゴダ建立工事の進展と儀礼の関わりを中心に、建立の全行程を示しておく。(6)

(A) 杭打ち儀礼 *panet yaik mingăla (pwè)*

建築物の「中心」となる場所に儀礼的に杭を打つ儀礼である。ふさわしい日取りが選ばれ、(7) 僧侶がカマワー

Kǎnǎwa と呼ばれる経典の一部を読経する。その後、パゴダの場合は建立する場所の中央と八角の角に打つ。

（B）礎石配置儀礼 *okmyit kyá bwè*

煉瓦を定められた配列に従って置く儀礼である。(8) 儀礼祭司たちは、この儀礼過程は、世界を成り立たせている要素を建立物の土台に埋め込み基礎を確固とさせるものだとみなしていた。パゴダの場合、中心となる場所に円を描く。その中に四角を書き、さらに九つの四角に区切る。この枡はアーターナディヤ・ガインのところで述べた三枡の呪符と同じものである。さらに、外側の八枡を八方と対応させる。レンガを、それぞれ四要素に見立て、八方角に定められている四要素の位置に置いていく。この置き方は、第四章で示すローキー・ピンニャーの基本に基づいている。また、中心の一枡には宝石などが埋められる。こうした八つの煉瓦を、八曜日（七曜日とヤーフという水曜日の午後）に生まれた人間八名がそれぞれ自分の曜日に関連する枡目（方角）に置くのが最も望ましいやり方と考えられている。(9)

これ以降は設計図に従って工事が進められる。現在では、ヤンゴン工科大学出身の建築士が図面を引くが、工事はパゴダ建立に熟練したグループがたずさわることが多い。

（C）奉納品胎蔵儀礼 *htapǎna peik pwè*

パゴダの外側がほぼ完成したときに、奉納する品や財宝を内部に安置する儀礼である。その後扉を密封し、セメントや石膏で塗り固める。このときに、パゴダの完成の時間などを書いたザーター *zata*（出生票）(10) を一緒に入れ込むこともある。通常は、僧侶などが護経を読む。

（D）傘蓋《さんがい》奉納儀礼 *htì tin bwè*

パゴダの頂上に載せる傘蓋と先飾りを奉納する儀礼である。大きなパゴダでは、儀礼の前に、奉納品のほか傘蓋や上の飾りものを公開し、人々が拝むことができるように取り計らう。また、傘蓋に対して一定期間護経を唱えることが必要となる。

傘蓋の載せ方には二通りある。一つは大きなパゴダの場合、花車 *pàn yăhtà* と呼ばれる台車を頂上から地上に差し渡した綱に取り付け、傘蓋を台車に載せ、宙を走らせて頂上に運ぶ。これを「花車で載せる方法」と呼ぶ。小さなパゴダの場合は、帝釈天、梵天など天神の装いをした男性がパゴダに登って、手渡しで運びながら頂上に載せる。これは「神の道 *nat làn* で載せる方法」と呼ぶ。(11) 形態上はこれで完成である。

(E) 入魂儀礼 *ăneikăza tin bwè*

僧侶がパゴダの周りに集まり「入魂護経 *Ăneikăzatin păyeik*」を唱え終わると、本物のパゴダとして完成したと考えられる。

(2) パゴダ建立に必要とされるもの

建立の際に関わる人々は、実際の工事にたずさわる人間を除けば、次のようなものである。

(a) 施主：喜捨を行う人々

(b) 組織：管理委員会（ゴーパカ・アポェ *gàwpăká ăhpwé*）

名誉役員会（ナーヤカ・アポェ *nayăká ăhpwé*）

(c) 儀礼に関わる人々：儀礼祭司、僧侶、護経唱経の会など

管理委員会は、通常はパゴダ管理のための組織であるが、建立に先だって結成することもある。在家信者によって組織され、多くは交代制によって任務につき、寄進の勧誘、寄進による財の管理、パゴダの清掃、パゴダ祭

など儀礼に関する決定などの実務に携わっている。

管理委員会の上に、名誉役員会ないし顧問委員会（オーワーダサリヤ・アポェ *òwadá sǎriyá ǎhpwé*）という組織が置かれる。名誉役員会が置かれる場合は在家と出家の混合が多いが、顧問委員会と呼ばれるときは、出家のみという傾向がある。顧問委員会は、一九八〇年全宗派合同会議以降にパゴダがサンガ総監長老会議 *Thangá Mǎha Nayǎká Ǎhpwé* の配下におかれることになったことと対応して出てきたと思われる（生野 一九八二：五七、奥平 一九八八：一六五、一九九四：一七参照）。どちらかといえば名目上のもので、実務にはあまり関わっていない。

（c）の儀礼に関わる人々については、実際の儀礼の記述を通じて説明する。儀礼祭司が最も重要で、ガインの師やウェイザー信仰に関わる人間、時には、占星術師が関わることもある。その他僧侶や護経唱経の会（パイエイドー・アポェ *pǎyeikdaw Ǎhpwé*）が必要となる。これは、地域や職場、学校の内部で希望者を募って組織されることが多い。男性は白衣装ないし茶色の衣装、女性は茶色の衣装に肩掛け（ダベッ）という姿、すなわち、在家信者としては最も仏教帰依を示す服装をつけて護経を唱える集団で、パゴダ建立儀礼のあいだに組み込まれるほか、パゴダの上に載せる傘蓋や先飾りなどに対して、護経を唱える際に、必要とされる。

内蔵する奉納品に関して、一般にはダットー *dattaw*（聖なる遺骨＝仏舎利）が必要とされる。[12] ダットーとは、「ダッ」の尊称であり、本来は仏陀や仏弟子、より広くは阿羅漢となったような聖者が亡くなったとき、その遺体を火葬すると残る骨を意味する。聖なる遺骨（ダットー）は、一見何の変哲もない小さな粒であり、通常は虫眼鏡のように中が膨らんだガラスケースに入れる。これはものを拡大して見せ、粒がよく見えるようになっている。聖なる遺骨を手にできるのは、相当の高い業（カン）を持っていると考えられている。こうした聖骨を特別に収集し、他人にも分け与える人間が出家在家を問わず、何人か存在する。

このほかには、仏像や財宝が入れられる。仏像は貴重なものが手に入ればなおよいが、ときには量産された仏像が一八体、二八体などと、望ましい数が選ばれ奉納される。(13) 財宝としては、コインや装身具が入れられる。財宝は、年月が経ち、パゴダが廃れたときに、修理の費用にするためと説明される。さらにこうした財宝を守るために「宝守り（オゥタザウン *okázaung*）」「宝宮の姫（タイナンシン *thaiknàn shin*）」といった精霊がパゴダに存在すると考えられている。こうした「宝守り」については、後で述べる。

3　儀礼の記述と分析
――ダビェゴン村の事例――

(1) 儀礼の記述

(A) 建立の背景――夢とボーミンガウン

ここで取り上げるパゴダ「アウンダンマ・ゼィディ *Aung Danmá Zeidi*」は、ヤンゴン管区トゥンティ市ダラ・ニュータウンの近隣にあるダビェゴン *Dăbyeigon* 村から歩いて数分のところに建てられた。このパゴダは、船着場からダラへ向かう幹線道路沿い、平原の真ん中にぽつりと建っている。この長く続く道路と平原のイメージこそ、パゴダ建立を導いた原景であった。

施主はヤンゴン市のミンガラータウンニュン区に住む手相占い師のA（四二歳）の一家である。Aは商いを営む裕福な家庭で育った。父親はすでに亡いが、母親はいまでもヤンゴン市街地の、便はいいが比較的閑静な地域に居を構えており、夫の遺した財産で、悠々自適の暮らしをしている。Aは手相占い師としてかなり有名である。

一九八八年に民主化運動に発砲した当事者であるセインルィン准将が軍の推薦により大統領の座についたが、民衆は准将をひどく嫌い、彼は排斥された。Aはこの政権の短命とその後の軍政権によるクーデターを少し前に予言しており、タイム誌にそのことが掲載されたことで名を馳せたという。彼はまたパゴダを建立できることにも誇りを持っている。Aは自分の手を見せてくれ、この手のなかにパゴダ建立を三回行う運命が書かれていると語った。彼が指し示したのは手の平の三つの三角の印で、この細長い三角はパゴダを表わすという。つまり建立はその人間の運命であると考えられている。また、そうした運命にあること自体が彼自身の徳（ポン）の高さを示すと理解されている。

彼は自分が「パゴダを建立することになると知っていた」というが、この事例における実際の契機はAの母親の夢であった。彼女は一九八九年に、自分が見も知らぬ土地へ出かける夢を見る。ヤンゴンから河を越え、広く続く一本道を走り抜け、町を越えてさらにゆくと、平原の前方に孤高にそびえるパゴダが開けた。パゴダの上にはボーミンガウンがたたずんでいた。彼女はボーミンガウンを写真でしか見たことはなかったが、すぐそれとわかったという。この夢は彼女に強い印象を残した。この夢の伝えんとする意味は理解したものの、風景に思い当たるものがなくそのままに捨て置かれた。

ある日、家に洗濯などの家事手伝いにきていたインド系女性Bが自分の家へ来ないかと招待してくれた。彼女はダラ市に二〇エーカーほどの土地を所有し兼業で牧畜業を営んでいる。母親はダラ市を訪れ、その道すがら、眼前に次々に開ける景色、到着した自分を待ち受けている風景が、夢とまったく合致することを知って驚く。母はBに事情を語り、パゴダを建てたいと述べたところ、仏教徒であったBは喜んで土地を提供することを申し出た。

建立を行うにあたって、必要な土地はこうして得られた。工事や儀礼に必要な資金は母親とAが分担した。パゴダ建立の費用は主に母親が受け持った。約三〇万チャットかかったが、セメントなどが高騰する前だったためにその値段でできたのであり、それもまた加護による彼らの「運（カン）」の良さであって、いまなら五〇万チャットは下らないと語られる。儀礼等諸経費にさらに一〇万から二〇万チャットかかり、それはAが負担したという。実際の工事は業者に任せたが、彼は今回「建立実行委員会」を結成し、彼の腹心の弟子Cが幹事を務め、二人で建立の監督に当たった。

このパゴダはこうして夢から現実化されていく。ただし彼らの理解によれば、これは単なる夢ではなく、まさにボーミンガウンの啓示であった。一九九〇年より工事に着工、一九九二年三月二七日に傘蓋奉納儀礼、入魂儀礼を終え完成したが、その間にも絶えず、夢などを通じて導かれることによって、事業を進めたと関係者は語る。例えばパゴダの一角に樹が生えていたが、工事の邪魔になったため切ろうとしたことがあった。ところがCは晩に、その樹を切ってはいけないというお告げの夢を見る。翌朝工事現場監督などと互いに話しているうちに、関係者三名が全く同じ夢をみたことを知り、驚いて切るのをやめたという。そのほかさまざまな困難と直面したがいずれも「ボーミンガウンの加護によって」乗り越えてきた。例えばこの土地には水道も井戸もない。工事や完成の儀礼を行う時に水は不可欠であり、その供給をどうするかが大きな問題であった。人を使って運ぶなどその場しのぎの対策でどうにか乗り越えてきた。ところがどこから聞きつけたかこのパゴダ建設の話を軍人が聞き、政府所属のタンクローリーで水を運んでくれることになった。そのおかげで完成の儀礼には、多くの人間に饗応することができた。また布施主たちは、工事中にボーミンガウンとパゴダを守る宝宮姫（タイナンシン）と思われる美しい少女が、あるときは完成していないパゴダの上に、またあるときは遠くの道に、何度か陽炎のように姿を現したと主張する。

（B）布施主にとってのウェイザー

布施主たちは、ボーミンガウンという著名なウェイザーの名前を出すことから、ウェイザーの存在を信じていることは明らかである。占星術、手相の別によらず占い師には、ウェイザーに帰依するものも少なくない。特に占いの能力をウェイザーから得ていると考える人々は、仏壇のそばに「ダッの部屋（ダッカン）」と呼ばれるウェイザーのための祭壇を設ける。しかし、Aの場合、占いの能力をウェイザーから得たとは考えていない。彼は手相占いを語って、最も大切なのはその「学（ピンニャー）」を極めることと、あとは「話術（アホー *ăhàw*）」を磨くことを強調した。この「話術」とは、相手と語らいつつその人相、服装、身なり、話し方等あらゆる角度から情報を把握し、「学」による結果と突き合わせながら効果的に語ることであるとAは説明する。

ウェイザーの信仰に関する最初の分類に従えば、彼は一番外枠に入る漠然とした信者に過ぎない。それはAの家の仏壇からも明らかに窺える。そこには仏陀や仏弟子の像や自分の帰依する高僧の写真のほかには、ボーミンガウンの写真が、脇に小さく飾られていたにすぎず、「ダッの部屋」は見当たらない。強いて一般の人間との違いを探せば、マハーペィンネー（ガネーシャ）像の絵があり、「この神は学問（ピンニャー）の守護神であり占い師には帰依するものが多い」と説明してくれた点であろう。これはまさに彼の占いが、霊的な力ではなく「学」に基礎を置くものであることと対応している。

Aにとってウェイザーは職業に関係なく、霊的力の源泉でもなく、むしろ仏教を信仰するなかで、ある役割をもって位置づけられた存在である。そのとらえ方は母親や妻など一家の人間にも共通している。今回布施主らの一家にとってのボーミンガウンは、超能力をもって夢や不思議を起こし、「妨害」や「困難」から救い出してくれ、パゴダ建立という、仏教徒として最も称揚すべき行為へ導いてくれる存在と考えられている。

彼らはあくまで布施主であり、建立に必要な儀礼などについては古くからの知り合いでもあったO師に相談し、儀礼祭司を務めてもらった。またパゴダに必要な聖者の遺骨（ダットー）は、遺骨を持っているとして有名な白鳩僧正の「分身」P師に求めた。これはO師とは全く別のルートで探し出したものである。

（C）傘蓋奉納儀礼

以下、三日にわたって行われた儀礼を順番に記述する。傘蓋奉納儀礼が中心ではあるが、正確には、奉納品胎蔵儀礼、入魂儀礼が一度に行われている。

第一日目（三月二七日）傘蓋の運搬

傘蓋を作らせたヤンゴンから、パゴダ建立場所へ移す。人々はAの家に朝七時頃に集まり、八時に傘蓋を二台のトラックの上にくくりつける。食べ物、供えものなどを満載した荷台に、Aの家族と助手たちも場所を探して座る。O師の弟子たちは「おなり行列 *winhkin*」のための衣装を持って参加する。最初ヤンゴンで、スーレー・パゴダなどパゴダの前を通った。パゴダに祭られる「スーレー・ボーボージー（スーレー爺さん *Hsulei Bò Bò Gyi*）」たちに挨拶するためという。こうしたボーボージーは、ヤンゴン市で最も寿命の長い守護神であると考えられている。(14)

フェリーで対岸に渡り、そこで待機していた護経の集団と合流し、車の行列を作って村へ向かって進む。行列は、傘蓋を恭しく運搬することで敬意を表す行為であるが、同時に、人々の目に触れさせ、寄進を募る機会になっている。逆に人々にとっては、本来パゴダの頂上にある「最も神聖かつ崇拝されるべき」傘蓋と飾りがしばし

自分の眼前にさらされる希有の機会となる。(15)

行列の一番はじめを護経を唱える一団が進む。ダビェゴン村の女性が中心になっており、すべてが茶色の民族衣装に茶色の肩掛けを纏っている。つぎに続くのが、赤、黄、白の組み合わせによってなる宗教旗（タータナー・アランドー *thathăna ălandaw*）に守られた最も大きな傘蓋であり、それを帝釈天と梵天の格好をした人間が守っている。布施主と家族はこの車に同乗している。この宗教旗はビルマで広く用いられ、仏教儀礼や行列の際に掲げられる。そのつぎに、龍とガルーダの服装をした人間によって守られた小さな傘蓋が続く。儀礼祭司からは龍とガルーダは四天王の二天を示すと説明された。

この行列は、船着場から、幹線道路を通り、ダビェゴン村へ向かった。村落を一巡するあいだ、拡声器からは護経の声を背に、布施を呼びかけるアナウンスが始まる。人々は皆家から飛び出してきて、お金を喜捨したり、手を合わせて拝んだり、道端に座りこみ傘蓋に対して跪拝を捧げたりと、それぞれの形で帰依を示す。

パゴダの敷地内に到着すると（儀礼の場の配置などは図10参照、以下同様）、一角に建てられた小屋（b）の仏陀を祭った棚 *hpăyà zin* の上に傘蓋を安置する。棚の上には、仏陀やウェイザー、精霊などの神格に対してガドーボェ（ココナッツとバナナの供えもの）が三八個並べられている。その前には、修行者のよく着る海老茶の服を着た人たちが待機している。彼らは、数珠を持ち順番で仏壇の前に座って祈りを唱えたり、瞑想したりする。布施主らは、はじめ、ポゥカン村からウェイザーとして有名な人物を招こうとした。その人物は、肉体的には現在八〇歳だが、霊的にはボーミンガウンより年をとった「お方（ポゥゴー）」であると信じられている。しかし、高齢のため実際に彼に来てもらうことができないので、同じようにトゥエヤッパウ僧正といわれるヒンダダ管区のグインカウ僧正にお願いし、僧正を信仰している人々に供えものなどの準備をしてもらったという。彼らは祈りを

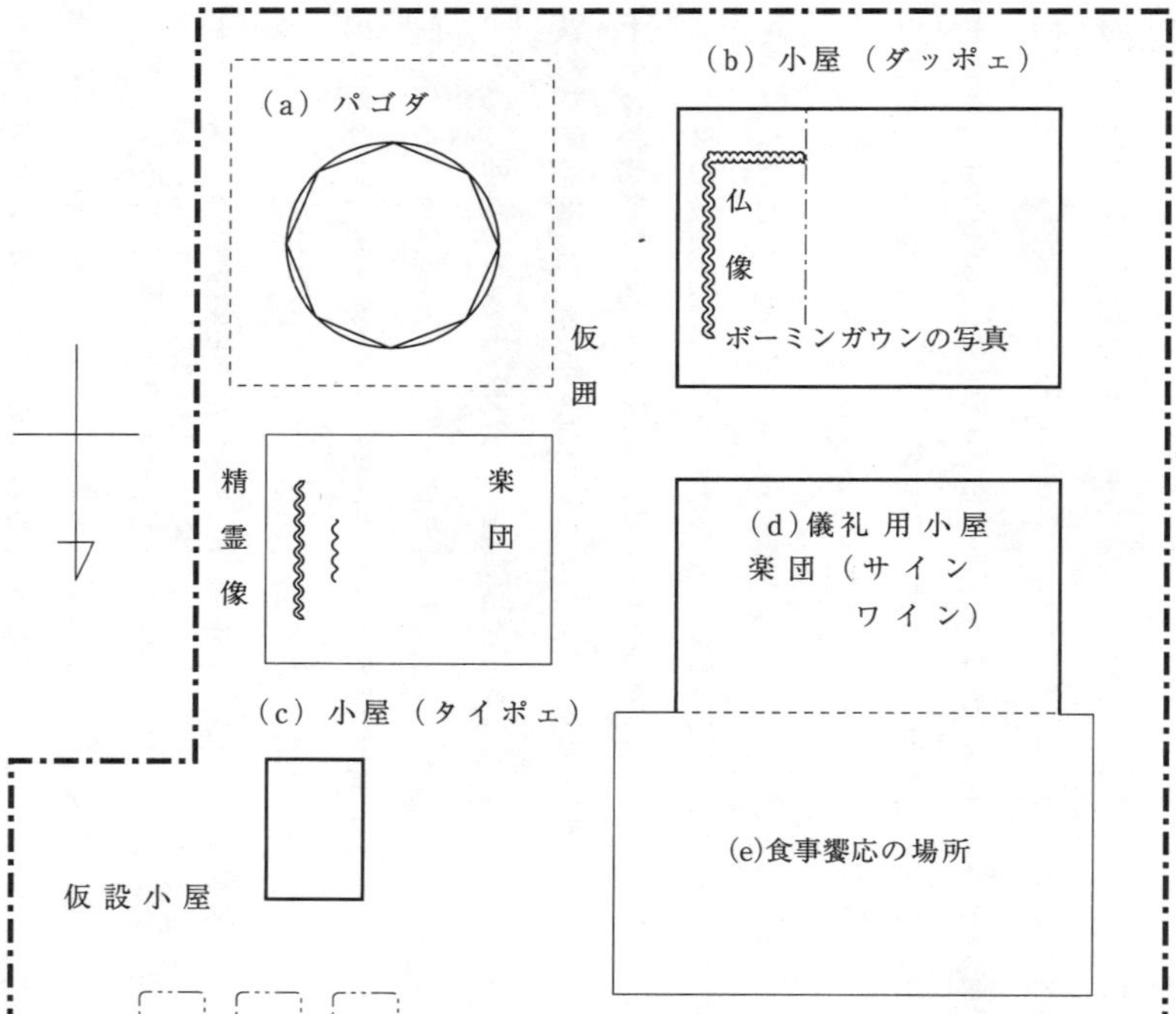

図10　パゴダ建立儀礼の配置図

捧げることで、ウェイザーや僧正に帰依を示し、加護を引き出して儀礼を守ると語った。

別の一角（c）には、小屋を囲んで小さな人垣ができており、笑いや歌、音楽などが漏れ聞こえてくる。小屋の端には祭壇が設けられ、さまざまな精霊の像が並べられ、ココナツとバナナのガドーボェが並べられている。片方には、楽団（サインワイン *hsaing waing*）が占めており、彼らの奏でる太鼓のビートの効いた音楽にあわせて、色どりのよい帯を胸に巻き、鉢巻を派手に巻いた女性が、中心で踊り興じている。彼らは精霊信仰の霊媒（ナッカドー *nat kădaw*）である。さらに、小屋掛け、踊り、楽団との掛合い、節、歌はいずれも精霊の儀礼（ナッポェ *nat pwè*）を思わせるが、それを主催者たちは「タイポェ *thai pwè*」であると説明した。

海老茶の服を着て瞑想に耽る人々と、ピンクや黄色のレースを鉢巻やサッシュに用い、ときに金糸銀糸を縫い込んだ衣装で我を忘れるほどに踊る人々。衣装も帰依の示し方においても対照的な人々について、儀礼祭司のO師は、パゴダ建立には仏教以外にダッポェ *dat pwe* とタイポェのふたつが必要であり、彼らはそれぞれに関わる人間であると説明した。ビルマ語におけるポェには「集まり」「儀礼」「供えもの」といった意味があるが、ここではダッポェとタイポェというカテゴリーが存在すること、また前者に関わるのがウェイザーの信者であり、後者に関わるのが精霊の霊媒であることを確認しておく。

第二日目（三月二八日）芸能奉納

この日は、傘蓋奉納の儀礼を明日に控えて、夜を徹して芸能が（d）（e）の場所で行われる。主催者は、今回の一連の儀礼をときに「パヤーボェ *hpăya bwè*」[16]と呼び、芸能のアナウンスのなかでもその言葉が用いられていた。夕刻から、シャン族による象の踊り、O師率いる「ラーマーヤナの会」の人々によるラーマーヤナの踊り、近辺の芸能一座によるアニェイン *ănyein* と呼ばれるかけあい漫才風の語りと踊りを取り混ぜた芸能などが披露された。ヤンゴンと異なり、夜間外出禁止令[17]は緩やかであるとはいえ、夜一〇時半ごろにアナウンスがあり、帰りたいものはいま帰るように、これ以後残りたい人間は夜明けまでパゴダの敷地から外には出られないという旨が告げられる。一部の村人は帰るが、多くは残って芸能に興じていた。

第三日目（三月二九日）傘蓋奉納儀礼など

この日はいよいよ傘蓋がパゴダの頂上に載せられる。この三日間の儀礼の参加者には菜食の食事が振るまわれていた。布施主の一人であるインド系女性Bが食事の監督を引き受けている。上座仏教において菜食は殺生に関わらないという点で称揚される行為である。しかし、たとえ出家者であろうと特に菜食が求められるわけではない。菜食は、通常より強い宗教的帰依を示すものである。願掛けや祈願に際して、効果を高めるために菜食が取られることもある。今回は、建立が成功裏に終わるように行ったと説明された。関係者や招待客は食券方式で食事が先に出され、それ以外の村人には、食べ物が無くなるまで振舞われた。

一方、O師らは、早朝からおなりの服装を弟子にさせ、準備に余念がない。七時ごろから、楽団（サインワイン）の一団が待機する儀礼用の小屋（d）で、O師が仏陀をはじめ神格に礼拝をはじめた。まず、三帰依、五戒受戒などの仏教儀礼に基本となる礼拝を捧げたのち、それぞれの神格を示す音楽に合わせて、仏陀、聖者、ウェイザー、帝釈天、梵天、四天王などの神格をそれぞれ讃え、「〇〇よ、しばしお越しあれ」と順に招聘する。この間、O師の弟子は一人付いているだけで、他には施主のAが見に来た程度であった。この後の儀礼と比べれば、儀礼に必要な一つの過程として、O師のみが行っているといった風である。このころ近隣の村から招待された僧侶が列をなして歩いてやってくる。

八時ごろに、今度は僧侶が護経を読み始める。その後、ダビェゴン村からの観客で膨れ上がる人垣を縫って、行列が順番通りに並べられる。O師はその配列が正しく行われているか、確認に忙しい。午前九時ごろ、ようやく列を完成させ、パゴダの周りを廻りはじめた。儀礼祭司はO師が務め、彼は小屋の中からマイクを持って、何回廻るように、そこで止まるようになどと指示を出しながら、必要な箇所で、礼拝の言葉や儀礼の過程をマイクで語った。

行列は、①布施主や関係者を先頭とし、②御祖（ボードー）、ラーマ王 *Yamá Min*、③神のおなり〈ゾージー（ウェイザー）、帝釈天、梵天、龍とガルーダ（四天王）〉④王のおなり〈国王、王女、大臣、女官〉⑤長太鼓の一団と象が続き、最後に⑥招待客や村人たちなどが歩いた。この行列は、パゴダの周りを囲んだ白い仮囲いに入り、九回パゴダの周りを廻った。白い柵の四方には、バナナの木とココナツの木がくくり付けられている。さらに中には、マレィポワー *máleipwà* やコゥカー *kokkà* と呼ばれる吹き流しが飾られている。[18] その後、東の口から入り、日曜の角（北東の方角）で立ち止まり、パゴダに向かって拝んだ。

パゴダの内部では、長太鼓の踊りや、象の踊りが披露されている。この象は、昨夜も芸能を奉納していたが、張り子の大きな象のなかに二人の人間が入り、シャン族の長太鼓に合わせて、複雑な振りをつけながら踊るものである。この象が招待されたのは、母親が夢で「完成したパゴダの廻りを象が踊っているところを見た」ことに端を発している。いつ参加したのか、タイポェの霊媒たちも、太鼓の音に合わせて行列のなかで精霊の踊りを踊っている。そのうちに、C氏のほか、帝釈天、梵天の服を着たおなり行列の人々が、O師の指示に従ってパゴダの上に昇り、言われる位置に付いた。助手たちは白い服を着ており、宗教的帰依を示している。

一〇時近くなると、音楽に合わせて王子の踊りが踊られるなか、招かれていた僧侶達が柵の中に入ってくる。さらに傘蓋が、小屋の仏壇から多くの人の手渡しで運ばれてくる。O師の指示に従って、王の姿をしたおなりの人々、さらに施主へと手渡しが続き、「神の道」の方法で傘蓋がパゴダの上へと運ばれる。四天王から梵天、帝釈天を経て、頂上で待機していた白い服の男性たちに手渡され、頂点に取り付けられる。するとO師が「傘蓋奉納の吉祥の儀礼の時（来たり！）*Shweihtidaw tinhlu yan mingăla ăhkadaw*」と声を掛ける。それに合わせて決められた音楽が高らかに鳴り響く。いつのまにか上に昇ってきていた施主Aが先飾りを取り付けた。その瞬間、O師が「先飾り奉納の吉祥の儀礼の時（来たり！）*Seinbidaw tin yan mingăla ăhkadaw*」と叫ぶ。

次に回りの小さな傘蓋、ヒンダー柱(19)の傘蓋が上げられる。この一連の儀礼の間、僧侶達はただ立って傍観しているだけである。個々の小さな過程が終わるごとに、O師は「成就なり *Aungbi*」と告げていたが、最後にすべてが終わったことを確かめ、O師は高らかに「傘蓋奉納儀礼は成就なり *Shweihtidaw tin ăhkanăna aungseithădi*」と宣言する。その瞬間、関係者、特にAの一家と右腕となったCが抱き合って泣きはじめた。やったんだ、とうとう終わったと口々に言葉にならぬ言葉を呟きながら互いに抱き合い流す涙は、それまでの彼らの困難を物語っている。空には、助手達が投げるパウパウ *pauk pauk*（米菓子）や硬貨が舞い、ビルマ語でいう「金の雨、銀の雨を降らす」状態になる。地面では、観客達が硬貨を拾おうと、土煙りも激しく入り乱れている。

その後、一〇時半頃からパゴダの「入魂儀式」が執り行われた。僧侶がパゴダを丸く取り囲み、「吹き流し」を持って護経を読んだ。その外をおなり行列の人々が囲んでいる。終始、O師はマイクを通じて、僧侶に対しても、並ぶ位置や護経の唱える時期などを指示する。最後に、O師は「入魂儀礼」の終了を告げ、さらに一度、「成就なり」という完成の宣言を行った。

その後は、（d）の儀礼用小屋で、招待した僧侶に午前の食事が饗応され、灌水供養が行われた。灌水供養は、仏教儀礼に必ず行われるもので、自分の積んだ功徳を他人に分配する意味を持つと説明される。ここでも同様で、

図11　傘蓋をパゴダに載せるところ

図12　完成を歓ぶ布施主一家

図13　パヤーボェ、ダッポェの供えもの
（左端にボーミンガウンの写真が見える，手前は海老茶色の服を着てダッポェに祈る人々）

図14　タイポェの供えもの
（ナッカドーと呼ばれる精霊信仰の霊媒が準備する）

パゴダ建立という高い積徳行為によって得られた功徳を分配したことになり、儀礼としては重要な場面である。

こうして儀礼は終了し、三年にわたるパゴダ建立の事業も終わりとなった。しかし、述べたように、布施主たちの感情は、積徳行為の分配（灌水供養）のときではなく、パゴダの上に傘蓋が載せられたときに最も高まっていた。

（2）儀礼の分析

（A）パゴダ建立と威信

パゴダ建立は、一方で功徳を積むという慣習的宗教理解において最も重要な行為であり、他方で社会的な威信体系と結びつき、高い威信が得られると考えられてきた。建立儀礼でも、そのことは視覚的に演出されている。布施主たちはとっておきの晴れ着に身を飾り、傘蓋を押しいただいて行列を行うとき、また奉納のためにパゴダの周りを行列で廻るときに、先頭を歩いている。布施主を中心に続く行列や潅水供養における功徳の分配は、まさに布施主という主体の威信を現示させる場であるといえる。行列のなかで、先頭を走る護経を唱える集団、女性たちのつける茶色の衣装、宗教旗などは、この儀礼がまさしく仏教儀礼であることを聴覚的、視覚的に示すものとなる。また、神のおなりは、あらゆる神格が儀礼を保護していることを視覚化し、一方王のおなりは、過去の支配者である国王（世俗権力）にこの儀礼を見守らせるものとも、あるいは王朝時代の国王の栄光を現在の施主に重ねる演出であるとも見ることができる。そして、完成後、ときには儀礼のあいだも、彼らは「パゴダの施主《パヤーダガー》」とマイクを通して呼ばれており、この呼称の持つ名誉は社会のなかで充分感得されていると考えられる。

儀礼過程において、布施主の社会的対処能力が試され、その円滑な対応が、社会的な評価をさらに高めるという側面も認められる。今回の儀礼の際の布施主たちの組織力は注目に値するものであった。Aは、「手相占い師協会」の九一年度の会合の議長を務め、協会において実務にしばしば携わった。今回の建立に組織された「建立実行委員会」は協会の弟子や占いにおける彼の弟子や助手が関わり、他の実務における場数を踏んだ人間が多いせいか、非常に効率よく動いている。

ビルマ社会においては、寄進という行為が、宗教的に、また社会的に重要な役割を持っていると考えられる。寄進には僧侶や寺院に対する金銭的、あるいは物質面での喜捨のほか、在家出家を問わず多数の人間への食事の饗応が含まれる。仏教の脈絡において寄進は積徳行為とみなされ、来世に向けられた行為であるが、同時に、その過程に極めて世俗的な人間関係が現れ、かつその関係が作り替えられるダイナミックな舞台でもある。それはとくに饗応の際に顕在化する。何人に、何日間、何を饗応したかという数量的評価は当事者の財力を表わし、客として誰を動員したかがその人間の名誉と関連する。さらに大規模な布施をいかに見事にさばき切り、またもめ事をおこさずに済ませられるかという点で、当事者の社会における対処能力をも露呈させる。

そのため最近、都市では招待状、近郊の村落などでは食券を配布し、ある程度参加数を予想することも行われている。今回は食券方式が取られ、彼らの言葉を借りれば「システマティックに *sănit tăkyá*」饗応が進められた。彼らは「布施といっても無制限に行うものではない」という割り切った考え方に立っている。彼らは霊媒との関係において契約を重視し、食事の支給はないとした最初の約束を霊媒たちが反古にしようとしたときには、きびしく当たった。あるいは、村人への饗応と関係者への饗応を分離させ、ときには米の質を分けていた。彼らは「人を見て布施を行う」べきだと語る。また、述べたように関係者を先に食事させ、後に村人に饗応する。しかし料理がなくなれば終わりである。[20]「システム化」されたやり方、契約を重視する考え方を、彼らは「洗練」と考えており、異なる階層の共存する社会に対応した、新しい饗応のやり方といえるだろう。

いずれにせよ、こうした「システム化」と「組織力」「経験」のおかげで、極めて多人数に対する饗応や儀礼の執行が滞りなく行われ、三日間に何度か起こったトラブルにも、敏速に対処している。こうした手腕が村人にどのように考えられていたかはともかく、参加した彼らの招待客や、儀礼祭司の一団からは非常に評価されていた。

（B）儀礼に必要とされる神格

パゴダ建立儀礼には、パヤーボエ、ダッポエ、タイポエの三つが必要であると語られた。[21]この事例では仮設小屋（図10（b））に三八の供えものを準備し、仏陀やボーボーアウンなどウェイザーとトゥエヤッパウ僧正、ボーボージーと呼ばれる守護神などに捧げた。別の仮設小屋（c）に、精霊や宝守りの供えものも用意した。これらは、パヤー（仏陀）、ダッ（ウェイザーなどの神格）、タイ（宝守りや精霊）のための供えものを含み、それぞれパヤーボェ、ダッポェ、タイポェであると考えられる。

このような供えものが準備されるのは、この事例に限らない。どのパゴダ建立の例でも、パゴタ脇の小屋や仮小屋に供えものが必ず捧げられていた。また儀礼の度に、供えものの対象への礼拝が組み込まれる。説明の上では、供えものの数は二八や三八、一〇八などといわれ、八で終わる数が望ましいと考えられているようだが、現実にはさまざまである。しかしいずれも、仏陀、ウェイザー、上位のナッ（守護神）、下位のナッ（精霊）、宝守りが必ず含まれていた。(22)

こうした神格は、供えものに名前と順番の札が打たれることによって、また儀礼の際に順番をもって招かれ礼拝されることによって、明確にヒエラルキー化されている。例えば、ダビェゴン村の事例に戻り、早朝の礼拝に招聘された神格を挙げてみる。

1　三宝（仏陀、仏法、僧侶）
2　ウェイザー、ゾージー、タパティ（*tăpăti* 修行者）など
3　梵天
4　帝釈天など
5　四天王
6　龍王（ナガーミン・アパウン *năgàmin ăpaùng*）
7　ガルーダ王
8　上位ナッや鬼
9　帝釈天の家来である上位ナッ（ナッミン *nat min*）

10　精霊（ウィティタ・ポゥゴー *witeiktá pokgo*、祖先の精霊、三七神など）
11　威力のある人物
12　この世を支配する権力（郡法秩序回復評議会など）[23]と大地を支配するもの

1から10までの神格は、通常の理解に従って分類すれば、

仏陀（1）／ウェイザー（2）／天神（3、4、5、6、7）／守護神（8、9）／精霊（10）

と分けられ、この順に位階化されていることが判る[24]。このような位階化はさらに、布施主に続き、ウェイザー、帝釈天、梵天、四天王、国王、后、といった順に並んだ儀礼のおなり行列によって、簡略化された形で視覚化され、補強されている。

要約すれば、パゴダ建立儀礼では、必要な神格として、仏陀と上位の守護神たちや精霊（宝守り）のほかに、ウェイザーが組み込まれており、これらの神格が位階化され儀礼のなかで幾重もの表象を通じて示されていた。これは第二章で述べたようなウェイザー信仰の信者たちの持つ神格の位階が、パゴダ建立儀礼という外部の儀礼でも等しく、顕示され公開されていると考えることができる。

（C）建立儀礼に関わる人々

建立儀礼にはさまざまな人々、さまざまな宗教の「専門家」が必要とされ、それぞれに役割が割り当てられている。

施主が儀礼に主役として参加することはすでに見てきた。施主とその周りの人々は、儀礼に関する供えもの、

食事の準備などの雑事にも携わっている。

僧侶は建立の五つの儀礼のいずれの機会にも必要とされている。ただし、僧侶は儀礼をとりしきる存在というよりも、必要な過程のなかに組み込まれているという印象を受ける。事例を通じて示したように、僧侶は儀礼のすべての過程に立ち会う必要はなく、自分が必要とされる部分に登場するに留まる。儀礼のなかでは、並び方から位置にいたるまで、O師の指示通りに動くばかりである。むしろ他の儀礼と同様に、食事の寄進を受けたり、潅水供養を執り行って功徳を分配する機会を与えるなど、功徳の転化の役割が期待されているといえる。

僧侶のもう一つの重要な役割は、絶えず儀礼のさまざまな過程において護経を唱えることであった。これは、儀礼の五つの過程（杭打ち、礎石配置、奉納品胎蔵、傘蓋奉納、入魂の儀礼）にすべて組み込まれている。在家信者のグループによっても奉納品、傘蓋などに対して定期的に護経が唱えられる。行列の間にも女性のグループによって護経が唱えられていたことは見たとおりである。ここでは、仏教の護呪の力が求められているのである。

精霊信仰の霊媒も部分的には必要とされた。ただし、精霊が関係するのではなく、宝守りに対する儀礼を司るためと語られる[25]。宝守りの儀礼は、建立に不可欠な五つの儀礼過程には含まれず、施主の要望によって行われる。ダビェゴン村の事例では、施主が宝守りの儀礼を行っているが、その意味について、儀礼祭司のO師は、この傘蓋奉納儀礼を守ってもらうため、あらゆる神格を招く必要からと説明した。人でもご馳走されたら喜ぶのだから精霊たちも同様である、そのために、精霊や宝守り、土地を守る精霊などにもご馳走して礼拝するという。

儀礼の執行に関していえば、ウェイザーの師は、最も重要な役割を果たすといえよう。儀礼に関する知識をもとに儀礼祭司を務めるほか、供えものを準備し、必要であれば瞑想を行う役割を受け持つ。儀礼祭司としては、儀礼の際に司会を務め、儀礼に必要な「時 *ăhkadaw*」を告げる役割も行い、ときにほら貝を吹くという点で、ポ

ンナー *ponnà*（ブラフマン）(26)の役割であるとも語られる。供えものの準備も同一人物が行うことも多いが、ダビエゴン村の事例では、O師以外にトゥエヤッパウ僧正の信者たちがその任にあたった。

4　パゴダ建立とウェイザー

（1）建立の「成功」とそれに必要な力

それでは、なぜこのような神格や師が必要とされるのだろうか。パゴダ建立は、儀礼祭司や布施主たちからも、さまざまな障害に出会う困難な事業と理解されていた。だからこそ「成功すること」が絶えず意識されている。建立の儀礼のプロセスのなかで布施主が絶えず主役となり、布施主の功徳であることが確認されていたが、個々の儀礼過程の終了ごとに、その「成功」が一つ一つ積み重ねられていることにも注目すべきである。儀礼のなかで、「成功裏のうちに終わった」という言葉が挟み込まれ、「成就なり」という宣言が幾度も行われることに、最も顕著に現れている。

この特徴は、他の積徳行為と比較すればより明確になる。例えば、一般的な「布施」を行うことに成功と失敗が言及されることはないし、成功か否かが人々の間で問題になることもまずないといってよい。金銭なり物品を寺院かパゴダに持ち込み受領してもらえば、布施行為は終わりである。儀礼としては、せいぜい潅水供養によって得た功徳を他人に分配する程度であって、そのなかで「成功」という表現が鍵になることはない。同じく積徳にもなる子供の得度式は世俗と出家双方の社会にまたがる儀礼であるが、饗応の対処の仕方に成功／失敗の局面が現れるとはいえ、それは世俗における両親の名声にせいぜい関わるだけである。本人が得度しそこねるとすれば、僧侶になろうとするたびに病気をしたり邪魔がはいったりする場合であろう。これは、超自然的存在による妨害と理解されることもあるかもしれない。ただし、パゴダ建立と決定的に異なることがある。得度の失敗は多くの人間に知られることはないが、パゴダ建立における失敗は、建立の遅延として多くの人間の知るところとなってしまうという点である。例えばネーウィン将軍の建立したウィザヤ・パゴダは、一九八〇年に事業が開始され、八六年まで完成せず、ヤンゴンではさまざまな噂が出ていた。

パゴダ建立という布施行為が、一般の布施から際だたせられている点はもう一つある。通常の布施をめぐる仏教の「業」による解釈は以下のようなレトリックを形成している。曰く、布施が行えるのは、前世において積んだ功徳の結果である、前世の功徳の結果はその人間の業の高低を生みだし、それぞれの業によって布施が行われる、すなわち、業が最も高いものは、もっともすぐれた積徳行為が行える、云々である。しかし、もっともすぐれた積徳行為であるパゴダ建立は、実際にはその人間の業だけでなせるとは思われていない。現実の建立に際しては、「ボーミンガウンというウェイザーに導かれて」（ダビェゴン村のパゴダ）、あるいは「いにしえの関係（パタンゼッ *pāhtan zet*）があって」（ピンマピン村のパゴダ）などというように、施主が超自然的なものによってすでに「選ばれている」[27]かのように説明されている。一般の布施行為のなかで、施主が何らかの形で選ばれた存在であると語られることは極めて稀であることを思い起こせば、パゴダ建立と改修の特殊性がうかがえよう。

この事業を貫徹するための最も重要な力は、仏教に求められる。その一つは帰依の姿勢である。パゴダ建立にかかわる人は持戒が必要であるとよく語られる。施主に対しては、儀礼の間の夫婦生活の回避、肉食の回避などが緩やかに求められる。つまり在家に求められる五戒以上の戒を守ることにより、常より深い帰依を示す必要があるという考えが存在する。このような姿勢は、パゴダを建立する師にも求められる。パゴダを建立する師も通常以上の戒律を守り、菜食、あるいは四つ足動物の肉食の忌避などを守っている。

これに加えて、僧侶や在家信者によって護経が唱えられ、仏教における護呪の力が必要とされた。例えば、傘蓋を頂上に載せる前に、長期に護経を唱えるのみならず、一つの儀礼過程が終了するたびに護経が挟み込まれていたことをすでに見てきた。人々は、こうした護経を唱えることで「悪いものが入ってこない」と説明するが、これはパゴダ建立を妨害する超自然的存在、あるいは予測できない出来事に対し、護経が積極的な防御壁のようなものとして働くと理解されていることを示す。実際に、傘蓋に護経を捧げている間、まわりに聖糸とされる白い糸をはりめぐらせて守ることもあった。

こうした仏教の持戒、護呪の力をもってしても建立がうまく運ばないことがある。管理委員会や建築技師たちは、それに対して現実的な対策を立てるが、それでも進まなくなった場合には、通常、儀礼祭司が対応することが多い。

例えば、原因は判らないものの、儀礼祭司がふさわしくなかったと結果的に理解される場合がある。これは祭司を交替することによって、遅延していた儀礼が進んでいく[28]。また、トゥエヤッパウと噂されたある僧正は、パゴダ建立中に死亡した。死因に関する噂はいくつかあったが、そのひとつはパゴダ建立に僧侶が関わったためというものであった。つまり、僧侶が主体的に建立にたずさわることはある種の禁忌だという見方があることも示しているが、結果的にガインの師が代わって残りの工事を完遂させたという。

工事や儀礼の過程で関係者や布施主に工事や不幸が起こって、パゴダ建立そのものが遅延する場合がある。こうした事態の解釈はいくつか存在する。まず、関係者がなにか誤りか禁忌を侵したため、その害が侵犯した人間や建立者に降り懸かったと理解される場合である。このときには「正しい儀礼のあり方」を知っており、正しい方法を知っている儀礼祭司がやり方を修正すれば、結果的に誤りや禁忌の侵犯が無効になると考えられている。[29]土地に存在する超自然的存在が妨害していると理解される場合もある。精霊などは、自分のいる土地にパゴダが建立されてしまうとその土地が威力（ダゴー）が強くなりすぎ、自分が暮らせなくなる。そのために、パゴダ建立を妨害すると考えられている。鬼はパゴダの守護神であると一般に信じられているが、建立する人間などが鬼を怒らせると、建立を妨害すると考えられている。パゴダの財宝を守るとされる宝守りや宝宮姫などが妨害していると理解された事例もある。[30]このような存在に対して、建立する師の側の超能力（ティディ）が必要とされる。力が十分であれば勝てるが、足りない場合には負けてしまう。そのために普通は、建立する師は、戒（ティラ）、定（タマーディ）のほか、超能力（ティディ）のあるものが担うべきと説明されるのである。

すなわち、パゴダは完成するまでにさまざまな妨害や困難にさらされるという認識がある。そのために儀礼祭司に要求されるのは、儀礼を正しく行え、誤りを指摘し訂正できる豊富な知識、そしてさまざまな霊的存在に対抗できるだけの超能力の強さである。こうした要求に応えているのは、通常ウェイザーに関係する師たちであった。

(2) ウェイザー信仰とパゴダ建立の結びつき

それでは、ウェイザー信仰の側からみたときに、パゴダ建立という行為はいかなる意味をもち、いかに結び付いているのだろうか。

ウェイザー信仰の信者にとって、パゴダ建立行為を功徳とみること、パゴダを礼拝の対象とすることは、普通の人間と同じである。信仰のなかで、ウェイザーは「仏教の布教にむけて *thatanayei hpyànpwà hùngà aung*」努力するものであるという認識があることはすでに見てきた。そして多くの信者たちが、パゴダ建立を宗教布教の象徴的行為であるとみなしたことも論じてきたとおりである。その際に、ウェイザー信仰の師たちが、単にパゴダ建立に関わるのではなく、より積極的に、彼らの信仰の世界を可視化する形で建立している事例も見られる。

ヤンゴン市の北方にあるアーレィンガーズィン・パゴダ *Aletn Ngàzin Hpàyà* はその一つである。この敷地内には、さまざまな特徴的な建築物が並んでいる。片隅にはアーレィンガーズィン（五層世界）を表象する龍やガルーダを彫り込んだ塔がある。また、その手前には迷路が設けられ、一般のパゴダと比して非常に個性的である。このパゴダを建立したマハー・セィウィンガバー *Măha Hsei Wingăba* 僧正は、アティ・トゥエッ（死んで抜けた存在）であると信じられている。僧正の遺体は敷地内に奉納され、それが腐らないことで、僧正が「抜けた」ことを示している。また遺体の安置された壁には、僧正の絵姿が大きく描かれるが、僧正の瞳はどの方角から眺めても「自分のほうを見ている」ように感じられるといわれ、それが「この世を抜けた」証拠の一つであると語られる。この言説は、ウェイザー信仰に関してマノーマイエィイディ・ガインの人々が語ったものと同じである（第二章六六頁参照）。このパゴダと敷地内の建立物は、「この世をぬけた僧正」と信じられる人間が、独自の信仰の表現として建てたものと見ることができる。

この点では、第二章で記述した白鳩僧正の白鳩僧院の一帯の建立物も同様である。そこには、「千の仏像」の奉られる場所、龍の彫り込まれた仏像、説法場、パゴダ、宝宮の姫の宮殿などが、あたかも僧正の教えを可視化するかのように広がっている。ピンマピン村のK師のパゴダにも、その敷地内には独自の建立物が内包されていた。そのほかにも、類似のパゴダがヤンゴンやマンダレー近辺に多数観察される。[31]

これらは共通して「パゴダ」と呼ばれているものの、敷地内にはパゴダのみならず、ウェイザーの祭壇や宝守りなど関係する神格の像、祠などさまざまな宗教建築物を内包している。はじめに述べたようにパゴダは在家の信仰の場であり信仰を可視化する場とも理解することができる。第二章のガイン内部の儀礼で見たように、ウェイザー信仰そのものにも、すべての神格を羅列しそのなかにウェイザーを位置づけるという傾向がある。さまざまな建立物を内に持つ諸パゴダは、こうした信仰のあり方とパゴダの特徴とが共振し、あたかもトゥエヤッパウの師などの世界観をパゴダを通じて全体的に表現しているかのごとくである。

この章のはじめに述べたように、パゴダそのものに祈願成就の期待がこめられる。霊験あらたかとされるパゴダは、その実トゥエヤッパウ、ウェイザーといわれる人物やガインの人間が建立したものが少なくない。上述の個性的な形態を持つパゴダは、一様に「祈願成就」に効力著しいとして、ウェイザーに対する帰依度に関係なく人々を集めている。こうした「祈願成就」とはまさに、人々が「この世を抜けた」人間やウェイザーに求めるものであり、これもウェイザー信仰そのものの特色とパゴダとが引き合って生み出しているかのようである。(32)

前述のように、大きなパゴダは、昨今サンガ総監長老会議の指導下におかれ、パゴダ管理にも「名誉役員会」「顧問委員会」の僧侶による指導が必要とされるようになってきた。そのほかパゴダでの護経読経会などを通じて、在家の信仰の場であったパゴダに僧侶が関わる動きがみられる(高谷 一九九三)。その意味では、パゴダという在家の信仰の場を中心に、ウェイザー信仰と正統仏教とが引き合っているような印象を与える。

ここで注目したいのは、パゴダそのものがウェイザーと関わりを持っているという観念は、現在のビルマ社会においてかなり広く共有されているという点である。とりわけボーミンガウンとの結びつきが強い。「パゴダが成就したとき、あるいはパゴダで瞑想するときに、ボーミンガウンなどウェイザーが異形の格好で尋ねてくる」といった語りは、ウェイザーの説話と並んで広範に流布している。実は、ダビェゴン村のパゴダ建立が終わったときに、このような物語が人々の間で再生する機会があった。そのときのことを描写してみよう。

建立儀礼がすべてが終わり、まさに祭りの終わった後のように気の抜けた雰囲気が境内に漂うなか、いつ入ってきたのか一人の風変わりな服装の人物がパゴダに向かって進んでいくのが一部の人々の目を引いた。彼は坊主頭の先からつま先まで砂にまみれている。しかし妙に落ちついて、瞼にまで砂のついた目をまっすぐパゴダに向けている。彼は、土曜の角（南西の角）に座り独特の所作をもって跪拝しはじめた。彼の所作は通常の人々のようではなく、狂人のようにも見えるが、一挙一動が中断することなく進められ、どこか確信めいた動きにも感じられる。人々は徐々に集まり始め、子供たちは駆け寄ってきて、息を飲んで彼を見守っている。回りからボーミンガウンではないかというささやきが漏れる。ちょうど横にいた人間は、回りにいた子供の誰にいうでもなく、「完成したパゴダには、ボーミンガウンが現れるのだ」といったことを呟く。人々の群れは、次第に膨れあがり、厨房代わりの一角に向かう彼のあとを、子供らは駆けるようにして追いかける。

彼は、焼きビーフンを所望して、静かに食べ始めた。もちろん、彼はボーミンガウンではない。しばらく人々は好奇心の塊と化していたが、やがて彼を知る人がやってきて素性を説明し、その神秘性は一挙に剥奪される。彼は少し離れた村に住む国内船の元船員で、昔は両親を養い孝行で有名な人間だったが、あるときから奇行を示すようになったという。がっかりしたかのように一人去り二人去りで人垣も散ってしまうが、集まった人々は、ボーミンガウンの夢に導かれたという施主の関係者だけでなく、近隣の村人も多かった。また立ち去りがたく残った人間の一部には、いくら彼が説明されたままの人間だとしても、その瞬間に（ボーミンガウンなどウェイザーが）のりうつっていなかったと誰が言えようと話し合うものもいた。

もちろんこうした何気ないエピソードから語れるのは、ささやかなものでしかない。時間にしてわずか一〇分ほどの間に人々の心に生起したことをすべて知ることは不可能である。あるいは、蜘蛛の子のように集まり散ってしまった人々を見分け、その素性やウェイザーに関する信仰を聞いてまわることももはや不可能である。また布施主たちの夢の啓示の話やボーミンガウンへの帰依の話が、村に住む布施主の一人のインド系女性Bを通じて、村人たちにも伝えられたことは十分考えられる。しかし少なくとも、あの時境内にいた人間の何分の一かの人々がこの「狂人」に興味を持って集まってきたこと、一部はボーミンガウンではないかとささやいていたこと、さらに、このような機会にこそ、成長の過程で社会的知識を吸収しようとしている子供のような存在――明らかに異文化から来た私も含められようが――に、「異人として来訪するボーミンガウン」の話が語られるという事実は無視できるものではなかろう。これこそ、ウェイザーがパゴダ建立に関わるものとして、人々の言説のなかに立ち現れる瞬間を伝えるものであると考えることも可能なのである。

第四章　ローキー・ピンニャーとウェイザー信仰

ウェイザーを信じる人々にとって、ローキー・ピンニャーに含まれる諸術が重要であり、それが外部からも必要とされていることはすでに述べてきた。ここではむしろローキー・ピンニャーという知識に焦点をあて、ビルマ社会のなかでいかに展開しているのかを歴史を含めて素描し、さらに「学（ピンニャー）」の基礎を把握する。そのうえでウェイザー信仰がローキー・ピンニャーとどのような形でかかわっているのかを、改めて考えてみたい。

1　諸々の術とその担い手

(1) ローキー・ピンニャーとは何か

ローキー・ピンニャーの辞書的な意味は二つある。第一に、仏教にかかわる学問以外の世俗の学とでもいうカテゴリー的な意味である。ガインの説明を通じて述べてきたように、上座仏教においては、来世に関わるものとしてのローコゥタラと、それ以外のローキーという区別が重要になる。これが学（ピンニャー）の分野において展開したものが、ローコゥタラ・ピンニャーとローキー・ピンニャーである。前者が仏教に関する学問を意味するのに対して、後者ローキー・ピンニャーはそれ以外の世俗の学問を意味している。西欧的な近代学問もこの意味においては、ローキー・ピンニャーに含まれる。

第二の意味としては、具体的に以下のような民俗的な諸術を指している。

①予言、前兆、予兆、夢などの解釈（アティ *ăteik* ナメィ *nămeik* ダバウン *dăbaung*、サニー *săni*、バウォー *băwaw*、タイサー *thaiksa* など）(1)

②お守りの術（イン、アインなどの呪符、レッポェ *lethpwé*、マントラ、偈文など）(2)

③占星術（ベィディン）

④錬金術（エッギヤ）

⑤民間医療（セィ）

それでは「ローキー・ピンニャー」という言葉は、社会生活のいかなるときに立ち現れるのだろうか。一般の人間が日々の生活を送るにあたっては、このカテゴリーは特に意識されることなく、個々の術のみと関わることのほうが多い。ヤンゴン市の大きな書店には、ローキー・ピンニャーの棚が設けられていることがある。しかし、内容としては錬金術、占星術などの諸術に関連する書籍が個々に並べられている。また従来の民族誌においては、こうした知識はローキー・ピンニャーとまとめられることなく、独立した形で個々に記述されている。(3) さらに、担い手としても、個々の術の専門家がそれぞれに伝授するだけで、ローキー・ピンニャー全体の専門家など現実にはいない。

しかし、個々の術の担い手たちは、ローキー・ピンニャーという言葉をしばしば口にする。ガインの成員たちは、ウェイザーというのはそもそも「ローキー・ピンニャーによってこの世を抜けた存在なのだ」と語る。ヤンゴンで活躍している占星術師や民間治療師は、自分達の依っている占星術や医学などの「術」をときおり「ローキー・ピンニャー」という言葉を用いて話す。ある占星術師は自分の術のことをこう語ってくれたことがある。

占星術というのは、あくまで世俗（ローキー）に関わる学問（ピンニャー）であり、それ以上のものではない。ローキーのことだけを解決するものである。宗教（タータナー＝仏教）は別にある。私はそういう活動を別に行っている。

このように、ローキー・ピンニャーが特にカテゴリーとして立ち現れてくるのは、日常の生活レベルではなく、あくまでウェイザー信仰に関して、あるいは専門家たちの間で語られる場合や、仏教との区別がカテゴリーとして問題になる場合などが多いといえよう。また個々の術の専門家たちは、術を独立させて扱いつつも、術の相互間に連関があることを婉曲に語る。例えば何人かの民間治療師は、熟練した治療師には、薬草学だけでなく占星術やイン、レッポェなどのお守りの術の知識も必要だと語る。こうした術同士の連関が何であるかは次節で考察する。

（2）知識の担い手

ローキー・ピンニャーは述べたように、具体的には個々の術として伝授されている。個々の術のなかで前頁の

③④⑤には専門家がおり、専門家を指す言葉が存在している。③は占星術師（ベィディン・サヤー）、④は錬金術師（エッギヤ・サヤー）、⑤は民間治療師（セィ・サヤー）あるいは薬師（ベィンドー・サヤー）などと呼ばれる。一般の人々は、必要になればこれら専門家のところにいき、知識を授けてもらったり、占ってもらったり、治療してもらったりしている。これに対して、①の前兆の解釈には、専門家はいない。人々の日々の暮らしには、アティ、ナメィといった言葉が顔を出す。これらはいずれも前兆を意味し、なにかおこるときには何らかの印が前もって記されているという認識に基づいている。一皿のおかずに二人が同時に手を伸ばしたら客が来るといったように、関連性、体系性のない個々の知識がそれぞれ人々に共有されている。②の呪符は、かなり体系化された説明を持つ。一般の人々のなかには、詳しい法則を知らないまでも、簡単な呪符ぐらいは書けるものもいる。この術の場合は、専門家の名称があるわけではない。通常は、ガインや治療師、僧侶などがお守りの知識を保持していることが多い。また、占星術や錬金術、治療なども、それで生業を営む専門家以外に、僧侶が伝承していたり、ガインの師やウェイザー信仰の人間が伝えていたりする。つまり、術の担い手としては、専門家がいると同時に、さまざまな立場の人間が関わる可能性を持っているのである。

僧侶がローキー・ピンニャーに関わることは、正統サンガのあり方としては望ましくないこととされる。実際には関わっている僧侶も少なくないが、僧侶自身がそのことを大々的に誇示するわけではない。ダッヤイ・ダッスィンと呼ばれる術（後述）で有名なJ僧正は、自分の術についてローキー・ピンニャーのひとつとしてあれこれ語ってくれたが、僧侶がローキー・ピンニャーに関わることに対しては、良い意図でのみ用いるのであって、決して仏教の教えに背くものではないと、私が「誤解しないよう」つけ加えた。[4]

一方、ウェイザー信仰にとって、これらの術が深く関わっていることは事実である。第一章で見たように、ウェイザーの原意は「知識」「秘義」であって、それが転用されて「ある術に達した存在」を指す言葉となっている。またウェイザーには個々の術と結び付いた「呪符ウェイザー」「水銀ウェイザー」などの「種類」があった。その意味でウェイザーとは、ローキー・ピンニャーの個々の術の専門家と言い替えてもよいのである。[5]

ところで一般にローキー・ピンニャーに含まれる諸術はどのように伝授されているのだろうか。調査によれば、師弟関係、ガイン、学校や協会という三つの形態が存在している。

（A）師弟関係

ローキー・ピンニャーが伝えられる場合、最も基本になるのは、二者間の師弟関係である。一般的に、サヤーは「専門家」という意味であると同時に、「師」という意味を持ち、弟子（ダベィ *dabei*）に対してその知識を教える。

（B）ガイン

第二章で示してきたようなガインも、ローキー・ピンニャーを伝授する集団という観点からとらえることができる。例えばアーターナディヤ・ガインでは、見てきたように、呪符を核とし、その書き方や個別の病に対する使用方法などを教えている。ガインの内部でもやはり師弟関係が基本であるが、術や知識の上達に従って、その関係が位階化されている。そして段階を経るにつれて成員達は上位の成員に、さらに師（サヤー）のレベルに上がっていく。この段階は外部の社会関係とはまったく関係のない、あくまで術の熟練のレベルである。ガインは、ローキー・ピンニャーを伝授する際に、従来の師弟関係をもとにしながらも、より明確に術の熟練が見えるような形に整えられた集団であるといえる。ただし、前で見てきたようにガインで教えられるのは、術だけではない。儀礼や治療に対する全体的知識を含むのであり、かつ信仰と深く結びついているのである。

（C）学校や協会

占星術や民間医療においては、近年になって知識の伝授を目的とした学校や協会が作られている。例えば、「ミャンマー・ヴェーダ研究協会 *Myanma Weidá Thiteităná Áthin*」を例にとってみたい。

ミャンマー・ヴェーダ研究協会は、一九六二年、占星術師Mを中心に結成された私的な協会である。一九六八年から、当時唯一の学校方式のクラスを開催し、数多くの卒業者を出しており、現在最も有名な占星術の一派である。一九八〇年代後半から、『ゾーティタ・ヴェーダ *Zawtithá Weidá*』誌を刊行しており、発行部数は公示三、九〇〇部（一九九二年六月）前後だが、ビルマの出版事情もあり実際にはその二、三倍あると語られる。協会本部は市内中心地のボージョウ市場 *Bogyok zei* の二階に存在し、上の階で授業が行われる。クラスは初級、中級、上級に分かれ、一つの級に三段階あるため、総計九段階存在する。三カ月で一コースとなり、試験を経た後に次の段階へと上がることができる。初級第一クラスは、二組で約百人、第二クラスは三〇人、第三クラスは二五人ほどである。初級を卒業したらヴェーダ研究協会の証書がもらえる。これは一種の認定書で、協会の名をつけて占星術師の看板を挙げてよいことになっている。中級第四クラスは二〇人、第五、第六はふつう一〇人から一五人の間である。中級を終えたものは、かなりのレベルといえるという。協会には教師は十三名ほどいるが、中級程度のものもかなり含まれる。上級第七、第八、第九クラスはすべて合わせても二、三人ほどである。

初級第一、第二、第三クラスには、さまざまな顔が並ぶが、女性が三分の一ほど含まれており、普通の主婦が「単に興味があったから」出てくる場合もある。そのほか、占星術師として開業したい、あるいは、すでに占星術師として仕事をしているが、自分の学問（ピンニャー）を検証したいからと参加することもある。また、数名若い僧侶や二〇歳前の沙弥が参加している。この協会を選んだ理由としては、分かりやすい学校形式であるために興味を持った、Mが有名であるため、学校が有名であるため、雑誌に興味を持ったためなどが挙げられた。この学校は、テキストを基にした均一的な教え方をめざし、クラス分けをするなど明確な形で段階づけた教育に留意していることが分かる。

2 歴史のなかのローキー・ピンニャー

(1) ローキー・ピンニャーの歴史

ローキー・ピンニャーという学に含まれるもろもろの知識は、「起源」を探るのであれば、インドのヴェーダ占星術やアーユルヴェーダの医学、そして、大乗系、タントラ系仏教などに帰すことが可能である。例えば、次節で述べるような要素（ダッ）という基本的考え方や、占星術の計算方法などは、まさに、インド文化からもたらされたものであるといっても間違いではない。

しかし明らかにビルマで独自に展開したものも含まれている。例えば、現在占星術や時には医術のなかでも重要な位置を占める「厄払い」の一つ、ダッヤイ・ダッスインの術（インガウェイザーの術 *Ingá Weikza*）は、ビルマ独自のものといわれている。(6) 後で詳しく述べるが、ローキー・ピンニャーの基本となる規則において、曜日や要素などがビルマ文字や言葉と結び付けられて援用されるために、まさにビルマ語の体系内で、ビルマ独自のものと理解されることとなる。

歴史資料をみる限り、ローキー・ピンニャーにつながる占星術、呪符などの諸術は、政治に深く関わるものとして記述されている。残念ながらビルマ人歴史家たちの研究のなかでも、ローキー・ピンニャーに関するものは非常に限られる。先行研究は、ある限定された時代におけるローキー・ピンニャーの影響を叙述するに留まっている（Than Tun 1988, Myá Myá 1978 など）。そこでとりあえず王統史や仏教史からローキー・ピンニャーに関わる記述を取り出してみたい。

パガンのアノーヤター王時代に、上座仏教がシン・アラハンにもたらされるまで、アリ ări 僧と呼ばれる僧侶が活躍していた。[7] 彼らは大乗系、タントラ系仏教の僧といわれるが、彼らに関する記述から、ローキー・ピンニャーに関わる諸術に長けていたことが推測できる。アリ僧は、ピンヤ時代にも活躍しているが、上座仏教が移入されて以降は、望ましくない存在として言及されていた。

また、ポェジャウン *pwè gyaùng* と呼ばれる僧院でも、このような術が教えられていた。[8] ポェジャウンに関しては、歴史資料にも断片的記述しか見あたらず把握は難しいが、『ビルマ王朝支配記録 *Myanma Min Okkhokpon Sadàn*』によれば占星術、戦闘のやり方のほか、医術、ダッの学、按摩の術などを教えていたと記述され（MMOS IV : 211）、ピンヤ朝時代に戦闘に参加したポェジャウンの僧侶の記述が見られる（TLS : 130, 131, SV : 185-87）。

ニャウンヤン朝時代には[9]バーメ僧正の活躍が伝えられる。彼はモン系僧侶でありながらモン族系ハンタワディ朝の崩壊直前一五九三年にビルマ族ニャウンヤン朝に移り、呪符の知識によりニャウンヤン朝を勝利に導いたとされている（Bà Mé 1962 : 8-9）。一五九八年にはバーメ僧正がインワの都に呪符などを埋めて、都の守護に貢献した（Mya Mya 1978 : 276）。彼は、占星術や呪符、偈文の術を現在のような形に整えた一人といわれ、現在まで著作が残っている。そのほか、ナッセッヤウン *Nat Set Yaung* と呼ばれる僧正が占星術に長けているとして有名であった。タールン王（一六二九―四八）が反乱で王位を追われた際に彼の復位を、またミンイェイチョウディン王（一六七三―九八）が王子だった時代に即位の時期を、それぞれ占っている（SV : 233-35, 248, TLS : 180）。

コンバウン朝時代は全般を通じてポンナー（ブラフマン）が占星術を核に活躍していることが王統史からうかがえる。例えば彼らは暦を確定し、日食、月食、新年の時などを告げるほか、例えば王子、王女の命名式、ゆりかごへの初乗式、穿耳式、髷結式、結婚式など宮廷儀礼や戦闘の際に時刻の選定を行い、その通りに実行されている（KBZ I : 563, II : 69, 129, 317, III : 214, 296, 313-15 など）。

この王朝の二代目国王ナウンドージー王の時代（一七六〇―六三）には、タウンドゥイン *Taungdwin*（キンジーピョウ *Hkingyipyaw*）僧正が王師（ヤーザグル *yazáguru*）の称号を拝受し、国王に重用された。この僧正は仏教に関わる書籍を多数編纂したことでも名高いが、同時にインガウェイザーの術の基本を作った人物として知られている。この術は第三節で説明するが、現在でも、ローキー・ピンニャーにおいて重要な核となるものである。

第六代目のボードーパヤー王は、王朝創立者の第二子であったが、王位に就く前にトーサンプッ村に潜んでいた時期がある。そこで彼は謀反を起こす時刻をスィーダー僧正 *Sitha Thumyat* に見てもらっている（KBZ I : 526）。また、ボードーパヤー王の孫ターヤーワディ王子は実兄のバジードー王に対して謀反を起こすが、その際に占星術に熟達した王女に尋ね、その助言に従って、一八三七年二月二四日金曜日に、「ダッの相性のよい」北方の西側よりの角、タニンダーリーの扉から出たことが王統史に記される（KBZ II : 460, 467）。これが成功して、ターヤーワディ王は一層占星術を信奉したという。そのほか、ボードーパヤー王の時代には、マウン・ノゥ *Maung No* と呼ばれる人物が、前兆、予兆の解釈、厄払いの知識に長けるとして「アユードーミンガラー *Ǎyudaw Mingăla*（吉祥なる王の知恵）」という称号を拝受している。彼の活躍は、一九〇九年にまとめられた『アユードーミンガラーの意見具申書 *Ǎyudaw Mingăla Shaukhtòn*』に詳しい(10)。この書物からは、彼が前兆や予兆などさまざまな解釈や厄払いの知識に長けるとして重用され、国事にさまざまな相談を受けていたことがわかる（Aung 1959(1909)）。

（2）役職と担い手

上記のような記述は、丹念に探せばさらにある。全般的に、戦闘や謀反など重要な政治的局面や儀礼決定、都市の守りなどに用いられている事例が多いといえるだろう。それでは、この学は制度としてどのように取り込まれていたのだろうか。これに関しては、残念ながら王朝最後のティーボー王の時代のものしか判らない。ここでは宗教内務 *Thathănadawyeì Taìnyeìpyìhmú* に関わる一四の部門のなかに、建築、犯罪取締、武器製造補給、外交等の部門に続いて、五番目に「寺領地に関連する仕事、三蔵経・貝葉・墨文・碑文に関する仕事、僧侶に関する仕事、毎年・毎月恒例の寄進、老人福祉、王統史・占星術・古い書籍などローキー・ピンニャーに関する事業、ナッや惑星の神の祭礼に関する仕事、ポンナー（ブラフマン）に関すること、二四ヵ所のパゴダ・市場・ポェなどの税金徴収」が一つの省の任務として記述され、枢密官マハーミンティンティンカヤー *Măha Min Htin Thinhkăya* がその責任者として任命されている（KBZ III：496。傍点は筆者による）。ここで用いられる「ローキー・ピンニャー」は、王統史の編纂が含まれていることからわかるように、仏教以外の学問すべてを指しており、いわば初めの二つの定義でいえば広義の意味で用いられている。しかし、占星術の書物の編纂や惑星の神の祭礼、ポンナーの管理などが王朝の統括すべき仕事として、宗教内務省の実務に組み込まれていることは興味深い。

これ以前にローキー・ピンニャーに関する実務が、制度的にいかに統括されていたのかは不明である。ただし、ローキー・ピンニャーにたずさわる人々を雇う役職はいくつか用意されていた。

例えばポンナー（ブラフマン）に関する役職である。コンバウン朝時代には積極的にマニプールなどからブラフマンを移住させ（ハーヴェイ 一九四四（一九二五）：三五八）、宮廷にはポンナーが通常は八名登用されていたという記述があり（MMOS II : 43）、ポンナーの総括に「ポンナー長官 *ponna wun*」という地位が設けられていた (Maung Maung Tin 1975 : 118)。

また、「識者 *pinnya shi*」という役職があり、『宮廷用語辞典』によればその役割は「占星術のほか、サニー、ダバウンなどの前兆、予兆の解釈、ダッサン・ダッピェッ *dat san dat pyet* と呼ばれる厄払いや時刻の選定といった事業、ザーター（出生票）の作成、手相などの相を見ること、マンダラの術」であったという説明され、一八六六年にマウン・ジー *Maung Gyi* など数名が任命されたとある（Maung Maung Tin 1975 : 227 - 28）。

役職ではなく人の分類としては、「フーヤー *huya*」「ローキー・ピンニャーシン *làwki pinnya shin*（ローキー・ピンニャーの識者）」「僧侶」などが時刻の選定などの相談相手となっている。「フーヤー」とは占星術に長けた人間を指すが、白フーヤー *huya hpyu* と茶フーヤー *huya nyo* とがあった。白と茶は民族の区別を指し、白がインド系、茶がビルマ系といわれる。つまり、ポンナーの知識を取り込みながらも、ビルマ人のなかにその知識を持つ人間がいることが判る。また「僧侶」と対比されていることから、フーヤーやローキー・ピンニャーシンなどは在家であることが判る。

今後さらに細かく見る必要があるが、王朝時代に最も身近にローキー・ピンニャーを担ってきたのは主に僧侶であり[11]、ポンナー（ブラフマン）も随時招かれてやってきている。また在家や時には王族のあいだにもローキー・ピンニャーに関わる知識は広まっていたと考えられよう。少なくともコンバウン王朝後期にはマウン・ノゥのような在家の活躍も見られる。このことは、再度第六章で考察する。

（3）政治との関わり

ここでは、王朝の政治にローキー・ピンニャーがいかに関わってきたかについて、具体的な事例を二、三挙げてみる。

例えば、新しい都には必ず呪符が埋め込まれる。ニャウンヤン朝時代にも見られたが、コンバウン朝時代にも使われている。例えばターヤーワディ王の宮殿移転（一八三七年）にイン、アインといった術を行い（KBZ II : 576）、ミンドン王も都の造営（一八五九年）の際に、イン、アイン、マンダラを用いている（Mandălei 1959 : 169）。

遷都を決定したり、都の防御力を確固とするためにも、ローキー・ピンニャーが用いられていた。バジードー王が一八二三年インワからアマラプラに遷都したのは、厄払いのため（YTK : 316-17）、あるいはダバウンの解釈による（KBZ II : 314-17, YTK : 314）などの記述がある。ミンドン王のマンダレー遷都も予言の書から導き出されたといわれている。仏陀が説いたと考えられる「啓示の書 *Byadeikdaw Thaiksa*」に

仏暦二、四〇〇年が満ちたとき、マンダレーのシュエダウン地区に獅子の文字ではじまり、ガルーダの文字で終わる王が、獅子の血肉分けたものに囲まれ……暮らすだろう

とあった。時代が仏暦二、四〇〇年に近かったこと、名前がミンドン王にあてはまること、ちょうど彼に子供や孫が四四名いたことなどに一致を見いだし、またその他の予言の書にも同様の記述があることから、国王はマン

ダレーへの遷都を考えたという記述が王統史に記されている（KBZ III : 243）。

王朝時代に、こうした予言の書は影響力を持っていた。例えば、「ザーガルとナッセッヤウンによる予言の書 *Zagárí Natsetyaung Thaiksa*」は、タールン王の時代（一六二九―四八年）にザーガル・ブラフマンが書いたものを、一六七三年ナッセッヤウン僧正が編纂したと伝えられる。ここには一七三九年から一九五六年までの予言が含まれるが、この予言の書に、

> 優れた王が治めしとき、ネズミが喧嘩をしかけ、
> カラスが宮殿を掌握せん(12)

とある（Myá Myá 1978 : 194）。これは一七八一年にパウンカー領主マウンマウンが反乱を起こし、それを掌握してボードーパヤー王が即位したことを指すと解釈された。すなわちネズミ *kywet* は、木曜日の守護動物であり、木曜日生まれのマウンマウンのことを指し、カラス *kaká=kyi* は月曜日の文字で始まるため、月曜日生まれのボードーパヤー王を指すといわれた（Myá Myá 1978 : 194）。ここでは、国王は、その生まれた曜日を象徴する動物として暗示されていることが分かる。

僧侶の長であるタータナー・バイン（僧伽主）の決定にダバウンやサニーといった前兆の解釈が用いられたとされる例がある。サンガ内の偏袒派と通肩派の争いはニャウンヤン朝サネ王（一六九八―一七一四）のころから始まりコンバウン朝に持ち越されて歴代国王にとって重要な問題となっていた(13)。ボードーパヤー王の治世の一七八八年に、宗教浄化委員会が設置され決着に向かう。その際にアユードーミンガラーは、大臣ウー・ポーウー *Ú*

Paw Ù と共にサニー（予兆の唄）を求めて歩く。彼らは宮殿の枢密院の前で子供らが唄っていたものをサニーと見なして意味を解釈した。

「ナウィンガトゥ」のお方は、（三蔵）すべては揃いませぬ。
マウンダウンの杯で乳を下さい、クェイお嬢さん。
ズンの花を、その身につけて、ようよう乳も満たされましょう。
冷たく甘い乳を飲ませましょう。
乳のごとくに、正しい道を人々に示しましょう。(14)

これは、クェイ *Hkwei* という名前が月曜の名前であるためボードーパヤー王を示し、ズン *zun* の花（白い花：学名不明）は火曜日の文字であるため、火曜日生まれのマウンダウン僧正を指すと解釈された。すなわち、マウンダウン僧正を僧伽主として登用すれば、国が仏法という乳に満たされるという意味であると取られ、マウンダウン僧正が選出されている（Aung 1959(1909)：65-74）。もちろん、このようなサニーの解釈だけで僧正が選出されたと考えるのは単純にすぎよう。例えば、マウンダウン僧正は通肩派であり、選出以前に偏袒派アトゥラ長老らが論争において敗北するなど裏にさまざまな要因があることは、仏教史『サーサナ・ヴァンサ』などからも明らかである（SV：268-76）。むしろ国王の決定をローキー・ピンニャーを通じて正当化している事例であると考えることも可能である。とはいっても、こうした解釈の技術に達したものが必要とされていたことは間違いない。
これ以外にも王朝時代におけるローキー・ピンニャーの事例はかなり豊富に資料から読み取れるものである。

もちろん、こうした術がいかに使われるかは別に論じるべき問題である。国王の政策決定のための判断材料であったのみならず、王権側の決定の正当化に用いられたり、逆に人々の側からの王権に対する批判などがダバウン、サニーなどの唄に組み込まれたりする場合が多々あったと思われるが、ここで確認したいことは、歴史的にローキー・ピンニャーが政治に関わっていたことを示す記述があることである。

3　ローキー・ピンニャーの基本原理

(1) 知識の濃淡

一九世紀にビルマに滞在した英国人シュエヨーは、その民族誌のなかで、僧院の学校 *pòngyi kyaùng* で学び始めた子供には、次のような詩が教えられたことを記述している（Shwe Yoe 1989 (1910) : 9)。

月曜日（の守護動物）は虎、（惑星の支配する年数は）一五年、占める位置は東側。(15)

この詩はさらに続き、七曜日と惑星、その守護動物、惑星の支配する年数、惑星の占める方角を結び付けて順次歌われる。二〇世紀に入ってもこの詩はかなり長い間僧院教育で教えられていたというが、現在の学校教育では教えられていない。しかし、この詩の内容は、今なお多くのビルマ人にとって、ある種の常識といえるものなのである。

例えば、占星術師にかかり、厄払いや捜し物の指示として、月曜日の角を探しなさい、とか月曜日の名前の供えものを捧げればよいなどといわれた場合に、月曜日の角や名前とは何なのかと、人々が聞き返すことはまずない。

ビルマの人々にとってパゴダに行くことは、仏教帰依を示す慣習的行為といえるが、多くのパゴダにおいて曜日と惑星、方角、守護動物といった連関が視覚的にとらえられるようになっている。すなわちパゴダの八方は「ダウン *daung*（角）」と呼ばれ、第三章でも述べたように、曜日（惑星）のコーナーが設けられている。仏像のほか惑星の守護動物が並べられることもある。人々は誕生日など特別な機会があると、自分の角に出かけて拝む。あるいは、子供の名前の最初の部分に、生まれた曜日の文字を対応させることは、少なくとも前世紀以降、現在にいたるまで一般の人間の間で広く見られる。(16) 人の名前を見れば、何曜日生まれかがほぼ分かるのである。そうした状況にあって、月曜日の文字がカ行やガ行などの言葉であることは、ほとんどの人間に理解されているといってよい。つまり、先に挙げた「ネズミが木曜日、カラスが月曜日」という表現は、自らそのような解釈に導くかはともかく、説明されれば理解できる原理なのである。

つまり、人々はローキー・ピンニャーを深くは知らなくても、基本的な用語、たとえば曜日、惑星の結びつきを日常生活における常識のひとつとして触れている。ナッシュも民間治療に言及して「薬に関する詳細な知識は民間治療師（セィ・サヤー）が持っているものだが、そのアウトラインは村人も共有している」と述べている（Nash 1965 : 193）。いいかえれば、人々は、専門家たちの持つ知識の基本はある程度理解し、共有している。かといって、占星術や医術の内容が分かっているわけではない。そして、知識が土台のところで共有されていながら蓄積に差があるという事実こそが、知識の発現の有効性と深く関わっているといえるだろう。すなわち共通の認識があるからこそ、そうした術が有効に働き、逆にすべてに共有されない部分があるからこそ秘義としての効力が強まると考えられるのである。

（2）術同士の連関

ローキー・ピンニャーの諸術には、三つのプロセスが存在していると考えられる。第一は、それに基づいて現実世界が認識される枠組みの理解であり、最も土台となるような「基本の法則」を知るということである。これは上で述べたように、かなり広く人々に理解されているものでもある。第二は、こうした法則に基づいて「解釈」を導き出すことである。言い替えれば導き出された解釈は、その法則を用いて語られ説明される。第三に、そうした解釈に対しては変更を加えることが可能だと考えられており、それに対して「操作」を行うというものである[17]。こうした解釈や操作の部分は専門家にしか理解できないことが多い。

それぞれの術を、この三つのプロセスのなかで考えてみる。

①の前兆に関しては、通常出来事と解釈を組にして伝える。例えば「雀を三羽見たから手紙が来る」云々であり、これらは信じるか否か、ただそれだけのことである。

②お守りの諸術は、簡単に言えば世界を成り立たせている基本要素を、最も安定していると思われる形、あるいは必要な要素を守ると思われる形に整え、自分が常備しておくこと、すなわち、四要素を象徴的に堅固な形で守ることになる。その意味で、呪符自体が「操作」の結果としてある種の完成物として成り立っていると理解することができる。従って、医術や占星術の解釈の結果を変えるために、用いられることがある。

③の占星術とは、地上の出来事というのは天空の星宿の状態と対応しているという認識を基本として、人や

ものの現在の状況を解釈することである。占星術の解釈や操作の部分は他の術、医術や錬金術の過程に組み込まれて利用される。例えば医術で、病にかかった時期を調べたり、治療に適切な時期を選ぶ、あるいは治療のために、占星術の厄払いを行ったりするといったことである。

④錬金術とは、金属は要素や惑星と対応していると考え、それをある解釈のもとに特殊な配合を繰り返せば、金属の光を増したり、金属自体を「殺し」たり「生かし」たりして、金属を変化させることができるという考え方である。最終的に得られる金属の玉（ダッロン）などは、「操作」の結果として存在する完成物といえる。その意味で、このダッロンは、呪符と同じく、医術や占星術の結果を変えるために利用されることもある。

⑤民間治療も、基本的な考え方を援用して病気をさまざまに解釈する。その上で治療という操作が行われる。また、この病気判断や治療の際に、占星術を参考にすることは多々ある。そのほか、病気の種類によっては治療に呪符の術なども欠かせない。民間治療師は、占星術や呪符、お守りの知識も必要であると説明されるのはこのことと関連しているだろう。

こうしてみると、ある術が別の術のステップに入り込むことがあることがわかる。それがすなわち術の間の連関であり、専門家にとって他の術を学ぶことが必要とされた理由である。逆にこのような連関がなぜあるのかといえば、法則の部分において、どの術も基本を共有しているからだと考えられるのである。

（3）現実世界に対する基本的認識

ローキー・ピンニャーを通じて見られる現実世界の基本的認識について素描したい。これ以降のデータは、ガインの成員、あるいは成員のなかの民間治療師、占星術師、錬金術を個人的に行う人など専門家の人々の語りと、具体的に呪符の術や占星術などを学ぶ過程の体験を下敷きにしているが、必要な場合はそのつど出所を示す。

(A)コスモロジー

根本的に、現実の世界で起こっていること、あるいは今後起こる未来の出来事は、何らかの形で示されるという考えのもとに立っている。予兆、前兆など身の回りのモノやデキゴト、コトバから解釈する方法が一方にあり、また占星術に集約されるように、その時の天の状態、星宿（ネッカ *nekkhá*,(P)nekkhatta）と惑星[18]（ジョー *gyo*,(P)gaha）の配置の関係で現在の状況を割り出す方法が他方にある。後者の占星術は、なにかが誕生すると、そのものの運命は生まれたときの天空の状態に影響をうけるという考えに基づく。占いには、ザーター *zata* と呼ばれる出生票（第三章注10参照）を用いる。これは、誕生の「時」を支配する惑星を割り出し、星宿との位置関係を計算して記したものである。ザーターを作る対象は、人に限らず王朝といった観念的対象でも、宮殿、パゴダなどの非生物でもかまわない。その時々の運命を見るには、ザーターとその時点の天空の状態との関係を調べて判断する。

(B)原子論

すべてのものは、錬金術などに集約されるように、火、風、土、水の四要素（ダッ）によって成り立つと理解される。従って、パゴダ建立の礎石配置儀礼（第三章）のように、大きな建築物の建築に関しては、基礎作りの段階でこの四つの要素を組み込むような儀礼が行われる。錬金術は、すべての物質がその四要素から成り立っているという仮定のもとに、七曜日と関連した七つの基本金属の組み合わせにより金や銀、長寿の玉を作りだそうというものである。また人の身体も同様に四つの要素により成り立っていると考えられているが、ときには、五要素、七要素の間で説明されることもある。いずれにしても民間医療で説明されるように、パヨーガ（邪術による病）以外には、構成要素のバランスが壊れたときに病気に陥ると考えられる。

表2　惑星と曜日、方角、四要素、文字などの連関

数	曜日	惑星	方角	要素	文字	守護動物	年
1	日曜日	太陽	北東	火	a, vowels	ガルーダ	6
2	月曜日	月	東	土	k, hk, g, hg, ng	虎	15
3	火曜日	火星	南東	風	s, hs, z, hz, ny	獅子	8
4	水曜(午前)	水星	南	水	l, w, y	牙あり象	17
5	木曜日	木星	西	土	p, hp, b, hb, m	ねずみ	19
6	金曜日	金星	北	水	th, h	天竺ねずみ	21
7(0)	土曜日	土星	南西	火	t, ht, d, hd, n	龍	10
8	水曜(午後)	ヤーフ	北西	風	y, r	牙なし象	12
9		ケィ(注17参照)					

こうしたコスモロジーや時間の観念、物質の成り立ちの基本は、言葉と曜日を媒介にして人間一般のかなりの事象に有意味的に関連することになる。

例えば、月曜日は無気音のカ行やガ行、有気音のカ行などの文字に対応している。すなわち k, hk, g, hg, ng のつく文字は月曜日に含まれることになる。犬 *hkwei* は月曜日の名を持つ動物ということになる。また月曜日生まれの人間も多くはこの文字を名前の頭とする。例えばキンレィチィ *Hkin Lei Kyi*, ケィジー *Kei Gyi* といった名前を持つ。こうした月曜日生まれの人間を指すのに守護動物の「虎」という象徴を使う。また、月曜日の角といえば「東」となるといった具合である。また、日曜日は一、月曜日は二というように数字にも対応しているため、年号などもまた、惑星や曜日によって表され、従って文字でも表わされる（表2参照）。

この表を記号論の用語を用いて考えれば、表の縦の列は左から方角、曜日、惑星、要素などそれぞれが統辞的な一つの系列と考えることができる。さらに曜日、惑星、要素、文字などの横の列の関係は、互いに置き換え可能であり、範列的であるといえる。

(4) 操作の基本

ローキー・ピンニャーの術すべてを理解することは、ビルマ人でもほとんど不可能といえよう。しかし、見てきたように、かなりの術が、基本においては同じ原理の上に成り立っている。なかでも占星術は最も体系化された形で説明され、かつ医術や予兆など他の術とも深く関わる。そこで、占星術における厄払いという「操作」の一部を例に挙げてみたい。この術に関しては、直接占星術師Mから学んだものである[19]。

「厄払い」はビルマにおいて占星術のみならず前兆、予兆などによって導き出された未来を変えるために、あるいは、病気や事故やトラブルなど何かよくないことが続いたときにその悪い卦を追い払うために、占星術師や民間治療師の導きによってしばしば取られる行為である[20]。種類としては、パゴダを立てるなど、仏教における強力な功徳を積む行為を行うことでそれを回避する「仏教的厄払い(ボゥダ・ヤダヤー *bokdá yădaya*)」、ローキー・ピンニャーによって変革する「現世的厄払い(ローキー・ヤダヤー *làwki yădaya*)との区別がある。ここで具体的に説明するのは、後者のローキー・ピンニャーによる厄払いである[21]。

(A) ダッヤイ・ダッスィンの術

最も重要な術の一つが、ダッヤイ・ダッスィンと呼ばれる術である。これは簡単にいえば、すべての物、人、出来事などを、ひとまずその単語などの文字を経て「惑星(曜日)」に還元し、曜日という要素において操作を加えることが基本である。

（1）物、人、出来事を「曜日」に還元する。

「無生物は根元の文字、生物は頭の文字」と言われ、無生物は最終音節の文字から曜日を割り出し、生物は最初の音節の文字から割り出すのが原則である。例えば、「狼 *wun-pu-lwe*」は生物なので頭文字を取って「水曜」に属すと理解される。一方、「タマリンド *man-kyi*」は無生物なので、最初の音節が示す「木曜」を取らずに、最終音節の「月曜」を取る。ただし、生物、無生物に変わりなく頭の文字をとることも実際には多く、その場合、タマリンドは「木曜」となる。

（2）術に適した「時」を選ぶ。

「時」の性質は七種類があって、一日のうち、七つの種類の時が回っているが、術を行うには、迅速さに関わる「風 *sāyei* の時」が効果があるとされる[22]。日曜日を例にあげると、午後四時半から六時までと、夜中の四時半から六時までが「風の時」となる。

（3）もとの物に対して、何をぶつけるかを選択する。

この選択には、惑星間に存在する「友 *mei*」や「敵 *yan*」の相性という法則が基本となって行われる。この相性そのものは韻を踏んだ詩を通して覚えるのである。その結果を表にしてみる（表3）。惑星を規則に従い数字に直すと右のようになる。以下は数字を使う。

表3　ダッの相性（ヤはヤーフを示す）

友のダッ	*mei dat*	日—木、月—水、火—金、土—ヤ	1—5、2—4、3—6、0—8
ダッの友	*dat bet*	日—土、月—木、火—ヤ、水—金	1—0、2—5、3—8、4—6
敵のダッ	*yan dat*	日—火、月—木、金—土、水—ヤ	1—3、2—5、6—0、4—8
ダッの敵	*dat yan*	日—水、火—月、ヤ—木、ヤ—金	1—4、3—2、8—5、0—6

こうした相関関係を、さらに、術にすぐ利用できるような表、すなわち、未来を示唆する「元・先触れ・前兆・兆候・徴」の表に置き直す(23)。具体的に「日曜日」＝1をもとに行うと次のような並び方になる(24)。

元	ダッ	友	ダッの友	友のダッ
1	0	5	4（8）	2
（元）	（先触れ）	（前兆）	（兆候）	（徴）

これをすべての曜日（数字）について完成させたものが、表4となる。この表の原理を応用して、さらに「カヤーサウ *hkăya sauk*」という表5を作る(25)。

表4　ダッの相関関係

元	ダッ	友	ダッの友	友のダッ
1	0	5	4（8）	2
2	5	4	1	6
3	4（8）	6	0	4
4	6	2	3	5
5	2	1	4	0
6	4	3	2	4（8）
0	1	4（8）	5	6

表5　カヤーサウ

惑星	日	月	火	水	木	金	土
中心の惑星	5	6	0	1	2	3	4
萌芽の惑星	2	3	4	5	6	0	1
繁栄の惑星	6	0	1	2	3	4	5
元の惑星	**1**	**2**	**3**	**4**	**5**	**6**	**0**
第4の惑星	4	5	6	0	1	2	3
根元の惑星	0	1	2	3	4	5	6
第3の惑星	3	4	5	6	0	1	2

この表5において、誘因したいときには右の三つ、排除したい時には左の三つの数字に代表される曜日を順に用いるのが「ダッヤイ・ダッスィンの術」である。例えば日曜日生まれの人を引き寄せたい場合には、1の列の右の段三つ（5、2、6）を用いればよい。つまり木曜日（5）に月曜日（2）の方角である北を向いて、金曜日（6）の文字（th）などの含まれるもの、例えばキュウリ *thăhkwa* などを食べると、その人がやってくるというものである。もちろん、木曜日の「風の時」が何時であるのかを調べ、「風の時」の間に行う必要がある。さらには、この表4と表5を組み合わせて、未来に起こることを予測し、それに対して操作が加えられるのである。

(B) ダッ・ピャンのやり方

「鶏と蠍のダッを入れ換える（ケッキン・ダッ・ピャン *ket kin dat pyan*）」と呼ばれる操作がある。鶏 *kyet* と蠍 *kin* とは、同じ月曜日の名前である。このように同じ曜日の名前のものは、「鶏が先なら蠍が死に、蠍が先なら鶏が死ぬ」といわれ、先に来るものが勝つといわれている。これを応用して「ダッを入れ換える」とは、元の単語の先頭の文字のダッと末尾の文字のダッをひっくり返した組み合わせの単語を持ってくることをいい、元のものに対して効力があるとされる。例えば、玉ねぎ *kyet-thun* の最初の音素（k）は火曜日の文字、二番目（根元）の音素（th）は金曜日の文字で、（火、金）の組み合わせである。これに対して、例えば、ススキ *thet-ke* は、最初が金曜日、二番目が火曜日で（金、火）の組み合わせであり、タマネギ（火、金）に対してススキ（金、火）を持ってくることが「ダッの入れ換え（ダッ・ピャン）」である。

この原理を用いて「捜し物」を行う場合を説明する。例えば、「赤馬 *myin-ni*」を日曜日に探すとする。赤馬のダッは（木、土）なので、それに勝つ（ここでは探す）には（土、木）の名前を持つものを持ってくる必要がある。例えば「黒牛 *nwa-me*（nは土、mは木の文字）」などである。さらに、「先頭のダッ」（木）の名前をもつものを携帯すればより確実になるため、木曜の文字で始まる「米菓子 *pauk pauk*」を用意する。つまり、日曜日の「風の時」である午後四時半から六時の間に「黒牛」にのり「米菓子」を持って探しにいけば見つかるという考え方が「鶏と蠍のダッの入れ替え」術である。

（5）呪術としてのローキー・ピンニャー

右ではローキー・ピンニャーのなかでも最も体系化された原則を持つものを例に挙げた。導き出す過程はともかく、「赤馬を探すために米菓子をもち黒牛に乗って探しに行く」「玉ねぎを売るためにすすきを持つ」といった行為そのものは、人類学の議論でいう呪術の原理と非常に似ている。

呪術とは通常は、超自然的存在の助けによって、あることを行ったことによって、そこから離れた別の物体や人物に力が加えられると信じる観念や実践を指すといえる。呪術は最も一般的には類感呪術と感染呪術に区別されてきた。ビルマの民族誌、ないし人々の語りに見られるソン、カウェ、下道の師（アウラン・サヤー）といった邪術師が行う術には、例えば、相手の髪や衣類を手にいれて操作するなどのように、感染呪術にあたるものが少なからず見られる。

これに対してローキー・ピンニャーの場合は、どちらかといえば隠喩的にものを操作するという点で、類感呪術と対応している。前述の術を、さらに抽象化してみよう。

第一の原則は、表2において横に並んだものは、範列的連合として置き換えられるというものである。例えば、曜日の系列を文字の系列に移し換えて言葉で表現する（例えば月曜日のものをカ行で表現する）、それをさらに方角の系列に移し換える（東と関連づける）、逆に、並んだ数字やさまざまな文字をこうした連関に基づく象徴と見なして、意味を読み解いていくことなどである。

第二の原則は、範列的連合（月曜日＝カ行、ガ行などで始まる文字＝数字の２＝東＝虎など）はダッ（本質）を同じくし、ダッには友や敵など相性が存在する（例えば月曜日と水曜日は友、月曜日と木曜日は敵）というものである。

第三の原則とは、友や敵のダッをぶつけることで、もとの現象に対して変化が加えられるという考え方である。こうして考えれば確かにあるものに対し隠喩的な操作を用いて、変化を加えようとする術といえる。同時に、隠喩的記号の間には、前で見てきたようないくつもの表にできるような体系性、規則性が成立している。まさにこの高度な体系性のゆえに、通常のソンやカウェ、下道の師らの用いる術や民間の知識に対して、これらが「学」と理解されているといえよう。

例えば、再び占星術を取り上げてみよう。ビルマにはこのほか外来のものとして手相、骨相占いがあり、霊感占いのようなものも存在する。彼らのなかには驚くほどによく「当たる」占い師も存在する。例えば、ある占い師は、尋ねに来た人間の名前、家族、ときにはその問題の内容まで客が口を開く前に当てることで、ヤンゴンでは特に有名になっている。彼女は、未来よりも現在のその人間の状況をよく当てる人で、霊が憑いて彼女に教えていると理解されている。彼女に占星術の基礎はない。そしてビルマの占いの概念において、彼女のような存在はいかに人気が出ようと最終的には低く位置づけられる。すなわち確固とした「学問的方法に則っていない」からである。[26] 占星術師とその顧客たちは、霊によって語るのは結局「低レベル *āsin nein*」のもので、本当に優れたものは学に依っている占星術師であるとしばしば語る。占いということにおいて、ローキー・ピンニャーに含まれる占星術は、まさに学問的（ピンニャー）であるからこそ高く見られ、国王や政治家などにも用いられ広く信じられてきたといえる。

（6）解釈の多義性

占いの例を続けよう。占いというものは、その法則や原則、あるいは占いそのもののなかに確固とした「真実」があるのではなく、解釈の過程を通じて社会的に皆が合意できるような意味が見いだされると理解することが可能である。さらには、結果が偶然によってもたらされる卜占の場合、思いもよらない結果から逆に人々の既存の理解が突き崩され、あたらしい理解が手に入れられる過程も存在するだろう（浜本一九八三）。

ローキー・ピンニャーに則っていても、実際には幾通りもの解釈を導き出すことができ、操作のやり方も多様に存在する。そのなかで、占い師の側にも客とのあいだのやりとりを通じて、解釈を導き出す過程が実は存在する。占星術師の「当たるものと当たらないもの」「厄払いのうまいものと下手なもの」は、こうしたなかで生じる。

占星術ではさまざまな「惑星の策略 *gyo pǎriye*」を使いこなすことが必要だとされる。惑星には右で挙げた以外にも性質や象徴が数多く付与されており、それがどの十二の「宿 *ein*」に入るかによって「解釈」を導き出すことが必要なのである。惑星がどの「宿」に入るかは緻密な計算によって導き出される。しかし、例えば家族の系列で父を象徴する「太陽」が現在悪い「宿」のなかに入っていることが導き出されたとして、それが「父が悪いものをもたらす」と読むのか「父に悪いことがおこる」と読み込むのかという判断は、占星術師自体に任されている。

この過程で正しい解釈が導き出されるのは占星術師自体の能力によると語られる。最も多いのは年季や経験が必要だという説明である。Mの弟子のひとりは、上のような「解釈」の際に、顧客の雰囲気などを掴むことが必要であると語った。つまり、社会的な合意ではなく個人の間ではあるが、解釈の段階では顧客との対話のなかで解釈が見いだされる過程を含んでいる。あるいは、解釈の結果が顧客の認識を尽き崩すこともあろう。

しかし、ここで考察したいことは、なぜ彼らがそうした判断を疑わずに信じるか、現状の理解を崩すほどに占いを信じるのは何を根拠にしているからなのか、さらに、そのような客の信頼にたいして、占星術が果たしてその信頼にふさわしい確固としたシステムに一貫して則っているのか、なのである。

さきほど述べたように、ビルマの占星術はまさに、その占いが体系的に見えるからこそ信じられている。その他の民間治療や呪符の術にしても、ある蓄積された体系化された「学」によるからこそ信じられるといえよう。ひとつ例を挙げよう。

〈事例A〉

ある役所の事務官の女性（四〇代半ば）は、昔自分の母の帰依する僧侶が自分の出生票などを見て、自分に合う食べ物、合わない食べ物を言ってくれたという。僧正の教えに従えば、彼女の体質は、酸味やこくのある食物とはあまり合わず、本来的には避けねばならないという。最近高血圧気味で、身体の調子がすぐれない日々が続いており医者にもいったが、結局民間治療師のところに出かけ、薬をもらうこととなった。彼女は西欧の薬より民間薬のほうが身体に合うようだと語るが、治療師が勧めた食物のなかには紫蘇科のローゼル *hkyin maung ywet* など酸味のある食物が多い。

事例Aは、西洋医学よりも民間治療が効くと考えられている例である。僧侶の処方は占星術を用いた四要素学に基づくもので、「文字」や「惑星」をもとに合う食物、合わない食物を導きだしたのだろう。現在の治療師は、四要素学ではなく今の症状と体型などを加味して薬草学を基本に処方したと思われる。治療師は明確に「酸味の食べ物（アチン *āchin*）」を勧めたわけではないが、ローゼルなどは明らかに「酸味の食べ物」であり結果的には二人の処方は矛盾している。このことについて、本人に、もともと「酸味の食べ物」は合わないのだが、今の症状にはローゼルなどが必要なのだろうと彼らの指示を一貫させる形で理解していった。僧侶と民間医の処方のどちらかが誤っているとは決して考えなかったのである。ここで注目したいのは、基づく術によって結果が異なっていること、にもかかわらず、患者の側はそのことを批判するどころか、双方の言い分を認めていることである。

それでは、それほどローキー・ピンニャーの諸術は確固としているのだろうか。ローキー・ピンニャーにおいて重要な厄払いという操作の例を見よう。そのひとつインガウェイザーの術は、すべての人やものを「惑星（曜日）」に還元し、惑星間に存在するダッの規則を用いて、別の「曜日」のものを掛けることで、もとのものに変化を加えるという術であった。ここで、ダッの操作自体は抽象化された規則として説明される。すなわち、AとBの相性が悪いために、「Aをもつもの」に対して「Bをもつもの」をぶつける云々である。述べてきたように、この原理そのものは、高度に法則化されたものであるといえる。しかし、「〇〇をもつもの」を選ぶという過程においてかなり柔軟な理解が取られている。

例えば、占星術師Mはネーウィンなど軍事政権官僚の占い師と噂され、有力者、富裕層の客も多い。近年、海外で仕事を拡張する際に良い時刻を選ぶといった、海外での就労者の相談がしばしば持ち込まれる。ある時、海外で働いている人間が怪我をしたため、その出生票による占いと厄払いが望まれた。

（事例B）

Mは占星術により導きだした結果に従ってやり方を指南し、「釈迦頭（オーザーディ *ōja thi*）」の果物を用いるようにと指示した。それに対して、当事者の家族は、それが海外で無かったらどうするかと心配した。Mは彼のいる国がマレーシアであることを確認し、そこならあるだろう、いや「ヤシ（オンディ *oun thi*）」なら確実にあるだろうから、ヤシがよいかもしれないともつけ加えた。客が帰ってから、私は、ヤシなどがない日本のような国に行った場合にはどうするかと尋ねてみた。Mはもしこうしたものが何もないのなら、最終的に日本語で日曜日の文字（母音）で始まるものでもかまわないと受け合った。例えば「ウリ」という食物があると教えると彼はそれでよろしいと答えた。

前半部では弟子が出生票を確認し現在の天空の状態と比較した上で、Mが最終的判断を下した。厄払いにいたると、ここでは日曜日のダッが必要となるのだが、その名前が含まれていれば実際に用いるものはなんでもかまわないことが示されている。とはいっても、日本語における名前でもかまわないというのは、まったく異なる系列を混同して用いることになろう。日本語においてウリがア行で「日曜日」の食べ物であっても、それをビルマ語に直すと *thăhkwa thi* で「水曜日」の果物となるからである。しかし、Mはそのことに全く頓着する様子がなかった。これはもちろん、厄払いの原則に忠実に行うという意味では一貫性がある。しかし、そこまで計算され抽象化された原則を守っているのに、それを現実のものに対応させるときに一転して大まかな選択をしているように見える。

名前の取り方の柔軟さ、あるいは曖昧さはこれにとどまらない。こうしたきまりの曖昧さは現実には意識されておらず、いったん用いられ、それが「何曜日」を表すものであると語られたとたんに、説得力を持ってしまうことがほとんどである。別の例として「鶏と蠍」の術に関して九〇年初頭に語られていた噂を一つ挙げてみたい。

（事例C）

スーチー（アウンサン・スーチー女史）を中心に結成されている国民民主連盟（ＮＬＤ）に対して軍事政権側は国家法秩序回復評議会第一書記にキンニュン少将を登用した。これは、スーチーのスー *Hsu* はサ行で火曜日、チー *Kyi* はカ行で月曜日、（火、月）の組み合わせである。それに対してキンニュンはキン *Hkin* は月曜日、ニュン *Nyun* は火曜日、つまり（月、火）の組み合わせなので、彼を登用することによって、民主化運動を「鶏と蠍」の術により打ちまかそうとしたのである。

このケースは、名前がうまく「鶏と蠍」の形に当てはまっている。ただし、単に当てはまる箇所が取られただけとも言えるのである。すなわち、ビルマの名前には姓も名も区別はなく「アウン・サン・スー・チー」で１つの名前であるのに、なぜアウンサン（日、月のダッ）の方を取らずにスーチーの方を取るかということは、何も説明されない。しかし、ＢＣの事例において、当事者（占星術師と周りの弟子やスーチーの噂を語る人）のなかに、不信感は全く見いだせなかった。

こうした例は医術においても同様である。上で挙げた事例Ａでも異なる見立てを、わざわざ自分で矛盾しないように再解釈していた。ローキー・ピンニャーの特色は、一見「抽象化された原則」に則った方法が用いられているということであった。占星術などはその最たるものといえるだろう。しかし、示したようにその原則が現実に用いられる際には、かなり多様で曖昧ともいえる解釈と操作が存在している。逆に「抽象化された原則」のゆえに、解釈における恣意性、曖昧さというものが不問に付されがちだということである。

4　ウェイザー信仰のなかのローキー・ピンニャー

これまで見てきたように、ローキー・ピンニャーに含まれる術は体系化された方法が存在しているのが特徴である。こうした個々の術は、学校等を含む師弟関係をもとに伝授されているが、同時に書物という形でもまとめられ、それぞれに伝えられる術内での相互の差異が書物を通じて検証されてもいる。その意味でローキー・ピンニャーは、字義通り「学問（ピンニャー）」として整えられた術であると考えることができる。

ローキー・ピンニャーは、示してきたように、あくまで今ここに広がる現実の世界の成り立ちに関わるだけであって、より大きな世界認識へ統合するものは仏教的世界観に基づく。すなわち、前兆や星宿などから窺うことができるのはこの世の運命であるが、こうした運命は、説明においては前世の仏教的功徳のゆえと考えられる。また、こうした日常世界は、仏教世界観における須弥山を取り囲む四つの島のひとつ、贍部州のこの世界と何の矛盾もなく併存している。

何か災難が降り懸かったとき、功徳—業思想によれば、人の運命はすべて前世の功徳によって決定されるわけであるから、その災難に関しては手のうちようがない。あるいは、すべての苦は欲望、妄執、怒りに起因しているとして、宗教的行為（布施などの功徳、瞑想など）によってそうした災難を受け入れる、精神的に和らげる、さらに功徳の力により災難が軽減されることなどを期待することはできる。しかし、それとは別に、世俗社会の内部で具体的に問題解決していくことも可能である。そしてそのような世俗（ローキー）の対処法として、「世俗の学」であるローキー・ピンニャーが浮上する。ある民間治療師はその著作の中で、病気を「業＝運命（カン）」と思ってあきらめるべきではないこと、イン、アイン、ガーター、レッポェや四要素学、薬草学によって、治療の見込みが十分あることを説いている（Pannawa n.d. : 31)。

こうしたローキー・ピンニャーを実際に伝える人々としては、いわゆる個々の術における専門家のほか、ガインの師のようなウェイザー信仰の専門家がいることも、すでに述べた。この節で検証したいのは、この二つのタイプの人々の伝えるローキー・ピンニャーは同じものであるのか、異なるのか、異なるとすればどのように異なっているのかという点である[27]。

呪符の術に関して、ウェイザー信仰の専門家とそうではないと言明する人間によって伝授されている事例が得られた。後者の人々は、呪符の成り立ちに関わる説明をさほど知らず、あるいは注意を払わず、完成したものとしての呪符の形態それ自体を伝授する傾向にある。ある人間は、文字と四要素の結びつきをもちろん前提としていたが、それをこのように枠の中に置いて行くのだといいながら書いてくれるだけであった。

別の例としてJ僧正を挙げてみる。彼は、ダッヤイ・ダッスィンの術に師から伝えられた呪符を用いている。彼が言うには、この術には、効果があるとされるヤダナー・ディマン・イン *yădăna deiman in* やマハー・ディマン・イン *măha deiman in* などの複雑な呪符を利用する人間が多いが、彼は違う。J僧正の考えでは、呪符に力を持たせるのは、呪符そのものではなく呪符を用いる人間の日常の態度である。彼は師が教えてくれた呪符を使うとき、かならずパーリ語の偈文を唱える。そして①偈文の意味を理解すること、②毎日一日三回、もしくは五回と決めて毎日行うこと、③最低一二年は唱えること。これらによって初めて、その偈文を通じて決められた守護神が自分を守ってくれるようになるという。ここで彼は守護神を持ち出しているが、その守護神は呪符それ自体と結びつくわけではない。

これに対して、ウェイザー信仰に絡んで伝授される呪符の事例をもう一度思い出してみたい。アーターナディヤ・ガインは、呪符の術を要にして結成されているガインであった。第二章で述べたように、アーターナディヤ・ガインの伝えるところによれば、

①呪符に入れ込む呪文字は、すべて四要素と対応する。
②霊的な存在が四要素と対応しており、四要素を組み込むことで、その加護が得られる。
③呪符を枡目に分け、要素の置き方に基づいて文字を入れる場所を決める。
④実際に書く際に、心を落ちつけ、途中で中断などすることなく、またそれぞれの要素を書く場所では、それぞれの仏陀に対する帰依を示しながら書く。
⑤それぞれの呪文字、あるいは枡目を守る守護神が存在する。

ガインの伝える術からは二つの様相が抽出できる。第一は法則を基に、他の術と基礎の認識を共有する体系化された考え方（①③④）であり、第二は、文字や呪符を守る守護神や超自然的存在、自然の存在を信じそれに帰依する姿勢（②⑤）である。こうした守護神はさらに、ガインの内部で説明される世界観に確固として結び付けられている。つまり、ガインの中では、術のシステムに加えて、呪符自体に超自然的存在に基づく守護的力が加わると理解している。

次に医術における薬を比較してみる。普通の薬は薬草を集め、乾燥させ、擦ったり臼で挽いたりして粉にして調合するのだが、薬草の探し方、選び方、乾燥のさせ方、調合の仕方などが伝授されるだけで、粉にする過程な

どにおいて、特別な注意事項はない。せいぜい持戒を守る、身体を清潔にするなどである。これに対してアータ－ナディヤ・ガインの場合、第二章第二節の調合手順のところで指摘したように、調合自体が儀礼化し、日時を選び薬に語りかけ「勅令」を読むといったような手順が加わり、呪符を薬の中に挽き込むことが必要とされる。すなわち、こうした過程において薬の中に守護的力を込めようとしている。あるいは、薬草学とは全く別に、治療に呪符を燃やした灰の入る「聖水」を用いることもある。この効能は二つの側面から強化されていることになる。すなわち、聖水の中には僧正がローキー・ピンニャーの処方に従って理想的な物質の状態を人工的に作りだした呪符、すなわち術の結果が加えられている。一方儀礼の言葉でわかるように、僧正や「この世を抜けた」ウェイザーの加護が入ると考えられている。

こうした二重の効能は、白鳩僧正の残した錬金術の玉（ダッロン）を入れた水にもほぼ当てはまる。錬金術による玉は、それ自体がローキー・ピンニャーの結果であるが、その物質を通じて、ウェイザーである僧正の加護が得られるともされていた。

このように、同じローキー・ピンニャーを土台にしていても、ウェイザー信仰と関わるときに、しばしばその術としての法則的側面に留まらず、守護の力が付与されていることに注目すべきであろう。

呪符を「学」そのものとして扱う人間の側から、こうした信仰的側面を批判する場合もある。例えばJ僧正は、次のように語っている。

ガインの人たちは、いつも「偉いお方（ポゥゴー）」を呼び出して何かをやらせる。つまりウェイザー、ゾージー、タパティたちのようにローキー・ピンニャーに優れた人、例えばボーボーアウンやイェッカンスィン

タウン *Yetkansin Taung* 僧正などだね。だけど、本当は、そんな人たちは呼んだって来ない。なぜだろうか？ローキー・ピンニャーというのは、学校の先生と生徒の関係に似ている。考えてもみてごらん。おまえさんたちが学校の先生に命令したところで、先生はその通りにしてくれるだろうか。先生のほうは、学問（ピンニャー）を成し遂げた人だよ。でも、きみたちは、まだ学問の糸口に立つほんのひよこに過ぎない。

この言葉から明らかなように彼は、ボーボーアウンやイェッカンスィンタウン僧正などウェイザーの存在は前提として認めている。むしろ彼はウェイザーを知識に熟知した教師のようなものととらえ、だからこそ彼らを使役することはできないと言っているのである。彼によれば、「命令」されてやってくるのは餓鬼（ペィター *peikta*）や幽霊、宝守りの霊にすぎないという。つまり彼は、ダッヤイ・ダッスィンを完全に「学問」としてとらえており、何かを操作する際にウェイザーや守護神などの守護的力を借りることを否定している。これはむしろ信仰は残しつつも、ローキー・ピンニャーを「学問」として近代的にとらえ直した態度ともいえよう。

いずれにしても、ローキー・ピンニャーの個々の術の専門家とガインを初めとするウェイザー信仰における専門家との間には、術そのものや、術に対する考え方などには差があった。すなわち法則的な知識そのものを伝授する専門家たちの説明に比較して、ウェイザー信仰が関わってくる場合には、さらに守護的力が意識されるという点である。

最後に、国家のローキー・ピンニャーに対する方針を見ておきたい。現在、こうした知識を、民族的自覚の上に再評価された民俗的知識として積極的に認める方向にある。

例えば民間医療に関して、一九二八年には政府の教育省の決定に従い、九月一四日に「緬方医学査察委員会」

が結成され、緬方医学の見直しが計られたという（Pannǎwá n.d.：za）。独立後はネーウィン政権が一九六二年三月一一日「緬方医協会 *Tainyin Hsei Hsǎya Ǎhpwé*」を政府主導の形で設立している。一九六二年一二月から六九年四月にかけて、一一の緬方医学書をまとめ三つの科目（薬草学、四要素学、占星術）を設定した。その際に、テキストを作り、指導要項を定めている。これに基づいて治療師の能力が試験されたのち登録証が発行されることとなった。特に試験で優秀な成績を修めた治療師は、国家公務員として厚生省「緬方治療課 *Tainyin Hsei Kù Taná*」で治療を行うという機会も与えられた。さらに、一九七六年には、こうした一連の緬方医学に関する訓練が資格制度に格上げされ、「緬方医学専門学校 *Tainyin Hsei Theikpan*」がマンダレーに開校された。この学校は現在も存在している。現政権のもとでは、一九八九年八月三日から厚生省の中に「緬方医学課 *Tainyin Hsei Pinnya Taná*」が設けられ、一九九二年六月二日には、厚生省大臣のペィティン大佐が緬方医学の捉えなおしに関して会議を行っている（Lokthà 1992/6/22）。

ただし、こうした一連の見直しの中で、緬方医学をそのまま認めているわけではない。政府主導で医学書を編纂し科目を設定したときに、最も信仰に関わる分野を外しているのである。すなわち、従来民間治療に存在してきたのは、薬草学、四要素学、超自然的存在の介入による病の治療（パヨーガ）、占星術という四つの大きな枠組みであった[28]。ところがネーウィン政権時代に確立されたのは、三科目であり、パヨーガが省かれている（Lokthà 1992/6/22 参照）。

この事実は、権力の側が、緬方医学を整備する際に霊的なものへの帰依という宗教的側面を切り放し、あくまで合理化された「学」として、彼らの認める「知識」を残そうと取捨選択を働かせたことを窺わせる。その点において、ウェイザー信仰の方向性は、これとまっこうから対立するものといえる。

第五章　仏教とウェイザー信仰

ウェイザーは仏教的世界観の内部に組み込まれた存在と理解されている。また、信者たちは、ウェイザー信仰を通じて、パゴダ参拝や寄進といった一般的な積徳行為のほか、ビルマでもっとも高い功徳をもたらすパゴダ建立など、仏教に積極的に関わっている。一方、ウェイザー信仰は仏教における重要な信仰と競合する側面も持つ。すなわち、仏教世界において仏陀につぐ聖者である阿羅漢（ヤハンダー *yăhanda*）に対する信仰である。修行を積み力を手にした僧正は、阿羅漢として信仰されるが、人によっては、このような僧正を「トゥエヤッパウ（この世を抜けた存在）」と理解し帰依するのである。このように信仰が競合する事例をあげながら、ウェイザー信仰が仏教と結びつくひとつの局面を追ってみたい。

1　特別な力を持つ高僧
――平凡山僧正の事例――

（1）高僧に対する帰依

ビルマにおいて、出家への帰依の仕方には次の二通りがあるといえる。一つは従来村落の民族誌で描かれてきた僧侶と在家の関係に代表されるもので、近隣の僧侶の托鉢に応じたり、積徳の際に招待し食事を寄進するなどの形で地縁的に僧や僧院とつながりを持っていることをいう。この場合人々は特別僧侶を選ぶわけではなく、むしろ僧侶という存在に何かを行うことが大切であると考えられており、普通は近所の僧院で済ませている。

今一つは、個人的に帰依する僧侶を選ぶ態度で、通常は「自分がコーグェ *kògwe*（信仰、帰依）する僧侶」という表現が取られる。信仰される対象は、パリヤッティ（教学）に優れた僧正、パティパッティ（修行）に優れた僧正などさまざまだが、著名な僧院、各瞑想センターの長などが帰依を集める。しかし、人里離れた地で修行を行ったり布教を行ったりするうちに、さまざまな奇跡が噂され、帰依を受けるようになった僧正もある。その一つの事例として、近年特に信者を集めている平凡山僧正（ターマニャ・タウン・サヤードー *Thămănyá Taung Hsăyadaw*）の事例を挙げてみたい。

（2）平凡山僧正の略歴

僧名はバッダンタ・ウィナヤ *Batdantá Winăyá* という。カイン（カレン）州パアン郡パアン市[1]から四〇マイルほど離れたところにあるターマニャ山の僧院に住んでいる。僧正は一九一二年六月一九日パオ族の両親のもとで生まれた。一一歳のときモーラミャイン（モールミャイン）市チャンキン寺僧正バッダンタ・アーサーラ *Batdanta Asará* を師として沙弥となり、二〇歳で得度した「ンゲービュー・サヤードー *ngebyu hsăyadaw*（幼い時から僧院に入りそのまま出家した結婚未経験の僧侶）」であり、トゥダンマ派に所属している。

僧正は、一九八〇年六八歳のときに平凡山に登り、修行を始める。そのうち僧正の噂が近辺に伝わり始めた。わかる限りで最も早く取り上げたのは宗教雑誌『貴き宝 *Yădana Mun Bahayei Metgăzin*』(一九八七年七月号)である。同誌マウン・メーの「平凡山」というエッセイによれば、平凡山は三〇〇フィートほどの高さで、以前は人が立ち入ることはほとんどない深山だった。僧正の噂が伝わり、一九八五年ごろからパアンの人々がこの山にやってくるようになり、今では毎日のように巡礼者たちが訪れると記している(Tawhmi Yâhàn 1993 : 6-12)。僧正がヤンゴンで話題となりはじめたのは九〇年代に入ってからで、各種宗教雑誌に取り上げられるのと前後して、とみにその名声が広まってきた。宗教雑誌として刊行されているものは数誌あるが、その多くが一九九二年から九三年にかけて大きく平凡山僧正のことを取り上げている。それと平行して、平凡山行きの巡礼バスが出始め、ヤンゴンからだけでも一九九三年前半で大型バスが一日数本、後半になると二〇本以上出るようになった。言葉を変えれば、もともと地方の少数民族の崇拝対象であった僧正が、雑誌と巡礼バスを通じて、都市住民を含む広範な人々の信仰対象となっていったのである。

僧正について噂される内容は多々あるが、概して共通性がある。特にヤンゴンでは自分が出かけて新しい情報を仕入れた場合を除いて、皆の情報源は雑誌や書籍であるため、かなり重複する形で語られている。ここではそのような事情から、人々の語る噂と雑誌などを等しく資料として扱う。

(3)「森林の僧」としての僧正

前述のマウン・メーは、パアン市の古老の語りを引いて、平凡山の歴史を述べている。頂上に一一世紀ごろモゥタマ王妃の功徳として建立されたパゴダが二基あったが、そのことはさほど知られていなかった。もともと、このあたりはモン語で「ディメソー *deiméśaw*（米の山）」と呼ばれていたという。それが平凡山と呼ばれるようになったいきさつを古老は次のように語っている。彼が幼い頃には、この山から四、五マイル離れたところにパオ族やカレン族が点在して村を作っている程度だったという。彼らが樹木を伐ったり炭を作ったりするために山に入ると、さまざまな精霊（ナッ）が出てきて彼らを脅かした。本当は「パゴダのあることを森の守護神たちが人々に知らせるために出てきて注意を促したのだが、人々にはその真意が理解できず」、あれは精霊などの出る恐い森、「平凡な山」ではないなどと互いに語りあった。それが噂として語られるうちに、言葉が誤って伝えられ「平凡山」となってしまったという。また僧正が平凡山に引き寄せられたことを、同じ著者は次のように記している。

パアン市の近隣のコワースー村の寺に暮らしていた僧正ウー・ウィナヤは、特に訳もないのに平凡山のそばにあるターヤゴン村に行きたい気持ちがわき起こり、一九八〇年ダバウン月満月過ぎ二日にその村にひとりでやってこられた。遠くに見える平凡山が自分を「山頂へおいでなさい、僧正よ」と呼んでいるような気がしてならず、とうとう僧正は、僧侶をひとりお供につれて、深い森の覆う平凡山に登っていかれた。僧正は山頂に壊れた二基のパゴダを見いだし、その神々しさにもいたく感じ入った。連れの僧侶を帰し、自分独りでパゴダに向かって拝みながら、そばにあった洞窟に暮らしておられた（『貴き宝』誌一九八七年より転載）（Tàwhmi Yàhàn 1993 : 11-12）。

つまり、僧正が平凡山で修行したことは、僧正の生涯で重要な要だと考えられており、僧正と山との霊的な結びつきも示唆されている。これは後で触れる山の守護霊との結びつきにも現れる。僧正は一〇年間山から一度も降りることはなく、一三年目に、建設中の建物を見るために初めて山の麓の方に降りる。もちろんこれも山から離れたわけではない。僧正が近隣の人間も入りたがらない山に籠って修行したこと、さらにそれ以降山を離れていないということは、人々の帰依の根幹に関わっている。現政権は一九九二年にサンガに対して多数の称号を授与したが、平凡山僧正にも、全国で一二名にのみ贈られたアビダザ・エッガマハー・バッダンマゾーティカ *Abidázá Egá Māha Batdanmá Zàwtiká* という高位の称号を贈った。同年三月一八日にはヤンゴンの世界平和（ガバーエー）パゴダで称号授与式を盛大に開催したが、この式には授与された僧正のほとんどが参加している。しかし平凡山僧正は「山を離れない」ため、宗教省の側が人を派遣して称号の証書を送ってきている。

山に籠もっての修行やヤンゴンに出ないことは、僧正自身も宗教的な誓願（ディタン *deikhtan*）に基づくことを言明しており、人々もそのように見ている。誓願の内容はもちろん他人には分からないが、人々は涅槃に到達することだとか、聖者になること、来世に仏陀になる祈願だとか、さまざまに推測する。いずれにせよ、このように深い山に籠もり、たとえ宗教省やサンガ組織と関わる公的事業であっても出て行かないという態度は、まさに世俗と最も離れた形で生活していることを意味し、それによって、僧正に対する尊敬の念はさらにかき立てられているともいえる。

ただ、当初樹木の繁る深山であった平凡山は、近隣の人々の信仰を受けるようになるにつれ、徐々に変化している。道が作られ、山頂は切り開かれ、僧正の居住用僧院ができる。また、僧正を慕ってやってくる僧侶や尼僧（ティーラシン）なども受け入れるようになった。さらに信者が増えるにつれ、水が引かれ、道路が舗装され、自家発電の電気が灯され、遠方の信者のために建築物が建てられるようになった。道路の舗装の際には、専門家が試みたが成功しないのを見て、僧正が指揮して道を完成させたといわれている。いまでも、僧侶や沙弥が土や石を運んでいる姿が見られる。一九九三年前半で、僧正を慕って集まってきた僧侶、ここで得度した僧侶、沙弥などが三百名程いると記されている（Tàwhmi Yăhàn 1993 : 4）。

また、近隣の村には、政府軍とカレン族反政府軍ゲリラとの長い戦いのなかで元の村を焼き出されたり、逃げ出したりした人々が移住してきたが、それはこの近辺一帯が「危険のない場所（ベィメ・ディタ *beime deitha*）」と考えられているからである。「危険のない場所」とは、殺生、盗み、災害などの災難のない場所を指し、仏陀の教えに守られた平和郷を指す。この近辺に住む人々の多くは、僧正に関わる仕事を手伝い、同時に巡礼者相手の市場や宿泊の世話などで収入を得ている（土佐一九九九参照）。

このように平凡山の周りはもはや閑村でもなく、平凡山も人里離れた幽谷ではない。僧正を慕って瞑想を学びにくる僧侶、尼僧は少なくないが、以前のようにきびしい環境のなかで独り修行できる状況はない。平凡山の山頂にも変化はあった。まず僧正の当初からの希望で、二基のパゴダが修復されている。そこには仏像が置かれ、拝む事ができるようになっている。そのほか地域の守護神であるボーボージー（爺さん）の像があり、ヤーフの方角（北東）には「ナンチャーへィ婆さん *Ăhpwà Nànkyahè*」の祠が建てられている。ナンチャーへィ婆さんとは、一帯の山を守る精霊（ナッ）であり、僧正とは前世において母子であり、そのために僧正をここへ呼び寄せ、修行中も現在も加護していると考えられている。下の南側には鹿の像がある。これは僧正が修行していたころに脇にいつも控えていた鹿で、特別の守り神といわれ、この二つの前で人々は病退散や祈願成就などの御利益祈願を行うことができる。

こうした一連の変化は、まさに、平凡山が巡礼の対象地となるにつれて、出家の修行の地から在家にとっての信仰の場にもなっていくことと連動していると考えられる。しかし、こうした変化をもって「森林の僧」としてのあるべき姿からはみ出したとか、堕落した、世俗化したという非難の声は信者達からほとんど聞かれない。平凡山僧正を慕ってやってくる僧侶は増加の一途を辿っている。現実には、すでに本来の意味での「森林（*tawtaw*）」すなわち「人の集まりから離れた自然、野生の地」ではなくなり、一過性的に世俗の人間でも味わえる快適な山の生活となっているにも関わらず、そのことは問題にされないのである。むしろ、こうした現象をひっくるめて人々は「僧正がこの場所で仏教を布教（タータナー・ピュ）している」という言葉で表現する。すなわち、多くの人は、パゴダが修復され、さまざまな像ができ巡礼者が集まるという状況を、僧正の徳に導かれて「仏教が繁栄している」と判断するのである。

（4）僧正の非凡さ

単に山に籠もって修行するだけでは、ここまで著名にならない。僧正の修行の結果として語られるのが僧正の非凡さであり、非凡さをめぐる語りが流布することにより、僧正に対する帰依も広がっていった。僧正の非凡さを示す語りは、およそ次の四点に集約される。

（A）無尽蔵に信者に食事を振舞えること

ビルマでは僧侶の側が食事時にやってきた信者に食事を振舞うことも見られるが、本来出家の側が在家に食事を出す必要はない。しかし、平凡山では山頂でほぼ一日中、信者に食事を振舞っている。僧正は信者に会うといつも食事は済んだかと尋ねる。お腹がすいたらいつでも食事の場所へ行き、何度でも食べなさいという。これは、僧正自身の喜捨の心の気高さ、すべてに平等に与える慈愛を示すものとして語られるが、同時に、そのように人々に振舞えること自体が僧正の起こす奇跡として語られてもいる。例えば、僧正を拝みに来る人間は日増しに増えるのだが、どれほどたくさん来ようと食料が足りなくなるということはない、あるいは食事が切れそうになるとどこからか寄進が来て食料庫が一杯になるといった話が雑誌に掲載される（Tàwhmi Yăhàn 1993：132-36, Ón Maung 1993：24）。

第三章でも触れたように、寄進による饗応のやり方は社会的な評価と結びつく。多くの人間が饗応に参加し見事に寄進を仕切れば寄進主の評価につながるが、来客が少なければ人徳が疑われ、多すぎて食事が足りなくなると手順の悪さが批判される。僧侶に関しても、直接は語られないがこうした理解が存在し、その上で僧正が賞賛されているのは明らかである。ただ、平凡山僧正の場合、俗人の場合のように社会的威信や社会的評価に還元されるのではなく、僧正の威徳（ダゴー）と超能力（ティディ）の証しとされることが多い。

（B）菜食を守ること

平凡山では、すべての人間に菜食のみを饗応し、宗教用地内で暮らしている近隣の村人たちも菜食を守る。用地の入り口には注意事項を書いた掲示が張られており、麻薬、武器の持ち込み禁止と並んで肉魚類の持ち込みを禁じている。巡礼者たちも何日か前から、あるいは巡礼の道中菜食を守ることが期待される(2)。最近では巡礼バスが通る一帯の道に菜食の食堂が軒をならべ、巡礼者たちは道中困難なく菜食を守れるようになっている。これを破ると「車の事故に合う」「よくないことが起こる」などと以前から語られていたが、一九九三年三月九日巡礼バスが転覆し女優を含む四名が死亡し一八名が負傷するという惨事が起こった。『繁栄 *Kyibwàyei*』誌六月号では特集が組まれたが、その主なテーマは「菜食を破ったために事故は起こったのか」というものであった。事故の直接の原因として、商業主義に裏付けられた巡礼バス会社の姿勢、定員超過や過重勤務などが問題にもされたが、最も話題が集中したのは旅程において魚醤や鶏肉の入った弁当を食べていた集団が目撃されていたことであった。もちろん菜食が破られた結果事故が起こったという短絡な展開はないが、この条件で一日何台も何往復も運行されてきたなかで、なぜこのバスだけが事故にあったのかが問題とされ、やはり菜食を守ることの重要性が確認される論調になっていた（Myá Hkain 1993）。

（C）誓願（ディタン *deikhtan*）すれば救われる

信者たちが本当に困ったとき、僧正にお願いするだけで窮地から救われるという話がしばしば語られる。例えば、ヤンゴンでの噂の一つに、車の事故で九死に一生を得たという話がある。後から思い返してみると、その男性は事故の瞬間、遠ざかる最後の意識のなかで「平凡山僧正よ、お助けください、私をお救いください」と唱えていたというものである。彼は、他に死者も出たのに自分が助かったのは僧正のお陰だと確信したという。そのほか、困難な目に遭ったときに僧正に祈ったところ、夢に僧正が現れ救ってくれたという体験談がいくつか流布しており、書物『平安なる平凡山 *Eimyá Thagaung Thamănyá Taung*』にも収録されている（*Tàwhmi Yăhàn* 1993：118-20）。こうした話は、僧正に対して祈りを捧げれば、祈った内容が僧正には通じており、信じれば僧正が救ってくれるという考えを下敷きにしている。

（D）短期間の内に建築物が増え、信者が増加している

先ほども述べたが、深山であった山は、今や大きな巡礼地となっている。これは、僧正が仏教繁栄のために布教（タータナー・ピュ）していると考えられている。また、信者が増えること自体が、僧正の威徳の高さ、あるいは神聖性を示していると考えられ、さらなる信者を引きつけるきっかけになっている。信者のために一日調理される米の量は一九九二年一〇月後半のリストを見ると、三〇緬斗（ティン *tin*）前後である（Tàwhmi Yăhàn 1993：

135-36)。一緬升（ピィ *pyi*）はよく食べる大人の男性で三人分というから仮に一緬升を四人分として計算すれば三〇緬斗はのべ二千人分の食事となる。ただし、ヤンゴンからの巡礼バスの一日の数だけでも、一九九三年一年で三倍程に増えている。一九九三年年末に巡礼に出かけた人間は、巡礼者は一日に一万人を優に越えていたという推定をしていた。いずれにしても、ほんのわずかの間に信者が増えているのだが、そのこと自体が、僧正の威徳を示していると考えられている。

(5) 僧正に対する帰依と期待

平凡山僧正のことを知った人々は何とかして一度お山に出かけたいと願う。しかし、巡礼に出ること自体が、その人間の運（クドーカン *kútho kan*）によっており、その「時」が来ていない人間は機会を逃し続けるといわれる。たとえ山にやってきても、僧正に会えるとは限らない。日によって僧正は説法を行わなかったり、人々の前に姿を現さないときもある。僧正に会えるということは、その人間自身が功徳を積んでいたからであり、また僧正とその人間との間にもともと決められた縁（イェゼッ *yeizet*）があったからとしばしば説明される[3]。こうして遠くから僧正を慕ってやってきて、そのうえ近くで拝む幸運に浴したものたちの感激はひとしおである。男性であれば僧正の僧衣に触れて拝む。女性は僧衣に触れることは許されないが足元に跪いて拝む。

人々のもうひとつの目的は、僧正に対して布施を行うことである。平凡山の寄進受付所はいつも人で混雑している。僧正の説法の後に布施を受け付ける場合は長い行列ができる。また気前のよい喜捨はしばしば人々の語り草になる。例えば一般の人間ではとても手がでないような高級自家用車に乗ってやってきた夫婦が、そのまま車を僧正に寄進し、自分達は列車で帰っていった話などである。こうした場合の寄進は、普通説明されるように自分の功徳を増やすといった業指向の態度に留まらず、僧正の徳の高さに感銘を受け、その感銘を示す表現そのものとなっているようにも思われる。

一方、人々が僧侶に現世的な問題解決やいわゆる御利益を求めていることも事実である。こうした人々の希求を僧正が理解しているということは、『平安なる平凡山』のなかで明確に書かれている。

> 信者のみなさんが、豊かになりたい、健やかに暮らしたい、危機から逃れたい、望みを叶えたい、こうした願いを持ってここにやってくるということを、僧正はよく理解されています。望みのすべてが叶えられるように、何をなすべきでしょうか。豊かになるために、どのような方法があるのでしょうか。それは僧正が授けて下さった方法です。これが、最も簡単で最もうまくいくものなのです。……すなわち三宝に帰依し、仏陀の教えを守ることなのです（『パアン郡雑誌 *Páan Myóne Metgǎ́zin*』一九九二年より転載）（Tàwhmi Yǎ́hàn 1993：107）。

「僧正の授けて下さった方法」すなわち「三宝に帰依し仏陀の教えを守ること」というのは、まさに正統的仏教の出発点である。そのほか僧正は特別の経文、偈文や独自の数珠のつまぐり方などを教えている。これらも、正統的仏教行為に含められよう。しかし一方で「御利益」を求める信者に対してローキー的な方法が用いられている。以下は、そうした期待に応じて僧侶が与えている、あるいは人々が僧正の力を転用して行っている現世的対処法の例である。

（A）「ティディ・ティン *theikdi tin*」の行為(4)

信者たちは思い思いのものを手にして謁見の間に集まり、平凡山僧正が護経を唱える。手に持つものは、僧衣がよいともいわれるが、通常僧正の写真やコップ、受験を控えた子供のいる人はペンに至るまで、さまざまなものが取り出される。こうして「ティディ・ティン」してもらったものには、僧侶の力（ティディ）が委譲されていると理解され、「お守り（アサウン *ăhsaung*）」として仏壇に飾ったり身につけたりする。

（B）呪符（イン）

僧正は、しばしばお守りのために呪符を与えている。アウン・ザのエッセイでは、平凡山で配っているという呪符がそのまま転載されている（Aung Zá 1992 : 185）。

（C）「時」を選ぶ（アカー・ユエ *ăhka ywe*）

僧正は何かを行うために最もよい「時 *ăhka*」を選ぶための表を作り、参拝客に与えている。例えば、商人コー・ミャマウンは、とうもろこしを積み荷にして地方を回っていたとき全く売れず困ったが、僧正の「時」の教えを思い出し、僧正に祈願し、ふさわしい時と思われる時間に商売を始めたとたんに、すぐ売り切れてしまったという体験談を語る（Tawhmi Yăhan 1993 : 129-32）。また、アウン・ザがその「時」の表を記している（Aung Zá 1992 : 185）。「時」の選び方は、表から判断する限りでは、最も単純な形での「インガウェイザーの方法」（第四章参照）に則っている。

（D）僧正の写真と手形

土産物屋では、僧正の写真だけでなく、写真の裏に僧正の手形を張り付け、透明のプラスティックのカバーで加工したものなどが売られている。僧正が自ら信者に写真を与えることもある。こうした写真は単に礼拝の対象として飾られるだけでなく、さまざまな使用法がある。たとえば、ひすいを求めて採掘する人々は、採掘の際に三宝に帰依し、喜捨などを行う。僧正の帰依者たちはこれから掘ろうとする鉱脈に、蠟燭、花、供物などを捧げ、僧正の写真を置いて拝んだのち、この鉱脈からひすいがでるかどうか、出ないのであれば何らかの異変をもって教えてくださいと祈る。すると、蠟燭の火が自然に消えたり、僧正の写真が勝手に落ちたりと、何らかの兆候が示されることがある。そうした鉱脈からは実際にひすいが出ないといわれている（Táwhmi Yăhàn 1993：124-26）。そのほか、最も一般に行われているのは、手形のカードに水を掛け、その水を飲むと健康になるというものである。ある知人は、自分の母親が脳梗塞で倒れたとき、僧正に祈願しながら手形の上を流した水を飲ませた。その後、医者が来て治療したが、奇跡的に助かると言ってくれたという。一家はますます僧正への帰依を深め、また手形の水の効力を再認識している。

右記の例のうち、（A）（D）は、（A）が僧正の主体的行為、（D）は人々の側の行為という違いはあるが、僧正が持つと考えられている力を他に転化する行為という点で共通する。（B）（C）はローキー・ピンニャーにつながる知識が用いられている。いずれにせよ、ローキー・ピンニャーにつながる呪符や「時」の選定という方法によって、あるいは「お守り」のように僧正の神秘的力を他に与えることで、人々の日常の現世的な欲求にも僧正は答えている、あるいは答えていると信じられているという点が重要である。

2　阿羅漢への道とこの世を抜ける道

（1）阿羅漢かトゥエヤッパウか？

平凡山僧正のことを、修行によって阿羅漢に達した聖者と信じ、帰依する人々は多い。しかし一方では、僧正をトゥエヤッパウであると言う人々も存在する。例えば平凡山僧正自身にトゥエヤッパウであるか否かを尋ねた記事が、雑誌で取り上げられている。

「僧正、深い山に籠もっていながら、これほど信者たちが参拝に押し寄せるようになり、お金のかかる建築物をこれほど早く完成させることができ、信者たちがどれほど来ようとどれほど食べようと無くならないほどに、人々に御馳走してあげられるのは、本当に驚くべきことかと存じます。こうしたことは、この世を抜けたお方（トゥエヤッパウ・ポゥゴー）であるから可能になったのだというものもおります。僧正は深遠なる学（ガンビーヤ・ピンニャー *ganbiyá pinnya*）をもって、その米倉をいくら食べても尽きないようになさっているのだとも噂されております。こうした言葉は正しいのでしょうか。また、トゥエヤッパウのお方、トゥエヤッパウの学などというものがこの世に本当にあるのでしょうか、僧正よ」と聴衆のなかから男性のひとりが尋ねると、（僧正は）その声をお聞きとりになられた。「シン・イッザゴーナやシン・エィンダーサリヤなどの僧正は、錬金術によってこの世を抜けたお方である。ボーボーアウンは、呪符（イン）でこの世を抜けた（トゥエヤッパウ）のだ。薬で抜けた人、マンダラで抜けた人なども続々と出ている。現世的なトゥエヤッパウの学（ローキー・トゥエヤッパウ・ガンビーヤ・ピンニャー）のなかでは、呪符が要《かなめ》である。魔法の薬を失っても、魔法の玉が無くなっても呪符で捜す。僧正は、呪符の仕事はもはや終えた。ローコゥタラの（仏教的）方法で涅槃に到達できるように修行をしようと決心し、山に隠遁してこれで一三年目になる。この山からどこへも出まいと堅い誓いを立ててある。この場所で仏教を繁栄させるということは、前世の功徳、運命でもあったようだ。さあ、このぐらいでよかろう。仏陀、仏法、僧伽という三宝と両親と師を忘れるのではないぞ」。僧正はこう言われて、奥の部屋にお下がりになった（Aung Zá 1992 : 184-85）。

ここからわかることは、僧正をトゥエヤッパウであると考える人が少なくない、僧正自身もトゥエヤッパウという現象があることは認めているということである。また、さらに興味深いことには、僧正自身トゥエヤッパウという存在であるか否かに対してははっきりと答えていない。つまり僧正の言い回しは、阿羅漢を目指しているようにも取れるが、同時にトゥエヤッパウを目指しているようにも取れる。というのは、「ローコゥタラの方法で涅槃に到達できるように修行をする」という言葉自体は、瞑想を行うことによって涅槃に到達できるという正統的な考えに則っていると解釈することができる。しかし「呪符の仕事はもはや終わった」という言葉から、僧正がローキー・ピンニャーを学んだことも十分類推できる。(5) ウェイザー信仰のなかにローキー的修行を終えて、ローコゥタラ的修行に進んで行くことがトゥエヤッパウになる一連の過程であるという考え方が存在することはすでに述べた。その意味では、僧正がトゥエヤッパウを目指しているとも解釈できる。

このように、僧正自身に、阿羅漢とトゥエヤッパウという二つの解釈を可能とする要素が潜んでいると考えられる。しかし人々の側も、二つの解釈のあいだでさらに錯綜した形で揺れ動いているのである。

（A）阿羅漢という解釈

阿羅漢であるという理解のなかで重要なのは、僧正が深山で瞑想を行ったことである。すべての僧侶が涅槃を直接目指すわけではないが、少なくとも涅槃を目指すものにとって瞑想修行は不可欠であると考えられている。ビルマ仏教史上森林で瞑想を行い、阿羅漢になったと考えられる高僧は数多く存在する。多くの人は、僧正をそ

うした聖者たちの延長線上において信仰する。(6)

ただし、阿羅漢という解釈では共通していても、阿羅漢そのものの解釈は人によりさまざまである。大きく分けると教義に近い理解と、内容的にはトゥエヤッパウと似た現世利益的役割を期待する理解とがあるといえるだろう。

ビルマ人仏教徒のなかには、在家信者でありながら経典のなかでもアビダンマ *Abidanma* の教えを中心にビルマ仏教の正統的立場にできるかぎり近づき、自分でも経典の教えに則った形で宗教を理解しようと努力するものも出てきている。特に都市部知識人階級に顕著な姿勢である。この信者たちは、概して平凡山僧正がトゥエヤッパウであるという言説に対しては否定的であることが多い。そういう人々は、阿羅漢とトゥエヤッパウとの違いを明確に把握しており、それぞれが自分の言葉で説明してくれるのである。例えば、「トゥエヤッパウはまだローキー的な処方に依っている」「段階が低いものである」「阿羅漢は死ねばすぐ涅槃に行けるが、トゥエヤッパウはもはや転生はしないものの、涅槃に行くには弥勒仏を待たねばならない」などである。

一方では、現世利益を求めて阿羅漢を信仰しているものもいる。そういう人々が平凡山へ行けば、僧正を阿羅漢と理解しつつも、写真や呪符、手形のついたカードを買ったりする。僧正に「ティディ・ティン」してもらい、いくつものお守りを手にすることも彼らにとって矛盾ではない。阿羅漢にこうした力を期待するのは、瞑想によって聖者の段階を昇っていく過程において、さまざまな神通力を手にすることができるという理解があるからである。こうした信仰を支える理論的教義的説明については次節で述べる。

(B) トゥエヤッパウという解釈

トゥエヤッパウとはこれまでの章で示してきたように、通常はウェイザーの一種で、最も高い状態に達した存在と理解されている。その典型的な例が、ボーミンガウンやボーボーアウンなどのウェイザーであった。これと同様、特定の僧正がトゥエヤッパウ、すなわちウェイザーであると理解されていることも多い。

ウェイザー信仰のことをかなり理解している人間は、いずれにせよ、トゥエヤッパウに至るにはローキー・ピンニャーが必要だとして、ローキー・ピンニャーと関わる僧正をこの系譜において信仰する。どちらかといえば、平凡山僧正に関しては僧正をウェイザーと言明する人は少ない。しかし、これまで述べてきた白鳩僧正、チャウンワ僧正などは、トゥエヤッパウともウェイザーともいわれる僧正である。白鳩僧正の「錬金術による玉（ダッロン）」は有名であるし、チャウンワ僧正がローキー・ピンニャーを学び、錬金術で有名なシン・イッサゴーナなどを尊敬していることもかなり知られている。こうした、ローキー・ピンニャーとの関連を理解している人々は、トゥエヤッパウというものをウェイザーの系譜において考えているといえよう。

一方、人によっては、トゥエヤッパウといいつつも、阿羅漢とほぼ同じものとして、輪廻を抜けたもの、あるいは涅槃に達したという意味で用いている場合がある。こうした人々のなかには「阿羅漢は修行によってトゥエヤッパウした存在である」と言明するものもいる。

すなわち、僧正を阿羅漢と見なす人、トゥエヤッパウと見なす人のなかに、双方を明確に区別している人々は存在する。どちらかといえば、仏教にせよウェイザーにせよその「教義」をかなり深く理解している人々である。しかし、多くの人が、阿羅漢とトゥエヤッパウという概念を、こう言ってよければ「混同して」理解している。次にその理由を考えるが、結論からいえば双方が、（1）その状態に到達するまでの道のり、（2）到達したことを示す状態という二点において、類似を示すためではないだろうか。

(2) 二つの道の類似

トゥエヤッパウに関する理解はこれまでに述べてきたので、まず阿羅漢になるための段階、あるいは涅槃にいたる道は教義的にどのように説明されているかを見てみたい。

『清浄道論 (P)*Visuddhimagga*』（『南伝大蔵経』第六二―六四巻）は、五世紀前半にブッタゴーサ（仏音）が編纂し、究極の悟りに達する修行道、それによって得られる状態などを体系的に示している。南方上座仏教社会における教理の集大成ともいえ、ビルマでもマハースィー僧正、ティッティーラ僧正などが『清浄道論』をわかりやすく書いた説法集を残しており、基本的な書物としてかなり出回っている。[7] こうしたビルマ語書籍をもとに、涅槃に至る道の理解を追ってみたい。

基本は四諦[8]の認識と感得が、涅槃への到達につながるという考えである。そのためには「道諦」に示された八正道（正語、正業、正命、正精進、正念、正定、正見、正思惟）と、三学――戒（ティラ *thilá*, (P)sīla）、定（タマーディ *thămadhi*, (P)samādhi）、慧（ピンニャー *pinnya*, (P)paññā）――を極めることが必要とされる。一方で修行において達する心の段階が世界観と関わる形で説明され、阿羅漢の位置も明確に示されている。仏教的世界観によれば、世界は大きく三十一天によって成り立っているが、こうした世界はそこに住んでいる存在が達した「心の状態」と対応していると考えられている。すなわち、心の状態の到達度の高いものが高い天に再生し存在するという考えが下敷きになっているといえよう[9]。

涅槃に達するために、まず第一段階として八正道のうち正語、正業、正命を極めることで、「戒」を守る。これによって心身の調整を行い、定や慧を得る基本となる。

第二段階は「定」すなわち精神を統一集中して散乱しないように等しく保つ状態を獲得する。すなわち、正念、正定を高め極めることでもある。定を得るのに、具体的には止(P)samatha と観 (P)vipassanā という瞑想の方法がある。このような修行によって禅定（ザン *zan*, (P) jhāna）の状態に至ることができる。禅定には五段階があり、すべての禅定を得ると、欲界心を抜けて、色界心の状態に達したことになる。

ところで、第四段階の禅定に達すると神変（イッディ *itdi*, (P)iddhi）などを含む神通力（アビニャン *ăbinyan*, (P)abhiññā）という超常的力が得られる。仏陀が修行時代に師事した行者たちは、第四禅定に達していたと考えられている。しかし、この段階で得られる心の平安は、精神統一が得られているあいだだけ存在するもので、本当の悟りの状態は「慧」なくしては到達しえない。

そのために定を修めたなら、正見、正思惟を極めることにより、「慧」を獲得するよう務める。正精進は戒、定、慧のすべてに関わりつつ修める。こうして慧の獲得をもって正しい悟りを得て、涅槃へ至るとされる。

一方、悟りを獲得するまでの心の状態は、以下のように説明される。高度の禅定が得られたことで、無色界心に至り、さらに、修行を続ければ出世間心を達成する。ここに到れば、解脱に近づいているのである。段階としては四つが想定されている。「預流」とは解脱へ至る流れに入った状態の人を指す。また、「一来」とはあと一回だけ再生する人、「不還」とはこれ以上再生しない人、「阿羅漢」とはそのなかで最も高い状態にあり、完全に解脱を得た人を指すのである。

これは阿羅漢に到る道に関する、典籍に基づいた教義的説明である。また、もう一つ重要なことは、修行の過程において、自らが達している状態は判るのだが、そのことを他人に口外すべきでないとされている。従って、一般の人間にとってはある人物が阿羅漢の域に達しているのか、単なる高僧として修行を積んだ存在なのかは、区別しがたい。ビルマにおいて、阿羅漢であると噂されるようになるのは、前の例にも挙げたとおり、具体的な何かが証拠とされることが多いといえよう。通常、力を示すことと、死後遺体が腐らないことが証拠となる。ただし、この二つは、トゥエヤッパウの証拠であるともされているのである。このことを順次説明したい。

(A) 双方の枠組みにおいて力を示すことが可能である

阿羅漢に到るには、第四段階の禅定を経ることが必然である。第四段階の禅定は、神通力と結びついている。一方、ウェイザー信仰においても超能力（ティディ）を獲得することはウェイザーになったことの最も明確な証であった。つまり、阿羅漢もトゥエヤッパウも、その状態に達する前に力を獲得するという過程が組み込まれているのである。

さらに、そうした経典に示される神通力とりわけ神変（イッディ）と、ウェイザーが獲得する力（ティディ）とは、さまざまな点で近しいものとなっている。パーリ語神変（イッディ）は五つの神通力（アビニャン）の一つで、更に十の分類が記される(10)（『南伝大蔵経』第六三巻・清浄道論2：三〇〇‐六八などを参照）。一方、「ティディ」は「イッディ」と語感が非常に似ているが、パーリ語 siddhi（成就）から派生したビルマ語と考えられ、実は全く別の単語である。また、経典のなかでティディが神通の一つとして説明されることはないようである。従ってティディとは、経典には含まれないよりローカルな理解を加えられた力の概念であると考えられる。しかし、ウェイザー信仰のなかで、あるいはビルマ社会内でも「十のティディ」という表現が用いられ、十という数の連関がある。さらに「十のティディ」のなかにイッディ（神変）が含まれているのは注目に値する。これはティディというビルマ固有の認識に、経典の概念が組み込まれて示されたものと見なすことができる(11)。

しかし、それればかりではない。神変（イッディ）の中身と、ティディの中身とのあいだにはかなり重なりが見られる。怪我をしない、空を飛行できる、土の中を進める、心に思うことを実現させる、などである。平凡山で食物が尽きなかったことは、僧正の「喜捨のティディ *dānā theikdi*」と理解されるし、「望みがすべて叶えられるイッディ（決意神変）」であるとも考えられる。僧正が夢でお告げをすることも「イッディ（意所成神変）」「アビニャン（天眼通）」とも「望みを叶えるティディ（イッディヴィダ・ティディ *itdiwida theikdi*）」とも理解できる。

もちろん、人々がすべて、このような辞書的定義的理解を明確に共有しているとは思えない。平凡山に関しても、何々の神変であるとかどのティディであるとかいった説明はほとんど聞かれない。しかし、こうした超常的力は、それぞれの教義レベルに戻ってすらどちらとも取れるような解釈の回路を有しているのである。ましてや、「空を飛べる」「食物を増やせる」「傷つかない」といった超常的能力を眼前にして、あるいはそのような噂を聞いて、人々がそれぞれ自分の信仰に従って「阿羅漢である」「トゥエヤッパウである」と理解したとしても無理からぬことと言えるだろう。

（B）その状態に達したことを示す印が同じである

近代以降、ビルマで阿羅漢に達した、あるいは禅定を得た後聖者になったと噂される僧正は少なくない。近年だけでもレーディ *Ledi* 僧正（一八四六—一九二三）、スンルン *Sùn Lùn* 僧正（一八七七—一九五二）、モーフニン *Móhnin* 僧正（一八七二—一九六四）、ウェイブー *Weibu* 僧正（一八九六—一九七七）、モーゴゥ *Mògok* 僧正（一八九九—一九六二）などが挙げられよう。こうした僧正はいずれも森林での修行の経験を持ち、名称に「森林の（トーヤ *tàwyá*）」が付けられることも多く、瞑想に秀でた僧正として有名である。

例えば、レーディ僧正は、ビルマ語で多数の仏教典籍を成したこと、分かりやすく人々に説法したことなどで有名であるが、一方においてモンユワ村で「森に籠もって（トー・トゥエッ *taw htwet*）」いる。瞑想を実践し、関連の書籍も成している。スンルン僧正は、それより少し後に活躍し修行の結果独自の瞑想法「スンルン方式」を確立している。モーフニン僧正はレーディ僧正系の内観瞑想に励んだ僧正として有名で、ウェイブー僧正も同様に「森に籠もり」修行をした経験を持っている。モーゴゥ僧正も瞑想において「モーゴゥ方式」を確立した人物である。

こうした僧正達の何人かは、死後何らかの不思議な徴候を残していると考えられている。例えば、スンルン僧正は一九五二年に没したが、その遺体はまずルン洞窟に、さらに、ガンダクティ・パゴダに安置された。それ以降、「遺体は何の損傷もなく、元の通り甘い香りが漂っている」(Tin Hpei 1963 : 219-20) と言われ、今なお信者の訪問が絶えない（芳村他 一九六八：五六八 参照）。モーフニン僧正については、亡くなった瞬間に地震が起こったといわれている (Htei Hlaing 1991 (1973) : 522)。ウェイブー僧正の場合は、一九五〇年ごろから阿羅漢に達したと噂されはじめ、全国から信者がやってきた。一九七七年に亡くなったが、その遺体は火葬されずにガラスケースに入れられて安置されている (Kyaw Nyún 1993 (1977) : 45, 80-86)。モーゴゥ僧正は、一九六二年に亡くなり火葬が行われた。信者など二十万人が集まったといわれ、火葬の後に聖なる骨（ダットー）がころころと落ちてきた。この骨（ダットー）は、広く信者に分けられたが、それを拝むうちにさらに丸い玉が増えてきたといわれている。そのほか生前に拝受されていた聖髪が僧正の死後、遺骨（ダットー）のように丸い玉状になりはじめたともいう (Htei Hlaing 1991 (1973) : 655-56)。

このように、遺体が腐らない、丸い遺骨（ダットー）が残るなどは、その僧正が阿羅漢に達していたことを証明する印と考えられている。あるいは、死んだ瞬間に天変地異が起こることもその人物が聖者であったことの印とされる。

一方死亡して「この世を抜けた」と考えられる僧正が存在している。彼らはすでに前で説明したように「アティ・トゥエッ（死んで抜けた）」と呼ばれ、通常はウェイザー信仰の系譜のなかで理解されている。ここで大切なのは、こうした存在の死体もまた、「もはや腐らない」と語られるということである。そのために、僧正が「抜けた」ことを証明する遺体が置かれている。[12] こうした遺体は、トゥエヤッパウであるといわれる方が多い。

しかし、涅槃に到達したものの死体は腐らないという認識は人々に広く共有されており、訪れる人々はこの遺体を「この世を抜けた」ものと見ながらも、同時に、涅槃に達していると理解していることが多い。すなわち、「この世を抜けた（トゥエヤッパウ）」＝「涅槃に達した」と見なすものは少なくないのである。例えば、ヤンゴン市ミンガラータウンニュン区タウンロンピャン地区の人々が二、三百名でウパゴゥ（仏弟子ウパゴゥタ）の像をヤンゴン河に流しに行ったときのことである。彼らはちょうどよい機会と考え、船をわざわざ河口のテッケーグィン村に回し、僧正の遺体を礼拝した。この地区の多くの人々は、とりわけ熱心にウェイザーに帰依しているようには思えなかったが、この僧正のミイラを指して「この世を抜けた（トゥエヤッパウ）僧正」と呼んでいた。人によっては、ミイラ化した遺体を指して「涅槃に達した」印であると語っていた。あるいはよりはっきり、「この世を抜けた」とは阿羅漢（ヤハンダー）と同じことだと断定してくれたものもいた。

人々の側からいえば、生きた僧正が示す「力」、あるいは死んだ僧正が示す「証拠」を眼前にすることで、この存在の状態を知ることができる。さらには、人々はまさにそうした力そのもの、力を持つ存在に、現世利益を託し帰依することが多いのである。

阿羅漢とトゥエヤッパウ僧正とは具体的に「力」を示すことで信者を引きつけるという点では、類似性を持っているといえよう。このことについて、正統サンガの側はどうとらえているかを、次に考察せねばならないだろう。

3　正統的仏教・阿羅漢信仰・ウェイザー信仰

(1) ビルマ社会における阿羅漢信仰と森林の僧

阿羅漢は見てきたように、教義的に明確に位置づけられた存在である。そして、阿羅漢を目指すという態度と一連の修行もまた、経典に示された正統的な宗教実践である。しかし、阿羅漢そのものを救済者的にとらえる理解は、少なくとも教義には存在しない。むしろ一般の人々の宗教理解や日々の実践のなかに現れるものといえる。

ビルマでは、述べてきたように近年活躍した高僧を阿羅漢であるとして信仰する例が多々見られる。タイでも高僧が阿羅漢として信仰される現象が報告されている（Tambiah 1984, Taylor 1993）。ところが、スリランカでは、仏滅五千年を過ぎると仏教は停滞して、誰一人として涅槃に達することができなくなると考えられている。すなわち、現在の世において阿羅漢はありえないと考えられる傾向があるという（Gombrich 1971）。つまり、現在活躍する高僧を阿羅漢とみなすか否かについては上座仏教社会内でも解釈が異なるのである[13]。

阿羅漢が信仰される地域で、阿羅漢と深く結びつくのが「森林の僧」であった。森林の僧とは僧侶の分類のひとつで、もともとパーリ語典籍に見られる呼称である。パーリ語アーラニャワースィ āraññāvāsin（森林居住の僧侶）は、ガーマワースィ gāmavāsin（村落居住の僧侶）と対になり、この区別は居住区域のみならず、僧侶の実践と深く関わると理解されている。単純化して言えば、村落居住の僧侶がパリヤッティ *păriyat* (P)pariyatti（経典暗唱、学問）に従事し在家と関わり積徳の機会を与え、パティパティ *pătipat* (P)paṭipatti に専心したい僧侶は世俗社会から離れ森林に入るというものである。

森に隠遁し、俗世間を離れて修行に励むことはインド以来の苦行のパターンとして古くから認識されてきた。ビルマでも「森に出る（トー・トゥエッ *tàw htwet*）」とは、世俗社会を離れて修行を行うという含意で用いられている。また「森林の僧」は「トーフミ・ヤハン *tàwhmi yăhàn*（森に拠る僧侶）」「トーヤ・チャウン・サヤードー *tàwyá kyaùng hsăyadaw*（森林の僧院の僧）」などと言われ、いずれも世俗社会から離れた山中で修行を行う僧を意味している。その意味で森林の僧は、在家信者のそばに暮らす正統サンガとは一線を画している。しかし森林の僧は、正統サンガが堕落したときには、純粋な僧侶としてサンガ改革に関与してきた（Tambiah 1976, 1984）。

ビルマで最も純粋な森林部派として知られるのは、パレッカマ派である。ピンヤ朝ウザナー王は一三四〇年にキンコウボク造りの七僧院 *Zăgà Hkunná Kyaùng* と土地を僧侶たちに献納した（SV：175-77, TLS：126-27, MY I：324, HMY I：377）。この僧侶たちは「キンコウボク七僧院」派と呼ばれたが、彼らの土地所有に反対する派がパレッカマ僧正を中心として分離する。彼らは、ザガイン丘陵の洞穴院に籠もり、より純粋な僧侶として名を馳せてきた。アラウンパヤー朝に入り、ボードーパヤー王、ミンドン王の治代にサンガ浄化が行われるが、この時にもパレッカマ系の僧侶たちがしばしば登用されている。パレッカマ派は、国王を含む在家と近いサンガと一線を画し、サンガが腐敗したときには改革に寄与するという点で、まさにタンバイアの述べた森林部派の特徴を備えている。

ただし、タンバイアも触れるように、森林の僧が力を獲得すると、そこに信者が集まり始め、正統サンガの反感を買う側面もある（Tambiah 1984：17）。ビルマの場合も、パレッカマ派をはじめ純粋な森林の僧を重視するが、同時にある森林の僧が阿羅漢だという噂が出た場合には、正統サンガは微妙な立場を取る傾向にある。この場合の問題点は「力」の提示なのである。サンガ組織としては、阿羅漢という存在そのものを否定するわけではないが、確得した力をもって信者を増やそうとする態度は、好ましいあり方ではないととらえている。そして阿羅漢という主張が本物かどうかを絶えずチェックし、その多くは偽物であるとの見解を下す。(14) 逆に、本物と見なした場合には、正統サンガに取り込もうとする。その意味で、現在特別な力を持つとして信者を集める高僧たちは、正統サンガの口枢にあるものにとって、微妙な存在であるといえよう。

(2) 瞑想の普及と阿羅漢、トゥエヤッパウ信仰

ここでこうした信仰を近年の瞑想の普及との関係について考えてみたい。瞑想は、従来森林の僧、行者などを中心に個別の流派に従って伝授されてきたものであるが、近年在家によっても行われるようになってきた。これは上座仏教社会全般に見られる傾向で、例えばスリランカにおける俗人の瞑想の普及が挙げられよう (Gombrich and Obeyesekere 1988 : 237-40)。

ビルマもまた、その例に漏れない。森林の僧が行ってきた瞑想に対して、一九世紀半ばコンバウン朝のミンドン王は興味を示し、王宮に師を招いて自分で行うだけでなく、王族や貴族の間に広めた。さらに瞑想は近代になって一般の人々の間にも伝えられ、ウー・ヌ政権時代には瞑想センターが確立され、在家の人々が簡単に瞑想に親しむ環境が整えられた (ハウトマン 一九九四)。特に大切なことは、こうした普及を通じて、従来それぞれの流派に従って伝えられてきた森林の伝統が、確固とした方法として確立され書籍にもまとめられることで、分かりやすい形で伝授されるようになったことである。

スパイロは、瞑想を「涅槃指向の仏教」に分類し、実際にはあまり行われていないとするが、同時に、業指向の仏教のなかでは、瞑想が功徳を積む行為として理解されることを指摘している (Spiro 1970)。一方、現在見る

限り、ビルマの都市部では、瞑想を体験することを積極的に肯定し、瞑想センターに入った経験を持つものも多い。彼らはただし、必ずしも涅槃を指向して行っているとはいえず、しばしば「功徳のため」と説明する。その意味ではスパイロの指摘と一致する。つまり、瞑想を仏教的な望ましい行為と理解し、従来から価値を置いてきた「積徳」行為に置き換えるものである。

しかし、瞑想の普及は、単に人々にとって積徳行為となるばかりではない。瞑想に留まらず、従来出家のみに限られてきた「深い宗教理解」「理想的な宗教行為」が俗人に開かれるようになるという流れが存在する。特に都市の教育を受けた層にとって、慣習的な仏教理解に留まらず、ビルマ語訳された仏教関係書を読むことによって正統的仏教にできる限り近づこうとしたり、自分が選んだ僧正の説法に耳を傾けたりすることが可能となっている。僧侶のための経典の試験が在家信者に開かれたことから、試験に積極的に参加して、在家の身でありながら好成績を挙げるものが現れている。なかには三蔵の三段階にわたる基本試験、さらに僧侶にとっても難関のパーリ講師試験に受かりダンマサリヤ *danmá sàriyá*（仏法師）の称号を獲得するものもいる。従来経典の学習と伝承は出家にのみ期待されてきたものであったが、在家の立場から触れることが可能になっているのである。瞑想センターに入ったり、師について瞑想を学ぶ人々にも同様のことが言えよう。都市を中心に見られる、こうした在家信者の宗教的実践の変化とその意味を、ビルマ社会の脈絡のなかで考察するにはさらに調査が必要となろうが、まず指摘したいのは阿羅漢信仰との関わりである。

在家信者の多くにとって、瞑想などの主体的な修行を選択することと阿羅漢に帰依する態度とは矛盾しない。瞑想の重要性が理解されることで、瞑想において優れた功績を残した僧正のことを知ろうとする意識が生じ、さらに彼らに対する評価が高まるということは多々ある。例えば、瞑想の普及期、拡大期と、瞑想によって聖者となったと考えられる高僧の伝記の出版の増加とが連動しているという指摘もある（ハウトマン 一九九四）。また、ある瞑想方法が確立されるにつれ、その派の開祖に対する人々の意識が高まり、たとえ生存していなくとも帰依の対象となる例は多い。例えば、前述のスンルン僧正、モーゴゥ僧正、マハースィ僧正は典型的な例である。人々にとってそうした僧正は、自分たちの学ぶ瞑想法を編みだした尊敬すべき僧正でもあり、その方法を遵守した結果、阿羅漢となったということを、腐らぬ遺体や増え続ける遺骨（ダットー）などをもって示してくれている。それらは、彼らの学ぶ修行方法の正しさの証拠とも感じられよう。すなわち、瞑想の普及が、ビルマにおける阿羅漢への期待を増長した可能性は十分考えられるのである。

一方、ウェイザー信仰が瞑想という修行方法を組み込んだのもこうした時期であったと思われる。第二章で考察したように、ガインのなかで瞑想を取り込んでいる派は、一九四〇年、五〇年代以降に設立されたものであるか、あるいは、ガインの内部に変化が生じて、その時期に取り込んだものであった。

もちろん、ガイン以外に、ウェイザー信仰の系譜につながる修行者（ヤティ）や森林隠遁者なども、従来から瞑想を行い、「この世を抜ける」ことを目指していたということは十分有り得る。そのなかで、信仰の対象となったり、弟子を持ったりするものもいたろう。ただ、瞑想のやり方を大人数に広く教えることにおいては、ガインが最も有効に働いたと見るべきであろう。瞑想を取り込んだガインは、瞑想そのもののやり方を、ローキー・ピンニャーと同じように、わかりやすく系統だって実践させようとしている。

しかしながら、ウェイザーと結びつく瞑想は、必ずしも正統的な瞑想方法ではない。通常瞑想には「内観瞑想」と「集中瞑想」という二つのやり方がある。この二つの瞑想に対する見解は、（1）教義における理解、（2）正統サンガなどの一般的な理解、（3）ウェイザー信仰の間に、若干の違いが存在している。それはまさに「力」

を認めるか否かに関わっている。

瞑想について論じた経典としては、ビルマでは『清浄道論』『摂阿毘達磨義論 Abhidhammatthasangaha』(『南伝大蔵経』第六五巻)『念処法 Sattipatthana Sutta』(『南伝大蔵経』第九巻)などが重視される[15]。瞑想修行の方法は「業処 (P)kammaṭṭhāna」と呼ばれ、止 (P)samatha と観 (P)vipassanā という方法が存在する。止とは、禅定により心を静めることであり、四十業処と呼ばれる四十種の対象に心を集中させることで精神統一を試みる。「止」はビルマ語ではタマダ *thămăthá* と呼ばれ、「集中瞑想」と訳すことができる。一方、観は、ビルマ語ではウィパッタナー *wipatthăna* と呼ばれ、心や身体の動きをそのまま認識し知覚するように修行するもので「内観瞑想」と訳せる。

『清浄道論』やそれをもとにしたビルマ語の書籍では、最初に集中瞑想、内観瞑想のどちらのやり方をとるかは単に選択の問題であるかのように述べられている[16]。しかし、現在サンガ組織や多くの瞑想センターでは、内観瞑想を中心に指導しており、集中瞑想に留まることに懸念が示される。瞑想に携わる人々は、集中瞑想が禅定の獲得に適していることは認めるが、しばしば禅定のなかの力の獲得で満足してしまい、真の涅槃到達にとっては、妨害になることすらあると考えている。そして、真に涅槃に達するには必ず内観瞑想が必要だとされている。さらに問題とされるのは、超自然的な力を示すことによって、人々の帰依を促すという態度である。これは、現在でも特定の僧侶が多くの人々から帰依を得ている場合に、正統サンガやサンガ総監長老会議の人間が神経を使う箇所である。正統サンガの側は、さまざまな力を人そのものに帰さず、仏陀の教えのゆえ、護経の力のゆえと理解する傾向にある[17]。

これに対して、ウェイザー信仰では、集中瞑想が重視されている。とりわけ瞑想修行のみを主張する「マハー・ウィトゥディ・アウンドームー仏教布教の会」を例に挙げてみよう。彼らは、瞑想によって涅槃に到ることを勧めており、ローキー・ピンニャーに依拠することを否定している。さらに、彼らは「ガイン」という名称すら用いていないのである。テクストに、ウェイザーへの礼拝の言葉が見られることで、かろうじてウェイザー信仰の内部にいることが窺える程度である。しかしながら、彼らが正統的仏教の立場と異なることは、集中瞑想の重要性を強調していることから明らかである。

われわれの釈尊は集中瞑想（タマダ）を退けられたのではありません。集中瞑想によってのみ、威力（ダゴー）をお示しになったではありませんか。内観瞑想をもって威力を示されたのではないのです。集中瞑想による威力が必要である以上は、それを用い、必要なくなってはじめて、内観瞑想に移行すればいいのです（Māha Withokdhi 1972 : 3）。

この「会」に限らず概してウェイザー信仰では集中瞑想が肯定的に語られることが多い。それは集中瞑想が「力」という分かりやすい効果と結びつきやすいことと無関係ではないだろう。ウェイザー信仰において瞑想修行を取り入れ、ローキー・ピンニャーを否定する集団ですら、いわゆる正統サンガの瞑想に対する見解とは明らかに異なるのである。

これまでは、ウェイザー信仰における瞑想を通じてトゥエヤッパウになる方法と、阿羅漢への道とを、区別して分析してきた。しかしビルマにおける正統サンガとの位置関係においてみたときに、まさに双方が近似の関係を示しているといえよう。

現在の高僧を阿羅漢とみなす信仰も、ウェイザー信仰、とりわけガインのなかに瞑想が取り込まれたのも、近代の瞑想の在家信者への普及によりさらに助長された可能性がある。一方、正統サンガの見解としては、阿羅漢信仰そのものが問題なのではないが、僧侶が具体的な力を示すことによって阿羅漢といわれるようになる事態については微妙な態度を示した。ウェイザー信仰のなかで瞑想を取り込んだ場合も、明らかに力と結びつく集中瞑想を強調する傾向にあり、その点を正統サンガの側は批判する。

現実には、力を示す高僧に信者が集まる場合、トゥエヤッパウ信仰と阿羅漢信仰とが相乗的に働いているともいえよう。平凡山の例はその典型であるが、トゥエヤッパウ僧正として帰依する信者、阿羅漢として帰依する信者などさまざまなものが、結果的に一人の僧正のもとに集まっている。ここで、人々が僧正をそれぞれの理解に従って解釈していることは、僧正を崇める際の障害になっていない。むしろ、人が集まるという事実が、僧正の「力」を証明するかのごとくであり、結果的にさらに多くの人々を集めている。これは平凡山僧正が有名になっていく過程を見ても明らかである。こうした事態に対して、弾圧するにはいたらずとも、絶えず牽制する方向にあるのが正統サンガといえるだろう。もちろん、サンガ総監長老会議が宗教省に直結しているという意味では、政府が介入することもありうる。

(3) 仏教に対するウェイザー信仰の姿勢

最後に、仏教とウェイザーとがいかに関わっているのかを、まとめておきたい。この章では、ウェイザー信仰が仏教と関わりつつも、正統サンガからは否定されがちな修行方法や概念と結びつく面を明らかにした。例えば、瞑想とむすびつくにしても、力の獲得に効果があるとされる「集中瞑想」を重視していたことがそれである。そのほか、ボーミンガウンや現在見られる様々な信仰のなかで、ウェイザーとなって「未来仏 *hpàya laìng*」を待ち、最終的に救済されるという考えが表明されていた。未来仏を待つことを強調する救済指向的な発想は、ビルマにおいてしばしば、「大乗的」発想と批判される（例えば Htei Hlaing 1991 (1973) など）。

もちろん、いわゆる正統的な仏教実践を行うことも強調される。この局面においては、仏教を信仰の正統性の根拠として取り込んでいるともいえよう。第一章、第二章で見てきたように、ウェイザー信仰は仏教の世界観に含まれる形で存在してきた。例えば、ウェイザー信仰では、ガインや個人の多様性にも関わらず、例外なく、仏陀を頂点とする仏教のヒエラルキーのなかにウェイザーを組み込んでいる。そのほか、積徳に代表される慣習的行為としての仏教が奨励されてきた。むしろガインなどウェイザー信仰の信者の集まりがひとつの単位となって布施が行われることがしばしばある。これらは、信者にとってみればウェイザー信仰の活動に参加することで、自然に「積徳」が成就されていることになる。

さらには、仏教そのものに対して働きかけが可能であるという側面が存在した。例えば仏教を「布教（タータナー・ピュ）する」という意味付けである。このような言葉がさまざまな集団や集まりのなかで用いられていたことはすでに述べた。このなかでは、ウェイザー自身が「タータナー・ピュを行う存在」と語られるのみならず、信者たちの活動もまた「タータナー・ピュ」であると理解されている。この最も顕著であり最も象徴的な行為がパゴダ建立であろう。例えば、第三章で触れたように、ウェイザー信仰はパゴダ建立に積極的に関わってきた。このパゴダ建立という行為そのものは、最もオーソドックスな積徳行為である。しかし、仏教世界の危機に際して、あるいは仏教世界の辺境といえる国境地帯、少数民族の居住地との境界にパゴダを建立すること、建立されたパゴダを修繕することは、宗教的行為のみならず、仏教を繁栄させ、他の人々を教化するという社会的行為でもある。この局面においては、ウェイザー信仰はまさに仏教の内部にありながら、仏教に働きかけ、外部に押し進めるような媒介的存在でもあったといえる。

ウェイザーはここにおいて、仏教における内部の神格としてというより、仏教を補強するような社会的概念と結びついている。すなわち、ウェイザー信仰というものは、一般の慣習的仏教実践を一部で取り込みながらも、仏教そのものを客体化したり、あるいは正統仏教から切り放されたものと関わる特質があると思われる。このことはまた、ウェイザーの語りのなかに、現実世界の変化に敏感で、変化に対応しようとする傾向、あるいは現実社会を認識し、ときには危機にも対応しようとする努力が窺えることとも深く関わっている。このことに関しては、第六章で取り上げてみたい。

Ⅲ

第六章　信仰の「歴史」と権力

ウェイザー信仰が社会のなかにおいて多様な形で展開していることをこれまで見てきたが、本章では、より通示的な視点から、これまで注目してきた二つの領域——ローキー・ピンニャーと仏教——とウェイザー信仰との関わりを追う。ウェイザー信仰が現在につながる形で成立するうえで、一八世紀以降の権力と宗教のあり方とが、深く関わっていることを示し、ウェイザー信仰と権力の関係について再考する。

1　歴史資料と内的歴史観

はじめに、ここで用いる資料について述べる。最もわかりやすい資料は、物語として伝えられるウェイザーの物語である。例えば信者たちは、口頭伝承の形で、自分の信仰するウェイザーの物語を伝える。ウェイザーの物語は実在の人物の伝記として語られ、社会背景、社会に貢献した事柄などが説明される。さらに個々の伝記を越えて、歴史的出来事の解釈とその事態にウェイザーがどのように対応したかといった観点から書かれた「歴史」

もテキストとして存在する。一方、ガインの内部では、第二章に示したように、ガインの歴史が口頭で、また書籍の形で伝承されている。ここでは、単に始祖以来の集団の歴史が語られるだけでなく、彼らのガインをウェイザー信仰の内部に位置づける言説——例えば、始祖は修行中のボーミンガウンと緊密であったとか、この始祖は、いにしえのウェイザーであるシン・マティーの生まれ変わりといった語り——が見いだせる。こうした歴史は学校で教えられるようないわゆる正統的な歴史と重なりつつも、ある部分では異なるのである。

このような物語化されたウェイザーの歴史とともに、ウェイザーの「系譜」に対する認識も存在する。例えば、ウェイザー信仰に関連する儀礼では、供えものがいくつも用意され、供えものの対象の神格には、ウェイザーたちの具体的な名前も並ぶ。最も顕著なのは、故白鳩僧正であろう。彼は、一一八名のウェイザーの名前を含む三〇六の神格を書き付けたリストを、P師に渡していた。そしてP師は、そのときの儀礼の規模によって、供えものを選択している。もちろんこうしたリストのすべてが信者たちに把握されているとはいえない。しかし、供えものには、どの神格に対するものかを示す名札が付けられる。また儀礼にはかならず、供えものの対象となる神格に降臨を促し、礼拝する過程がある。(1) 参加者は、こうした視覚的、聴覚的な体験を通して、過去の著名なウェイザーの存在をある種の系譜として認識することが可能である。そのほかに、パゴダの境内などで売られるウェイザーの絵姿には、過去の人々があたかも記念写真のごとくに、一列に並ぶ（図15、16参照）。

こうした写真や絵もまた、個々のウェイザーに付随する物語が人々のなかで把握されたときに、ウェイザーの過去から現在につながる長い系譜につながり、ある種の歴史認識を示しているといえるだろう。

一般論でいえば、こうした口頭伝承や信者の保持する歴史を信仰の過去の再構成に利用することは十分可能である。ただし、こうした歴史を単純にそのまま用いることはできない。というのは、彼らの現在語る歴史は、彼

図15　「仏教布教僧正たちと善者たち」
（＊印は、本書で言及する人物。前列左から、ピンマナー尊父ウー・ソーフラ、ボーンゲー、ボーミンガウン*、ボードー・ワー・コーコージー、ボーボーアウン*、ウー・アウンチャンダー、ボードー・ウー・モージョウ、ボードー・トゥエ
二段目左から、マハーミャイン僧正、シン・ナンディヤ僧正、ディパエミャ僧正、ジョンジョンチャ僧正、ヤティ・ウー・カンディ*、ヤティ・アウン、ボードー・フメイ、
三段目左から、ナッスィンタヤー僧正、ヤージョウ僧正、ボードー・ヤーザー、ボー・パウセィンアトゥタヤー僧正、コータッラ僧正、カンダゾーティ僧正*、パンディタ僧正、
四段目左から、バータムッ僧正*、バーミャイ僧正*、バータモゥ僧正*、バーメ僧正*、ウー・ワーヤマ、イェッカンスィンタウン僧正*、サンシェー・コードー）

図16　「パウアウン・パゴダの仏教布教僧正たちと尊父」
（＊印は、本書で言及する人物。附属の説明によれば、左上に杖を持って立っているのがバーメ僧正*、パゴダの前に座っている中心の僧正4名が、上からバータモゥ僧正*、バータムッ僧正*、バーミャイ僧正*、シン・マティー僧正*、前列左端の二人は左からヤティ・アウン*、サンシェー・コードー、右側の杖を持っているのがイェッカンスィンタウン僧正*、右端がボーミンガウン、また「尊父」とはボーミンガウン*を指す）

らの解釈に基づく過去であり、その意味では、彼らの現在そのものを表していることもありうるからである。そのために、以下の手順で整理する。まず、こうした口承、儀礼、写真、書籍などによって信者たちが伝承する歴史を描いてみる。一方では、なぜ彼らがそのような歴史を伝えるのか、ひとまず現代のコンテクストにおいて、読み込む。現代の信者たちにとっての意味を主張する形で持ち出されている可能性があればそれを指摘する。他方では、それらが問題とする時代、すなわち同時代の資料を探る。次に信仰の内部の人々の伝える歴史と、それ以外のものが伝える歴史とを検討し、資料のずれを含めて、再度歴史を考察する。

時代は、信仰のなかで伝えられる出来事によって区切り、以下のように一節ずつ当てて考察する。（1）ボーボーアウン以前のウェイザーたちの活躍、（2）ボードーパヤー王時代のボーボーアウンの登場、（3）転輪聖王を助けるボーボーアウン、（4）ウー・カンディのパゴダ建立活動、（5）ボーミンガウン登場以降である。伝承のなかで説明される歴史的時代区分は、（1）は一八世紀以前の王朝時代、（2）は一八世紀末から一九世紀にかけてのコンバウン朝の絶頂期である。（3）は一九世紀半ばからの王朝衰退期、（4）は王朝崩壊直後から植民地時代であり、（5）は一九四八年の独立からウー・ヌ政権となっている（巻末の年表参照）。こうした伝承が、どこまで実際にその時代のことと関わっているのかは、それぞれの節で検証する。

2　一八世紀以前のウェイザー信仰

（1）ボーボーアウン以前のウェイザーたち

パゴダ建立儀礼などには、ココヤシとバナナの供えものが、多くの神格に捧げられ、その中には、ウェイザーも必ず含まれる。供えものは通常、数個から三〇個ぐらい用意され、そのなかでウェイザーに捧げられるのは一～三個である。その場合、例外なくボーボーアウン、ボーミンガウンの名前が挙げられる。その次に、イッサゴーナが加えられることが多い。一〇〇、二〇〇と供えものを準備する場合は、ウェイザーも何名となく挙げられる。

信者たちは、歴史を語ってくれるときに、こうした「過去のウェイザー」の名を挙げて、彼らの活躍した時代からウェイザー信仰はずっと続いて来たという。しかしこれをそのまま受け入れていいのだろうか。

ひとまず、ボーボーアウン以前に活躍したウェイザーとして、儀礼、書籍、写真などによく挙げられる存在は次のようなものである。

①シン・イッサゴーナ僧正、②シン・マティー僧正、③ダンマパーラ僧正、④ダンマゼィディ僧正（後国王）、⑤バーメ僧正、⑥バータモゥ僧正、⑦バーミャイ僧正、⑧バータムッ僧正、⑨サンシェー・コードー僧正、⑩イェッカンスィンタウン僧正

①のシン・イッサゴーナは、パガン時代の僧侶で、錬金術に成功し、パガンに金雨銀雨を降らせた人物とされる。ただし、この僧侶の名前は、王統史や仏教史には見られない。『玻璃宮王統史』には、パガンのチャンズィッター王（在位一〇八四―一一一二）の治世に、「シン・ポゥパー *Shin Pokpa*（ポゥパー山の僧正）」という僧正が協力して呪術的な儀礼を行ったことが書かれ（HMY I: 278）、この僧正がシン・イッサゴーナと何らかの関わりがあるとする説もあるが（Ferguson 1975: 87）、それを示す確固とした資料はない。また、⑥⑦⑧は⑤のバーメ僧正の弟子でモン系の僧侶とされ、ウェイザー信仰の内部ではよく言及されるが、歴史資料にはバータモゥ僧正が教史に短く言及されるにとどまる（TLS: 162,165）。

一方、③④⑤は歴史資料のなかにも登場する。とりわけ③④は学校の歴史のなかでも必ず言及される人物である。しかしこうした歴史のなかでは彼らはウェイザーというより、むしろ占星術やインの術に長けた人物とされている。すなわち、ウェイザー信仰に関わる人々が、自らの歴史を正統化するため、あるいは権威づけるために、歴史資料のなかでローキー・ピンニャーに長けると記された人を信仰内部の歴史に取り込み、過去のウェイザーと認識している可能性がある。

それでは、歴史的にウェイザーという概念が全く存在しなかったのであろうか。ウェイザーの概念の変遷を追った研究はないため、とりあえず一七世紀から一九世紀に書かれたとされるテクストに絞り、見いだせた限りでウェイザーが言及される例を挙げてみたい。

（2）過去のウェイザー認識

まず初めに、経典そのものに見られるウェイザー像を確認しておく必要があろう。そもそもウェイザーは経典に含まれる存在と語られるし、古典文学は経典のモティーフを題材として書かれることが多いからである。

経典の中では、本生譚に呪術師が登場している。第三九一話の「呪術師前生物語（ダヂヤヴィヘータ・ジャータカ）」（『南伝大蔵経』第三二巻小部経典一〇）、第四三六話「箱入り女前生物語（サムッガ・ジャータカ）」（『南伝大蔵経』第三三巻小部経典一一）などである。こうした物語に出てくる呪術師はビルマ語で「ウェイザドー」と訳されている。このようなウェイザー（ウェイザドー）は、経典に言及されるという意味において仏教的世界観の内側にあるといえようが、呪術を悪用し女性をかどわかす存在として登場し、性規範において、女性との性的接触を断つ僧侶とは正反対の存在として描かれている。第三九一話では、呪術を用いて夜毎王妃を犯しに来ており、結果的に、ウェイザーは僧侶迫害の起因となった悪役として描かれる。第四三六話ではダーナヴァー鬼と彼の略奪した美しい妻が主役となる。鬼は女を大切にする余り、彼女を箱の中に入れ、さらにそれを飲み込んで腹の中で大切に養育していたが、ある日女は、通りかかったウェイザーを招き入れ、一緒に箱に入って鬼の腹の中で楽しんだと描かれる。この話のテーマは女性の不貞であるが、ここでのウェイザーは女性の不貞を誘発するものとして配されている。

ビルマ語の作品にウェイザーが言及された例としては、『マニヤダナーボンの書 *Măni Yădănabon Kyàn*』(一七八一年)がある。これは、ビルマの過去の国王が治世のなかで遭遇した困難、疑問に対して、大臣や王師がさまざまな典籍の例をもってそれに答え、示唆を与えるという形式を持つ。タールン王の治世(在位一六二九―四八)に、弟君ミンイェチョウズワの「女性に貞淑さはありや」という問いを受けて、タウンビーラー僧侶が答えた例のなかに、「ヤトゥダマという名前のウェイザドーの若者が、刀を振りかざして、空を飛んでいるのを見ると」(Shin Sandá Linká 1901(1781):580)という箇所がある。前後を読めば、明らかにジャータカ第四三六話の引用で、主要なプロットはほぼ原典と共通する。

さらに、ここに見られるような「刀や薬の力で空を飛ぶ」といったウェイザーの形容は、他のテクストにもみられる。例えば一七世紀に書かれたといわれる『マハー・ヤーザタッジー』や一八二一年モンユエ僧正が執筆した『ナーラダ・ピョ』などで、この形容は一種の定型句となっている。(2)

王統史にもウェイザーの記述が見られる。例えば一七一四年から一七三三年にかけて勅令によりウー・カラーが編纂した『大王統史』は、パガン時代、敵国のモン族のタトン王国にたどりついたインド系兄弟についてこう記述している。

（兄弟を育ててくれた僧侶は、二人を連れて森へ薬をとりにいき）森に着くと、ウェイザドー（であり）ゾージー（であるもの）が何らかの原因で死んでしまっているのを見つけた。タトン王師の僧正は、三蔵、占星術、薬、マントラをすべて学んだ方であったので、ゾージーの死骸を見ると、このようにおっしゃった。「このゾージーの死骸を焼いて食べると、すべての傷が癒え、健康になって長く生きることができる。十日かかる旅路を、日帰りで済ませられる力を得る。千肘尺（約四五〇メートル）もある荷を持ち上げる力で満たされる。獰猛な象でもその牙をもって振り回す力が得られる。そのようにせずに、この死骸を薬で加工すれば、長寿を得て、そのゾージーの恩を我々は享受することができる」（MY I: 179-80）。

こうして僧侶は二人に死骸を見ているように言いつけ、薬を取りに行くのだが、ウェイザーは「葡萄や閻浮樹の実ばかりを食べていたために」、その死骸はバナナのような香りがする。二人はたまらず死骸を食べてしまい、結果的に超能力を手にする。この兄弟の力を疎んじたタトン国王は、兄を捕らえて殺し、タトンの城市の堀に埋める。兄の死骸の力のためタトンは難攻不落の町となる。弟は、パガンの国に逃げ、アノーヤター王に仕官する。後に、この弟とポゥパー山の鬼女との間にできた双子が、ビャッウィ、ビャッタと呼ばれるナッになる。

これは、ビルマで信仰される三七神（ナッ）のうちでも重要なタウンビョン兄弟にまつわる神話である。この話は、後の王統史、例えばコンバウン朝に編纂された『玻璃宮王統史』にほぼこのまま引用され、簡単ながら教史でも言及されている（HMY: I 244-45, TLS: 93, SV132）。ウェイザーになる方法は、ウェイザー（ゾージー）の死骸を食べることとして現れる。また、得る力として、傷を受けない、素早く移動できる、長寿を得る、怪力になるなどが挙げられている。一方「タトン王師」という言葉から、少なくともタトンで僧侶が占星術、マントラ、薬などの術に習熟していたこと、またそうした人間がウェイザーについての知識も深いこと、すなわち、術とウェイザーとが関わっていることが示唆されている。その意味では貴重な例である。ただしここでも、ウェイザーは、力は獲得しているが、特に尊敬すべき対象とは描かれておらず、死骸となったウェイザーは「食べる」対象となって、その力を与えるものとして書かれるに過ぎない。

同じく『大王統史』には、ハンタワディ白象王の時代に、「ハンタワディの城市の回りに壕を設けはじめた。掘っていたところ、地面に籠もっていたゾージーが得られた。穴から掘り出したところ、じきに死んでしまった」(MY II: 377)という記述も見られる。このゾージーという単語は、前例と同じ書籍の中なので、ウェイザーと同義と考えてよかろう。これは穴に籠もってウェイザーになろうとしている最中に掘り出されてしまった例と考えられる。

一方、一八世紀後半に編纂されたレッウェノーヤターの『意見具申書 *Shaukhtòn*』は当時の主に宗教に関する見解が質問形式によって提示されているが、そのなかでウェイザーに関する言及が見られる。すなわち、一七六一年ダザウンモン月白分三日に、レッウェノーヤターより当時の王師(ヤーザグル)タウンドゥイン僧正へ投げかけられた質疑に、

さまざまな本生譚に書かれるウェイザドーたちは、閻浮樹の実を食べる、空を飛べる、特別な姿に変身することができるなどとあります。ウェイザドーたちは、どのような国、村、どのような血筋、どのような人に習って、そうした術、能力という栄誉、特質が身に付いたのでしょうか、またどのような修行を行い、どの

ような傾向があるのでしょうか、それを知りたいのでございます。

というものがあり、それに対する僧正の答は以下の通りであった。

ウェイザドーたちに、何らかの血筋があるのではない。あらゆる種の人々が、術を身につけることによってなるものである。ウェイザドーの種類にも三種類ある。刀のウェイザドーが一種、マントラ・ウェイザドーが一種、薬のウェイザドーが一種。この三種のなかで、刀のウェイザドーは、刀の威力（アーヌボー *anùbaw*）のために、空を飛べるのである。マントラ・ウェイザドーは、マントラの力のために、空を飛べる。また、薬のウェイザドーは、三年間穴に入って薬を飲まねばならない。三年が経ったら、親族などが掘り出して養育せねばならない。ごきぶりが皮を脱皮するように、ペラペラのものなのだ。きちんと食べさせてようやく、命長らえる。健康を取り戻したら、薬の力で空を飛べるのである。このようなウェイザドーの術を、あるものは（自分と同じく）ウェイザドーの師に教えてもらい、あるものは神や鬼（ナッ・バルー *nat bălù*）に教えてもらったとローキーの書には書いてある。三蔵にも、ダーナヴァ・ジャータカ（引用者注：第四三六話「サムッガ・ジャータカ（箱入り女前生物語）」のことと思われる）にウェイザドーが刀を持ってダーナヴァ鬼の籐の篭の中から飛んで出てきたと書いてある。ダンマパダ・アッタカッタにも、スーラ・ガンダーリー・マントラ *sulà gandari mandan* を成した人が、空を飛翔した、読心術を会得したと記されている。ハンタワディ白象王の時代にも、城市の堀を掘ったところ、穴に籠もっているゾーギー（ゾージー）が一人見つかった、それを掘り起こしたところ、しばらくして死んでしまったという記録がある。こうした記述から、ローキーの書の通りに解釈せねばならないと考えられる（Letwè Nawyăhta 1959(1763) : 103 - 05）。

タウンドゥイン僧正の返答は興味深い。第四章でも触れたように、この僧正はローキー・ピンニャーの術をなしたといわれている。そうした僧侶がウェイザーという存在を認めており、力の獲得は経典に示され、ウェイザーはさまざまな術により種類があり、またそうした術を師や神、鬼を通して得、空を飛ぶなどの力を得るという認識をもっていること、すなわち、現在の理解と共通した認識を持つことなどがわかる。

呼称としては、ゾージーからウェイザドー（ウェイザー）へ移り変わる傾向にあると考えられるだろう。例えば、王統史では文頭でゾージーをウェイザーと言い換えておきながら、文中ではずっとゾージーを使っている。『大王統史』は、より古い物語や歴史を編纂したものであったことを考慮すれば、タトンの時代の「ゾージー」の物語が、一八世紀ごろに「ウェイザー」と置き換えられていたと考えることが可能である。このタトンの物語に見られるように、ゾージーは果物ばかりを食べる、森林での修行者である。

つまり、この時代のウェイザーには、経典にも描かれる存在（ウェイザー、ウェイザドー）、あるいは、森の修行者（ゾージー）という概念が併存しており、双方ともマントラ、薬などの知識に基づいて超能力を得た存在と理解されている。また、ビルマ語のテクストの記述から見る限り、仏教的な道徳とは正反対の性向を持たされた経典の記述と大差なく、仏教世界観において尊敬すべき存在としては描かれていないことがわかる。もちろん、たまたま記録に残る記述はウェイザーを信じていない人々が成したもので、信じている人々からは同じ時代でも異なって見えることはありうる。ただ、少なくともタトン王師やタウンドゥイン僧正はウェイザーになること、あるいはなるための知識に造詣が深かった。しかし前者はウェイザーを喰う対象に、後者もごきぶりに譬えたり掘り起こされたゾージーの死を淡々と報告するのみである。従って、仏教的な位置づけは後世にできたとみるべきではなかろうか。

3　仏教浄化運動と知識の担い手

(1)　ボードーパヤー王時代

ウェイザーたちの系譜は、そのまま、ボードーパヤー王時代のころ活躍したとされるボーボーアウンにつながる。それでは、ボーボーアウンはどのような存在であったのだろう。結論から述べれば、ボーボーアウンは、(a)ウェイザーたちの絵における図像的意味、(b)ウェイザーとしての属性、(c)物語の構造などの点で、従来のウェイザー像と連続性を保ちつつも、違いを持つ存在である。このうち(a)について本節で考察し、(b)(c)については、第四節で考察する。

そのまえに、ここでは最も基本的なことを問いなおしてみたい。現在の人々は、ボーボーアウンがボードーパヤー王と同世代の人物とみなすが、これをそのまま信じてよいのかについてである。ボーボーアウンの存在を示すような同時代資料は残存しない。

ウー・セインカンは、過去の「予言の書」にボーボーアウンのモデルが二人存在したという記述があったと指摘する。一人はピィ市のトゥダタナ山に住む修行者ウー・アウンであり、いま一人は、タウンドゥインジー市で「この世を抜けた」パタマン・ウー・アウンだという(Sein Hkán n.d.: 54)。残念ながら、この人物が活躍したのがいつの時代のことかは不明である。現存するボーボーアウンに関する資料のなかで、時代がほぼ確認できる最も古いものは、一八九〇年ごろに歌われたという「ボーボーアウンの唄」である。これはシュエタインニュンが作詞し、芝居俳優キンマウンインが初めて歌い有名になった（Htei Hlaing 1987 : 200）。この歌は後にテクストに書き留められた（Hpei Hkin 1949）。概要はボードーパヤー王とボーボーアウンとが幼少のころ知り合い、後に再会する間の出来事が簡略化された形で歌われている。また、これと関連して、この時代に「転輪聖王の唄」が有名になったといわれており、転輪聖王が現れてビルマを異教徒の支配から救い出す旨が歌われたという。

一九〇四年にはM・C・デュロワセルが、ピィ（プローム）の修行者ウー・アウンの話を記している(3)。これは上の二人のモデルのうち前者であろう。内容は「ボーボーアウンの唄」（一八九〇年版）と類似しており、ピィでさまざまな奇跡を起こして有名になり、王都に連行され、国王を懲らしめる物語が記される。

一九〇九年に印刷物としてまとめられた『アユードーミンガラーの意見具申書 *Ayudaw Mingăla Shaukhtòn*』には、ボードーパヤー王の夢に「王の友人である、ピィ（プローム）市のウー・シュエアウン」が登場し、ニャウンヤン王子が転輪聖王であると啓示を与えたことが書かれている(4)（Aung 1959(1909)）。「ウー・シュエアウン」も前者をモデルとするようだが、この逸話は転輪聖王を助けるボーボーアウンのプロットに重なるものである。

すなわち、超能力を持つアウンという人物は、少なくとも一八九〇年までに人々に知られていた。この人物はそれぞれの物語のなかで語られていたが、ボーボーアウンという人物のイメージがまとまり、その名声が広がるにつれて、こうした物語群が一人の人間の「伝説」としてより大きな物語にまとめられていったと考えられる(5)。一方、転輪聖王との関わりは、一八九〇年に結びつく可能性は示されているものの、実際の資料では一九〇九年の版まで出てこない。また物語内の時間でいってもボードーパヤー王を懲らしめる部分とバジードー王時代の転輪聖王を救う箇所とは、あきらかに差がある。つまり、ボーボーアウンの物語は、ボードーパヤー王との逸話と転輪聖王との逸話とをひとまず分けて考えるべきだと思われる。それにしても、現存する資料では、ボードーパヤー王の治世（一七八二―一八一九）以降、一八九〇年までにできたという以上は、詰めることができない。それでは、この間にボーボーアウンの物語がボードーパヤー王と結びついたということをどうとらえればいいのだろうか。

考えてみたいのは、（a）の絵の図像的意味である（図15、16、二一一―一二頁参照）。ウェイザーたちが集合した絵のなかで、過去のウェイザーたちは、皆僧侶かヤティと呼ばれる修行者の姿をしている。それに対して、ボーボーアウン以降の人間とされる存在は明らかに在家信者の格好をしている。例えば図像的には在家のウェイザーとして、ゾージーという存在がいる。ゾージーは超能力を持って空を飛ぶ赤い長衣姿で描かれてきたし、現在でも人形劇などではその姿で登場する（図3、二六頁参照）。また見てきたように一八世紀の王統史ではゾージーをウェイザーと同義にとらえている。しかし、ボーボーアウンやボーミンガウンは、在家であるが決してゾージーの格好をしない。さらにいえば、ボーボーアウンは、在家であるが僧侶に次いで戒を守るポートゥドーの服装をしている。ボーミンガウンのほうは瞑想修行を主に行う修行者ヨーギーの服装をしている。こうした図像は何かを語っているのだろうか。

(2) ローキー・ピンニャーの担い手の変化

このことを考察するには、当時の呪術的知識の担い手の変化とそれに関わる権力の役割に注目するべきであろう。第四章で示したように、本書でローキー・ピンニャーとして言及してきた知識は歴史的に王権と深く関わってきた。そうした知識は、ポンナー（ブラフマン）やビルマ人の在家（俗人）も担ったが、僧侶も同様に伝授している。ところが、現在ではローキー・ピンニャーは僧侶が関わるべきではないものといわれる。このような転換はいつ起こったのだろうか。

上座仏教社会研究においては、出家と在家信者、そして王権の関係を、以下のように理解してきた。すなわち、出家と在家ははっきり区別され、出家は生産活動を初めとする世俗的行為から遠ざかり、戒律を厳しく守ることが期待される。その場合、物的な援助を行うのが在家信者であるが、それは布施として功徳を積む行為と理解される。その意味ではサンガが戒律を守り清浄性を保ち、人々の宗教的拠り所となってこそ、在家の功徳行為も成就され国家の仏教的秩序が成立する。そのために王権は、サンガの最大の援助者として存在すると同時に、サンガの戒律が乱れぬよう見守ることにより社会に仏法を保とうとする。一方サンガの側も、国王の統治が仏法に則ったものであるかを見守り、ときには意見する力を持つことになる（石井一九七五）。サンガの規律が乱れた場合には、王朝主導の形で浄化が行われる。ときには、第五章で述べたようなより純粋な「森林の僧」が実際に王権側に登用され、改革を推進したというものである（Tambiah 1978, 1984）。

ビルマの場合にも、この議論は成り立つ。サンガ浄化は、コンバウン朝のボードーパヤー王（在位一七八二―一八一九）とミンドン王（在位一八五二―七七）の時代に行われたが、それ以前にもダンマゼィディ王の時代に行われ、タンバイアが述べたように、古くは浄化の理想としてアショカ王が存在するとも考えられる。しかし、出家と在家のはっきりとした区別や、国王の介入のモデルは、まさにボードーパヤー王以降の浄化のなかで、より明確にされてきたのではなかろうか。

コンバウン朝ボードーパヤー王の時代に成立した教団組織、僧伽主の性格は、それ以前のものと異なっている（生野 一九八〇：三九八‐四〇一）。着衣法を巡って長く二分していたサンガの状態を解消することは、歴代国王の懸案であった。ボードーパヤー王は僧伽主（タータナバイン）を任命して宗教浄化委員会を設置し、統一的なサンガ教団が成立することになる。僧伽主とは、上座部サンガの統率者で、古くから存在したことは『教史』に書かれてきたが、生野によれば、王の顧問兼教師の如き立場に留まっていたという。ボードーパヤー王時代にはじめて、教権体制が確立した上での統一サンガの指導者となる。さらに、僧伽主は国王から任命されるものであり、こうした体制の確立は、サンガに政治的統制力が導入しやすくなったことをも意味する。

つまり、この時期にこそ、僧伽主を中心とする仏教教団の行政機構が、政治権力の介入を通じて、国家的レベルで形成されたと考えられる。一方、浄化は、もっぱらサンガの規律が乱れ戒律がおろそかになることを防ぐためのもので、サンガを浄化することで正法を守るためと理解されている。なるほどボードーパヤー王の時代には、教法の学習が最も重視され、試験に落ちた僧侶は還俗させられている（ROB : 1784/3/12, 1787/10/9など）。その後、ミンドン王は仏典結集を行い、さらに浄化に力を入れる。ミンドン王の時代にサンガ浄化のために出された勅例には、「金銀を使用しない」「特別な理由以外には草履を着用しない」などの項目が見られ、生活の規律の強化が計られていることがわかる（ROB : 1856/2/15）。

ただし浄化による仏教的秩序回復というものは、単にサンガという社会組織を正常かつ清浄なものに戻し、模範的秩序を回復させるということにとどまらない。僧侶が関わるべき知識と関わるべきでない知識というものが、浄化を通じて、明確にされてきたのではないだろうか。

例えば、この時期にいくつかの宗派に締め付けが行われるが、[6] ポェジャウン *pwè gyaùng* という派が一八〇二年に弾圧されている。ポェジャウンは第四章で述べたようにさまざまな世俗的学問を教える派の僧院であった。ポェジャウンの弾圧は、その後にサンガ浄化を目指したミンドン王の時代一八五五年にも再び行われている

(MMOS IV : 211)。さらに、前掲一八五六年の勅令では、僧侶は「錬金術にたずさわらない、刺青やレッポェ、カーフレ、インなどのお守りを用いない、それらのお守りを人に与えて礼の品物などを受けとらないこと」といった禁止が含まれているのである（ROB 1856/2/15）。錬金術、刺青、レッポェなどのお守りなどは、確かにローキー・ピンニャーに関わる諸々の実践である。

ローコゥタラとローキーというカテゴリーの区分は教義に則ったものであり、サンガはあらゆる次元においてローコゥタラのみに関わる姿勢こそ理想とされている。しかし、必ずしも厳密には守られていたわけではなかった。上座仏教には本来的な「正統」というものは存在しない。多くの戒律とそれに付随する解釈は、微少ともいえる差異を生み出し、諸々の諸派の成立に結びつく（Ferguson and Mendelson 1981）。そうしたなかにあって、ビルマにおける「正統」的見解は、あくまでビルマという国家のレベルで成立した正統サンガの見解といえよう。こうした「正統」的見解の源泉は仏教典籍であるが、細かい解釈は、まさに国家の範囲内で形成されるサンガ組織が選択することになる。そして、こうした国家レベルでの統一的サンガは、生野のいうようにボードーパヤー王時代に成立したと考えられる。

現在のビルマにおいて、タイと比べた場合、僧侶がローキーの事柄に関わることをかなり厳密に禁じていると思われる。現在のサンガ組織、宗教省などの統一的見解としては、僧侶が現世的事柄（ローキー）に関わるべきではないとし、それは教義に則った正統的見解であるとほぼ説明される。もちろん見てきたように、今でも僧侶自身がこのようなローキー・ピンニャーを伝えている。しかし、本人たちが、そのことを公にしたがらない。また明らかに現在では、俗人の社会における伝授制度が確固として成立している。

こうした方向性がコンバウン朝の浄化を通じて形成されてきたと考えることは、無理な推論であろうか。まさ

にこのような時期に、ローキー・ピンニャーというものがカテゴリーとして成立したとも考えられる。(7)

つまり「浄化」運動を通じて、仏教とそうでないもののカテゴリーをはっきりさせるといった知識の再編成を含めた秩序化が起こったと考えられる。この場合にローコゥタラではない学問、すなわち「錬金術、お守りの術云々」といった知識を全面的に禁じるのではない。錬金術云々はローキー（世俗）の知識であるとして「僧侶がそうした知識にたずさわること」を禁じるのである。つまり、王権は政治決定の際にローキー・ピンニャーに依っていながらも、浄化を通じて僧侶がその知識に関わることを禁じていったと思われる。

このことを別の資料から示そう。サンガ改革の後、ビルマ仏教の歩みをサンガの歴史として記述する「教史」の類いが書かれている。まずボードーパヤー王の時代に僧伽主であった第一マウンダウン僧正が一八三二年にビルマ語で『教史（サーサナ・ランカーラ・サーダン *Thathāna Linkārá Sadán*）（TLS）』を、ミンドン王の王師パンニャターミが一八六一年にパーリ語で『教史（サーサナ・ヴァンサ (P)Sāsana vaṁsa）（SV）』を編纂している。このような教史の編纂は、著者自身の位置がテクストの記述に影響することもあったが、基幹に流れるものは、セイロン上座部大寺派につながることであった。

こうした教史は、「ビルマ上座部」の伝統を、仏陀の時代から系譜化し、それをテクストに記述するという、いわば王統史編纂と重なるような作業を有している。すなわち王統史と等しく、こうした系譜化の作業を通じて現サンガに「正統」性をもたらすことが目されたと類推できる。さらにそればかりではなく、双方の教史のなかで過去の僧侶とその行動が記述され、設けられた四つの基準に従って、最終的には評価が下されている（生野 一九八〇：三六七-七〇参照）。このことにより、ビルマにおける正統上座部サンガ相承の系譜とサンガに対する見解とが明確にされている。こうした「評価」のなかで、呪符などお守りを用いる僧侶、国王と呪術や拳闘などを通じて結びつく僧侶はしばしば「ローキー」的な僧侶として批判される。他の資料とつきあわせつつ、事例を挙げて検証してみよう。

例えば、第四章で記述した人々は、しばしば「教史」のなかで批判されている。一つは、ローキー・ピンニャーに連なる術が教えられていたポェジャウンである。ピンヤ朝のウザナー王が一三四〇年にアワピンチャー地方に「七僧院」を建立して七名の僧侶に贈ったときにポェジャウンの記述が見られる（SV : 176, TLS : 125 - 26）。国王はこれらの僧院維持のために多くの田地を献じ、田地の管理と租税徴収のために比丘を任命した。徴収の仕事をするものはティンガヤーザ *thingá yazá*（(P)sangha rāja 僧王）という称号で呼ばれたという。徴税などは極めて世俗的な仕事であり、僧侶が従事することに反発した僧侶たち（パラッカマ派）が分裂した。これが後に森林派の核となり、『サーサナ・ヴァンサ』によれば、森林住と村落住との分離につながった（SV : 176）。

ビルマ語教史『サーサナ・ランカーラ・サーダン』は、同じ出来事を「七僧院の僧侶達は……堕落してポェジャウン・ガーマーワシー *pwè gyaùng gamáwàthi*（村落居住のポェジャウン）となった」と記述する（TLS : 127）。さらに、同じくポェジャウンの僧侶であるが、次王ガースィシン・チョーズワー王の時代に、六九歳にして拳闘に参加し相手の首を折って殺したものがいた。これら「ティンガヤーザー」と呼ばれる僧侶のことを、二つの仏教史は批判し（TLS : 130, SV : 185 - 87）、例えば『サーサナ・ランカーラ・サーダン』では「村落居住のポェジャウンの僧侶達は仏法に悖《もと》る、まことに情けない行いに走っている」と記述している（TLS : 131）。

ウェイザーの系譜に必ず加えられ、占星術、呪符の術に長けたとされるバーメ僧正も、教史では批判されている。教史では「世間法には熟知しているが、教法研究、実践には遅鈍」と書かれている（SV : 225, TLS : 161 - 62）。また、占星術に長けるナッセッヤウン僧正も、バーメ僧正と同様、「聖法には疎かった」という批判がなされている（SV : 248)。

過去には王権が占星術や呪符に長けた僧侶を重用していることが窺え、ときにはそれを求めている風でもある。(8) それに対して仏教史では占星術に長けた古い時代の僧侶などは淡々と記述するのだが、バーメやナッセッヤウン僧正などに見られるように、ときに明確な批判を加えている。また見てきたように、戦闘や徴税、呪符に関わるものはより手厳しい。つまり浄化運動の後、仏教史の書かれた時期（一八三二、一八六一）には、ローキー・ピンニャーが従来以上に在家のあいだで伝授されはじめ、またそのほうが教義に照らしても好ましいという、現在のあり方につながる流れが出てきたのではないだろうか。ボードーパヤー王時代にすぐ、呪術的知識が俗人に広がったとはいえず、引き続き僧侶の間での伝承も続いている。先にも述べたように、ポェジャウンの伝統は続き、例えば一九世紀後半英仏などに外交官として派遣された大臣キンウンミンジーも、ポェジャウンの僧侶のもとに弟子入りしたという記述が残っている（MMOS IV : 211)。

しかし、ボードーパヤー、ミンドン王の浄化政策を通じて徐々に俗人のあいだで伝承されるようになり、僧侶があまりあからさまにウェイザーであるとはいえなくなるような素地が、この時期に整えられていったと思われる。今後さらに調べる必要はあるが、マウン・ノゥに代表されるような俗人の活躍は、確かにコンバウン朝時代後期に多いといえる。

このことは逆に、ガインの側の歴史からも窺える。ガインはそれぞれ自分達の集団の歴史を保持しているが、その設立はいずれも比較的新しいものである。ガインの成立期にもいくつかのピークがあったが、第二章第一節で論じたように、その最も早いものが一九〇〇年前後であった。

また、調査した限りで成立が最も古くまで遡れるアーターナディヤ・ガインの場合、始祖はカンダゾーティという僧正であり、二〇〇年ほど前に「この世を抜けた」とされ、もともと僧侶の多いガインであったが、後には僧侶から俗人へと呪符の知識が伝えられ、一九世紀末になって俗人のあいだで組織化されたという伝承を保持しているのである。調査当時の二〇〇年前とは、まさに一七九〇年代であり、ボードーパヤー王の時代になる。ちなみに、国王が浄化委員会を選出したのは一七八四年のことであった。

つまり、サンガ浄化を通じて、僧侶がローキー・ピンニャーに関わることが明確な形で禁じられるようになり、代わりに在家の間に徐々に広がっていったと考えられる。ボーボーアウンの話は、こうした状況を背景として出てきたのではないだろうか。

4 王朝の崩壊と転輪聖王の登場

(1) ボーボーアウンと転輪聖王との結びつき

ボーボーアウンは、それ以前のウェイザー像と比較したときに、第一に修行に基づき呪術に秀で、超能力を得たこと、第二に超能力により権力側に対立し、ときには笑いの対象とするような属性を持つという点では連続性を持つ。しかし、第三の転輪聖王との結びつきに関していえば、歴史資料に見られるウェイザー像では一八世紀になっても見られず、少なくとも一般的なウェイザー像にはじめからあった属性ではなかった(9)。

それでは、ウェイザーの物語に転輪聖王がどうして持ち出されたのだろうか。このことを他の資料を通じて追ってみたい。

上座仏教社会、特に王権にとって、転輪聖王という概念は重要なものであり、さまざまな歴史家や人類学者が、この概念に着目してきた。[10] この概念はもともと経典に記される（『南伝大蔵経』第六巻・長部経典一、第八巻・長部経典三）。仏陀が生まれたとき、世界の征服王としての転輪聖王と、世俗を捨てて悟りを開く聖者、阿羅漢になる可能性があるとされた。すなわち、転輪聖王と阿羅漢とは出家と在家のそれぞれにおける極であり、仏陀の将来が二つに開かれていたという点でも両者は「一コインの表裏のごとく」緊密に結びついたものだった（Tambiah 1976 : 43）。

ビルマにおいても、転輪聖王は国王の理想であり、例えばチャンズィッター王、タールン王、アラウンパヤー王、バジードー王がそれを意識していることを示す資料が残っている。[11] そのほか、領土拡張のときの侵略戦争の際に「転輪聖王」という概念が強調されることもあった。[12] つまり、転輪聖王とはある王を中心として広がるマンダラ的世界の境界を拡張したり、逆に防備したりするときに持ち出される鍵概念であると考えることができる（Sunait 1988）。さらに踏み込んで、自分達の世界と考える領域やまとまりが問題にされるとき、転輪聖王が持ち出されるともいえよう。

一方、転輪聖王は、長部経典の「転輪聖王獅子吼経」では末法の世の後に現れ、弥勒仏の再来に備える王として描かれている。[13] ビルマでは、コンバウン朝はアラウンパヤー王、ボードーパヤー王の拡張期を経て、英国に領土を奪われていく。バジードー王の時代一八二三年には、第一次英緬戦争により、アラカンとテナッセリウムを、ミンドン王の時代一八五二年第二次英緬戦争の後には、ヤンゴンを中心とする王国の南部にあたる下ビルマを割譲する。それ以降の三〇年ほどは、上ビルマを王朝、下ビルマを英国が支配するという分断状況が続いた。このような時代が末法の世と理解され、転輪聖王に対する期待が高まったことは十分予想できる。

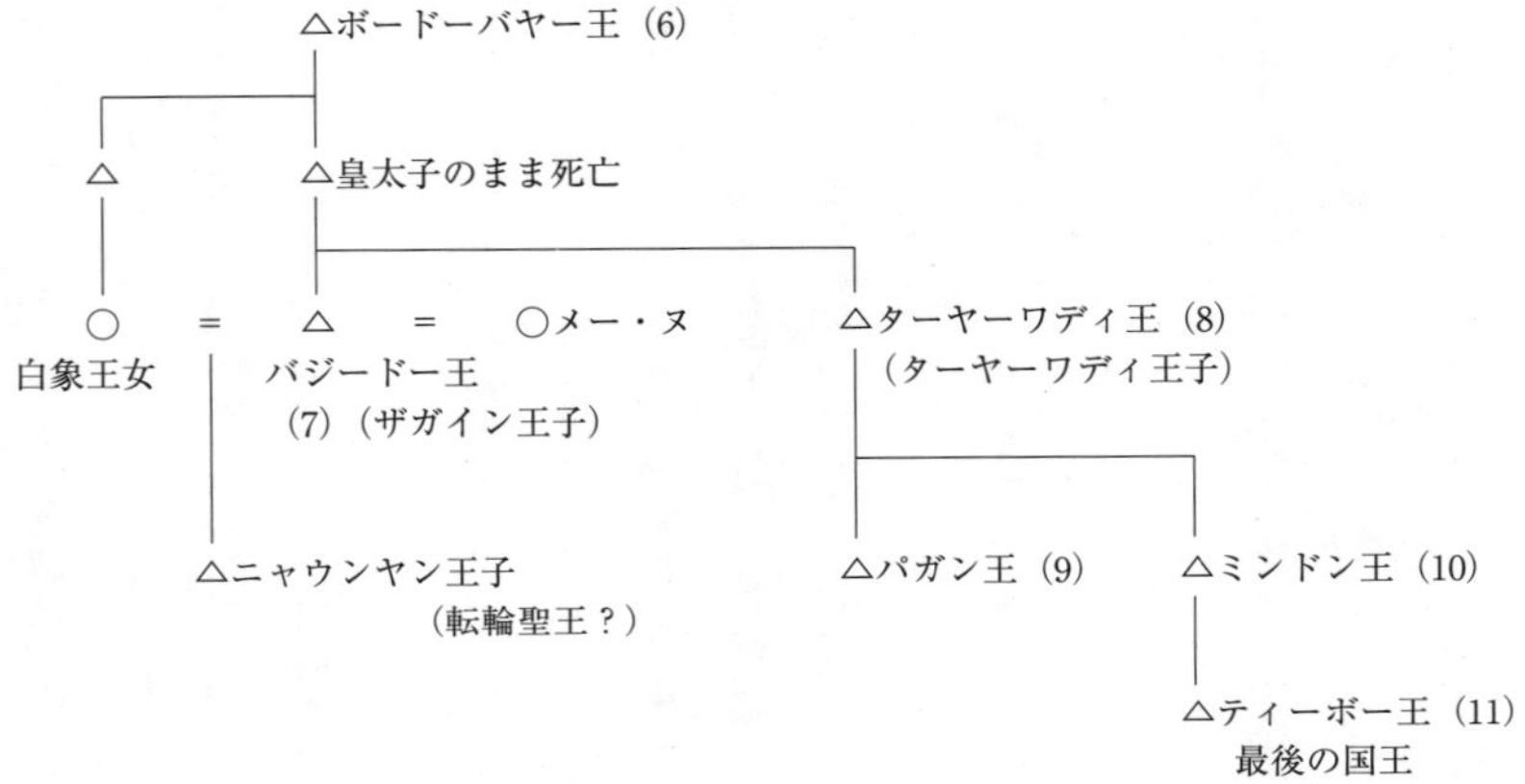

図17　ニャウンヤン王子の系統図
（）内の数字はコンバウン朝における何代目の王かを示す

（2）ニャウンヤン王子とボーボーアウン

この時代、転輪聖王と噂された王子が生まれている。バジードー王の息子のニャウンヤン王子（一八一二―三八）で、父親がボードーパヤー王の孫であるだけでなく、母親もボードーパヤー王の孫の白象王女（スィンビューメー *Hsinbyume*）であることから、いわゆる「由緒正しい」血統の王子の一人であった（KBZ II: 129, 173, 188、図17参照）。しかし、バジードー王の治世に、王の弟（後のターヤーワディ王）が反旗を翻し王位を剥奪した。王は排斥され、その息子ニャウンヤン皇太子は、ターヤーワディ王の系譜から見れば王位継承への脅威となる。『コンバウン王朝年代記』では、ニャウンヤン王子は叔父であるターヤーワディ王に武器を渡し、自分の身を預けたところ、国王は、武器を返却した（p.548）。しかし、国王のそうした温情にもかかわらず「謀反を企んだ」として、ニャウンヤン王子は一八三八年四月に処刑されたと記述されている（p.574, 579）。

一方、ウェイザー信仰におけるボーボーアウンの物語では、この王子が転輪聖王であることを前提としており、彼が処刑された時にボーボーアウンが救いだし、地上で必要とされるときにはいつでもその魂を戻してくれるとしている。

しかし、ニャウンヤン王子が転輪聖王であるという言葉は『コンバウン王朝年代記』には見当たらない。ただ王子が生まれる前八〜九ヵ月間毎日地震があったと書かれている（KBZ II : 188）。このような地震や天変地異は偉大な人間が生まれたり死んだりすることを示す印であると考えられていたため、少なくとも王子の出産に関して何らかの期待が寄せられたことは想像できるが、記述としてはこれだけにとどまっている。

それでは、ニャウンヤン王子の処刑は、年代記が語る通りであったのだろうか。当時のビルマ社会を外部から記述した資料のなかに、第一次英緬戦争後の一八二六―二七年にビルマに使節として滞在したJ・クローファードの著作がある。彼は、ニャウンヤン王子が転輪聖王であると信じられており「ビルマ人のなかでも信じやすい人々は、前兆や称号を文字通り解釈し、彼（ニャウンヤン王子）がヒンドスタンの未来の支配者となり、その国に存在する大英帝国を看破するという運命にあることを信じることに余念がなかった」と記している（Crawfurd 1834 : 268）。彼の滞在期間から推して、これは明らかに、ニャウンヤン王子の存命中のことである。前掲年代記の地震などの婉曲だが思わせぶりな表現からしても、恐らく、ニャウンヤン王子は生前から転輪聖王であるという噂が宮廷の内外に広まっていたと考えていいだろう。英国側の資料によれば、ターヤーワディ国王の庶子の二人の王子（*Tait-ten-gyee* と *Tait-ten-phyoo*）が彼に嫉妬し、嘘の罪状を訴えたことが処刑の原因だという(14)。

ニャウンヤン王子と直接結びつくかは不明だが、転輪聖王の話題はその後も登場する。例えば、一八六一―六二年ごろに、勝利王子についての歌が歌われており、その内容が英領インドの侵入者たちを追い出すというものであったという記録がある[15]。また、英領化された下ビルマでは農民の生活が圧迫された結果反乱が頻発し、一八三九年、ペグーでマウン・セッチャー（転輪聖王）と名乗るものが決起している。またH・ユールによれば、一八五五年までに転輪聖王を名乗る反乱が数回あった（Yule 1858 : 227）。

つまり、当時宮廷内でも転輪聖王が一種の理想王と理解され、ニャウンヤン王子が転輪聖王というのは内外に広まっていたこと、さらに、転輪聖王という概念は英国という強力な支配者への反乱にも持ち出されていることが窺える。こうした転輪聖王への期待が強まるなかで、転輪聖王とボーボーアウンが結びついたと思われる。

ウェイザー信仰の側から言えば、転輪聖王と結びつくことにより、王朝の崩壊に対して英国側に抵抗する核を手にすることになる。また転輪聖王が仏教世界の守り手であることから、転輪聖王と結びつくことは、仏教、あるいは仏教世界を守る役割を担うことになる。この役割は、ボーボーアウンのみならず、ボーミンガウンや現在信仰されるウェイザーたちに関する語りのなかでも、必ず強調される重要なものである。これは現在の信者にとって、自明のことであり、人々は、ウェイザーというものは信仰の当初からそのようなものであったと考えている。しかし、示してきたように歴史資料のウェイザー像には、積極的に仏教を守ったり転輪聖王と結びつく側面は一八世紀に至っても見られず、少なくとも旧来のウェイザー像にはじめから存在していた属性ではなかった。つまり、このような転輪聖王をはじめ、仏教との積極的な結びつきこそが、ウェイザーの概念の変遷において重要な転回点であり、これがボーボーアウンというシンボル的な人物に関する語りのなかで起こったと思われる。

5　植民地支配における仏教

(1) 危機の時代におけるパゴダ建立と「仏教布教」

一八八五年第三次英緬戦争の敗北によって、最後の国王ティーボー王が拉致され、ビルマ全土に植民地支配が及ぶことになる。この時代は、ウェイザーの歴史のなかで、ウー・カンディとボーミンガウンが活躍したとされる。例えば、ウェイザーの歴史を描いた書には、

ウェイザーたちは王朝崩壊を愁い、ボーミンガウンを長として、皆が集まり、会議を開いた。そして、衰退する仏教世界の保護と仏教布教（タータナー・ピュ）のために、ウー・カンディを選び、任務に当たらせた(Maung Gyi 1952 : 6-8)。

とある。現在信者の語りのなかで、ウー・カンディはしばしばウェイザーと呼ばれ、白鳩僧正の供えものの対象のリストにも、他のウェイザーとともに組み込まれていた。

これに対して、ウー・カンディ本人（一九〇七―一九四七）はウェイザーの伝統に入っていることを言明していないという見方もある（Woodward 1988）。ウー・カンディは、もともとヤメーティン地方の僧侶であったが、還俗してヤティ（修行者）となり、各地でパゴダ建立を行ったと伝えられる。王朝最後の首都を南に見おろすマンダレー丘は、階段を登るにつれ、小さなパゴダや像が林立し、仏陀がいにしえの昔この丘にやってきたことを示す巨大な「足跡」と、頂上に龍を背負う仏陀像などが配されており、現在外国人観光客や国内の巡礼者が集まる「聖山」となっている。ウー・カンディは、この丘の頂上にある仏陀の納まる堂を建立し、丘を整えて現在の

ようにしたことでも有名である[16]。

この時代は、M・R・ウッドワードの表現を借りれば、王朝時代の中心をなす王権と仏教という二つの「車輪」のひとつである王権を喪失した時期である（Woodward 1988 : 57）。ウー・カンディはその危機に対して、残された仏教の繁栄をパゴダ建立という形で示したとされる。王朝時代には王の個人的事績として行われたこの行為が、彼の事業を通じて多くの人から喜捨を募って行うものに代わる。このような人物が、なぜ、ウェイザーの系譜に入れられるかについて、当時の社会状況から考察してみたい。

（2）二〇世紀以降のビルマとガインの人々

一九世紀末に下ビルマで起こった初期の農民反乱は、コンバウン朝の実在の王族、例えばティーボー王やミングン王子とのつながりを多かれ少なかれ強調していたが[17]、一八九〇年以降のサンドウェやアキャブ、さらに、上ビルマの反乱では、首謀者が「転輪聖王」「未来王」を自称するようになる（伊東 一九八三、一九八五）。つまり、王権が崩壊し、王朝に基づく正統性を持ち出すことがさほど有効でないことが認識されはじめたともいえよう。

それに対して、知識人を中心とした独立への意識の萌芽が見られる。一足先に植民地化していた下ビルマでは従来の僧院学校ではないカリキュラムに基づく新しい学校が増加し、一八八〇年代には高等教育も始まる。この教育制度のもとで、すでに一九〇〇年には第一世代が活躍を始め、従来のビルマ人の教養との間に断絶が生じていた（土佐〔堀田〕一九八七を参照）。おそらく、一九二〇年代にタキン・コードーフマイン *Thăkin Kodaw Hmàing* らが「民族学校 *ămyòthà kyàung*」を設立した背景には、ビルマ的教養の断絶という危機感があったと考えられる。ナショナリズムの高揚とともに知識人を中心とした独立運動が広がりはじめると、ビルマの独立という形でナショナリズムを推進していくためには、新たな核が必要とされた。それが、彼らの考える「民族文化 *ǎmyòthà yinkyeihmú*」であり、民族文化と切り離せない「仏教」であった。仏教は「民族の宗教 *ǎmyò batha*」と呼ばれていたように、民族意識と深く結びついていた。二〇世紀初頭のテクスト、社説などには、しばしば「我々仏教徒ビルマ民族」といった用例が見られる。仏教徒であることとビルマ民族のアイデンティティとは、堅く結びついて語られる。事実ナショナリズムの萌芽は、「青年仏教徒連盟（Young Men's Buddhist Association, 略称YMBA）」の成立（一九〇四）とされており、この協会は後に「全ビルマ団体総評議会（General Council of Burmese Associations, 略称GCBA）」という最も重要な独立運動の核となっている。[18]

この状況に、ウェイザー信仰の信者たちはいかに対応していただろうか。王朝時代と異なり、この時代にはテクストと口承伝承を通じて、ガインの存在は明らかに確認できる。ガインに関する情報は極めて断片的ではあるが、それらを総合すると、まず、ガインの人々が農民反乱に何らかの形で関わっていることが窺える。

さまざまな農民反乱の中で資料的にガインと関連づけられるのは、サヤー・サンの反乱に留まる。サヤー・サンは、ガインで治病のほか、呪術を学んだとされている。彼はまた、呪符を与えたり刺青を施したりして、不死の力を与えると信じられていた。その他の農民反乱の首謀者は、僧侶のほか、入れ墨師、修行者（バンダカ・ヤティの反乱）、攘災師（テッチュエの反乱）などだった（伊東 一九八三、一九八五）。彼らが保持していたのは呪符の術、刺青、民間治療などであり、ここで述べてきたローキー・ピンニャーに含まれる知識である。[19] 彼らがガインに入っていたという直接の資料はないが、何らかの結びつきがあるという可能性は捨てきれない。少なくともこうした諸術を伝授する受け皿としてのガインは、二〇世紀前後には、かなり整っていた。

一方、こうした農民反乱と深く関わるのが、英国支配を打ち負かす転輪聖王の再来を語る「予言の書」の流布である。この「予言の書」については次節で取り上げるが、隠喩や象徴に満ちており、その解釈は、ローキー・ピンニャーと深く関わっている。従って、ローキー・ピンニャーの専門家（ガインの人間を含む）が何らかの形で関与していたことは間違いない。時代は下るが、一九五〇年代に出版されたと見られる予言の書のいくつかは、ガインの師が編纂したものであることが明確に追える。

一九三〇年から四〇年にかけての状況は、皮肉なことに、ウェイザー側の動きを批判した人々によって、描写されている。植民地教育の中で育ってきた知識人は、救世主を待ち望む千年王国的運動を批判的にとらえる傾向があった。例えば、民族独立を書き込んだ小説で有名な作家マハースェ *Măha Hswei* は、一九四〇年に『ダマセッチャー *Dhămá Setkya*』を出版し、未来仏、転輪聖王、ウェイザーなどに対する信仰を「古い考え」として批判している（Măha Hswei 1940）。同じくマハースェと同時代の著名な作家のマーガ *Magá* は、同書に序論を寄せている。その中で彼は「因習を引きずる人々」のカテゴリーを揚げ、具体的には「ボーボーアウンなどを信仰してガインなどを結成したり、（そういう関係の）書物を発行したり、詩歌を作ったりしている人々」を指して批判している[20]（Măha Hswei 1940 : 10）。この記述から、この時代に、救世主を待ち望む予言の書や歌が出ていること、ここにウェイザー信仰がからんでいることが窺える。

さらにこの批判は、知識人の「教養」にある種のずれが生じていることを明確にしている。すなわち、一八世紀末以降に浄化を通じてローキー・ピンニャーが僧侶から切り離されたとしても、王権にとってなお重要な知識であった。この諸学は、仏教的価値観のなかに組み込まれる形で、世俗世間に必要な知識として存在してきた。ローキー・ピンニャーの担い手というのは、教学の担い手である僧侶についで、世俗に関わる知識を効果的に伝授する知識人集団であったといえよう。第四章で見たように、王朝最後のティーボー王時代の制度を見ても、かなり重視されていることがわかる。

しかし、一九世紀末以降植民地政府に基づく学校制度が整うと、新しい知識が学校で伝授されるようになる。学校教育のなかでは、占星術、呪符の術、民間医療などは教えられない。ナショナリズムの政治的な動きは、新教養を身につけた知識人が中心になる。彼らから見れば、占星術、呪符の術、民間医療などは「因習」のなかに入るかもしれないが、これは人々の基盤とする教養のずれに基づく植民地主義への政治的対応の違いと見ていくべきではないだろうか。

もちろん、ウェイザー信仰に関わる人々の対応は、確認できる限り、ただ救世主を待望するに留まらない。仏教や「民族文化」を守るという形で、ナショナリズムに身を寄せていく動きも存在した。

例えば、第二章で示したとおり、アーターナディヤ・ガインの二〇世紀初頭の総師チッポンは、「仏教の功徳会」という仏教関係の協会の会長を務めており、「民族文化」保護にも積極的に取り組んでいた。また同ガインの地方の総師であったサヤー・タイも、ナショナリズムを推進した機関である「全ビルマ団体総評議会（GCBA）」の一員であった。彼の息子のO師によれば、父は仏教の戒律を厳格に守り、精神的にビルマ文化を継承したのみならず、外国の物質文化の受け入れも拒絶していたという。父は「英国の文化である」ことを理由に喫茶店には決して入らず、O師自身、紅茶やパンなどの西洋的な食べ物を口にしたのは親元を離れてからであった。また、サヤー・タイはワイシャツは絶対に着ず、民族衣装のロンジーとビルマ風のシャツ、上着で通していたという。同じくアーターナディヤ・ガインの成員Wが語るところでは、彼の父親もガインの師であり、民間治療師であったが、民族独立を非常に意識していたという。時代は下るが、マノーマイェイディ・ガインのH師も、英語教育を受け、西洋的生活スタイルを維持する人間だったのに、ガインに入会して以降は、伝統的な衣装を着衣するよ

うになっている。そのほか、他のガインに伝わる物語でも、始祖が反植民地運動に関わったことが多々伝えられている。(21)

パゴダ建立も、この脈絡に置くことができる。パゴダは、仏歯や聖者の聖骨を安置しているという意味で、仏陀を象徴的に表す信仰の対象であった。パゴダを建立するということは、安定した社会の内部においては、功徳の差異をもたらし、社会的威信と結び付き、結果的に社会的位階化に寄与しうるという意味で、いわば権力構造を補強する行為となりえた。しかし、「パゴダ」は仏教世界の危機に際して、あるいは、仏教世界の境界においては、仏教繁栄を最も効果的視覚的に演出するシンボルとなりうる。つまり「パゴダ建立」は、全く異なる他者に支配された結果、彼らを意識した上での「仏教布教(タータナー・ピュ)」であったと見るべきだろう。植民地支配下のパゴダ建立行為は、従ってある種政治的色彩を持つといっても言い過ぎではあるまい。そのようなタータナー・ピュを行った人間としてウー・カンディーがおり、彼をウェイザーの系譜に入れるという限りにおいて、ウェイザー信仰もまたパゴダ建立の政治的役割を認識しているとは考えられないだろうか。

6　ウー・ヌ時代における予言の書と瞑想修行

(1) ボーミンガウンとパゴダ建立

信者たちの「歴史」のなかで、パゴダ建立事業は、ウー・カンディの後にはボーミンガウンに受け継がれている。ボーボーアウンは一九三〇年代に各地に現れパゴダを建立したといわれる。現代でも、ボーミンガウンはさまざまなパゴダと結び付けられて語られる。スパイロも、「ボーミンガウンの導きにより」パゴダを建立したガインの師に言及している（Spiro 1970 : 177）。第三章で示したパゴダ建立の事例は、一九九二年に「ボーミンガウンの導きによって」建てられたものであった。

ボーミンガウンの特徴は、それ以前のウェイザーと比べて、一層仏教に近づいたということにある。第一に、前に述べたように、ボーミンガウンは「仏教布教」に専心したことが強調される。「仏教布教」とは具体的にはパゴダ建立を指す。

第二に、ボーミンガウンの最終的修行方法は、ローキー・ピンニャーではなく、瞑想である。仏教のなかでもこうした修行は、森林独住居住の僧侶や在家修行者（ヤティ）などによって追求された困難な修行であった。この点については後に考察する。

第三に、彼は転輪聖王そのものといわれながら、かつ未来仏でもあると考えられている。転輪聖王を助けるものであったウェイザーが、仏教における究極の存在である仏陀に並び称されているのである。とりわけパゴダ林立が転輪聖王再来の印であるという予言があったため、パゴダ建立と転輪聖王とが深く結びついた。例えば、下ビルマのシュエモードー・パゴダの傘蓋奉納式や、ポゥパー山にボーミンガウンが建立したパゴダなどは、予言書に述べられた転輪聖王再来の「前兆」とみなされたのである（Maung Gyi 1952 参照）。

（2）仏教五千年思想とボーミンガウン

ビルマは一九四八年に独立し、ウー・ヌ政権が発足する。首相ウー・ヌは、もともとマルクス主義者であったが、徐々に仏教に傾倒し、最終的にマルクス主義を捨てる。そして、さまざまな仏教保護策を取り、自分も瞑想修行に専念した。しかし、内外に問題を抱えており、例えば独立運動以来尾を引いている民族問題から内戦が起こったりしている。

植民地政府という「外敵」がなくなっても末法観は続き、転輪聖王を希求する動きはあったようである。そこには、仏教五千年思想がこれまで以上に影響を及ぼしたと考えられる。この思想は、ゴータマ・ブッダの宗教は五千年しか続かないという考え方で、三蔵経典には存在しないが、仏音（ブッタゴーサ）の注釈類のなかで示され、上座仏教社会ではスリランカで広く受け入れられている（Gombrich 1971 : 185-86）。ビルマでは「仏教五千年 *Thathăna ngadaung*」と呼ばれ、とくに仏教は仏暦二五〇〇年以降衰退し、それ以降を帝釈天が守ると信じられている。この認識は少なくとも一八世紀後半以降には広まっていたという（Sarkisyanz 1965）。

勅令集には、一八〇六年にボードーパヤー王が、この広範に知られた概念が果たして本当かとその真偽を問いかけている（ROB : 1806/10/5）。この思想は、予言の書を通じて広がった側面もあろう。指摘したように、王朝時代には、予言の書に書かれた内容とその解釈が王権にとって重要なものであった（第四章参照）。コンバウン朝にとって影響力を持つ書は「ザーガルとナッセッヤウンの予言の書」（第三章第二節参照）だったようだが、その他にも「仏陀の啓示の書」「ンガフマンカンの予言の書 *Ngăhmankan Thaik Sa*」などが残され、いずれも、現在残された形では、仏暦二五〇〇年を一区切りとしている。

ビルマの数え方によれば、西暦一九五六年四月に仏暦二五〇〇年を迎えることになる。一九五〇年代には、こうした予言の書が、時代に対する不安感と重なって広く読まれたといわれている。王朝時代にも、予言の書は、単にそれに基づいて未来を決定するものだけでなく、王権にとって都合の悪いときには、書き換えすら行われており、(22) それを通じて王権を正統化するものでもあったと思われる。同様に、この時代の予言の書も状況に合うよう書き換えられ、再解釈されて流布していた。例えば、五〇年代に編纂されたらしい「仏陀の予言（パヤー・タ

イ *hpăya thaik*)」では、仏陀の時代に英国、ロシア、ビルマ、転輪聖王についての未来が示されたという解釈が存在する（Myei Nàn Wùngyì 1953 : 1-8）。例えば類似の「仏陀の啓示の書」には、次のような記述がある。

> 仏陀がパラレィ森で雨安居を過ごされたとき、象王、鼠王、鸚鵡王、烏《からす》王がそれぞれの贈り物を仏陀に献上したのを見て、その意味を尋ねた弟子に仏陀が語った。「仏陀入滅二五〇〇年後に、象王は、仏教称揚するビルマ民族の「猟師の子孫」（引用者注：コンバウン朝を意味する）になるだろう。鼠王は、インドの地にて、乱暴姑息なる計略をもって、傘さす諸国を攻撃略奪する英国民族となるだろう。鸚鵡王は、塩水溢れる島にてマンダラの術に熟達しロシア民族となるだろう。烏王は、威徳に溢れ、人知るところの転輪聖王となるだろう……」（Teizá 1954 : 97 - 104）。

仏陀の隠喩に満ちた啓示（予言）はさらに続き、コンバウン朝の歴史と王の系譜、一八八五年のティーボー王拉致事件、王朝崩壊、反乱の後に「正法王の名で転輪聖王が……王位につく」ことなどが「予言」される(23)。つまり予言書は、過去に実現した歴史事象を含むことで、その予言の正しさを確認しつつ、来るべき未来の確実性を高めるという修辞を持っているといえるだろう。「ザーガルとナッセッヤウンの予言の書」には、二四九七年に「威徳や気高さで満ちた国王が玉座に登る」ということが(24)、また「ンガフマンカンの予言の書」には、九の年に事件が多発し、熱心な仏教徒だけが助かる、十の年には、未来王が現れるという記述がある（Teizá 1954 : 100）。

　すなわち、これらは共通して、仏暦二五〇〇年の前に、救世主が理想的な国王の姿で現れ救ってくれるといった考えを表明している。例えば「仏陀の啓示の書」には、「ミンガウンが姿を現す」とある（本章注23参照）。このミンガウンは、固有名詞としてのボーミンガウンを示すと単純に捉えるわけにはいかない。ミンは王、ガウン（カウン）は頂点という意味であり、優れた王に対する称号や賞賛の名前とも理解できる。あるいは、ボーミンガウンという名前そのものが、こうした予言の書を通じて語られる期待から持ち出されたとも考えられるのである。

予言の書は述べた通り、広く一般に流布していたばかりか、ウー・ヌ自身も意識していた。ウー・ヌは一九五二年にこの時代認識に触れ、仏暦二五〇〇年は仏教成立以来最も素晴らしいものとなると述べている（Sarkisyanz 1965：280）。そして、首都で開催された記念式典では、二五〇〇名が軍服を脱ぎ、黄色の僧侶の衣を着た。これは、理想的な王の軍人としては変に見えるが、その実、未来仏降臨の際には出家し、軍服を僧衣に替えるものであるという意味であった（p.280）。さらに、仏暦二五〇〇年までに最も危機であった内戦の混乱も乗り越えたことで、彼は次に生まれ変わったら仏陀になる、すなわち未来仏であると信じられたという（p.209）。

それに対して、ウェイザー信仰のなかでは、ミンガウンという名前やパゴダ建立の実績、ポゥパー山での修行などから、こうした「国王」に合致する人物こそボーミンガウンであると考えられたのである。つまり、この解釈においては、完全にウー・ヌと対立する存在となっている。

ただし、「予言の書」は時代を明示することで、限定性が生じる。王朝時代から影響力を持ってきた「ザーガルとナッセッヤウンの予言の書」は、仏暦二五〇〇年までの予言しか書かれていない。そのために、現実に二五〇〇年を過ぎてしまうと、この書がさほど有効でなくなったと思われる。その他の予言の書なども、しばらくは解釈や年号の計算を変えることで、修正を試みていた節も見られ、二五〇〇年を過ぎてこそ転輪聖王が現れるとする見方も出ていたが、次第に次の可能性、すなわち、仏暦五〇〇〇年に再来すると考えられる未来仏へと、期待が移っていったようにみえる。

また、ボーミンガウンも一九五二年に「この世を抜け」てしまう。ボーミンガウンの信者たちのなかには、ガインを形成するものもいたが、五二年以降は、「身体変え」を行い新しい姿に変わったボーミンガウンであると称する人間が別のガインを形成した。この場合、新しいボーミンガウンは、生まれ変わっているからこそ、転輪聖王ではなく未来仏そのものとなるのである。例えば「マへィディ・マハーウェイザドー・ガイン」の始祖セィンミンは、第二章で論じたように、ボーミンガウンの「新しい姿」として興したガインである。一九五八年前後に書かれたと思われる同ガインの書物で、始祖は、自分をアラウンドー *àlaingdaw*（未来仏、菩薩）と自称している（Òn Ngwei n.d.：序による）。このガインに限らず、五〇年代後半からは、転輪聖王との結びつきよりも未来仏とのつながりを求めるほうが多いように見える。こうした傾向はその後も、より顕著になる。一九九一年から九二年にかけて調査した限りにおいて、ウェイザーの信者たちは転輪聖王と未来仏に関してほぼ同じような考えを表明していた。すなわち、転輪聖王を希求する声はほとんどなく、人々は、ウェイザーと未来仏とを結び付けて考えていた。すでに第二章で見てきたように、アーターナディヤ・ガインの信者たちは、始祖のウー・カンダゾーティ僧正は「この世を抜け」未来仏を待っていると語った。そのほか、マノーマイェイディ・ガインの師や白鳩僧正の信者たちも、概してウェイザーとは未来仏を待つものであるととらえている。

（3）ウー・ヌ政権における瞑想の普及とウェイザー信仰

第二章で、ガインの内部に仏教化の度合いによって差異化を計る動きがあること、さらにそれが、ある程度歴史的な動きと連動していることはすでに指摘してきた。すなわち、ガインはローキー・ピンニャーと瞑想を多様な形で取り込んでいるが、瞑想を重視するガインの成立期や瞑想を取り込んだと考えられる時期を見ると、一九四〇年代以降に集中する傾向にあったのである。ボーミンガウンの噂が広がったのもこの時代であるが、彼は瞑想に重きを置くウェイザーである。さらには、こうした動き全般が、第五章で見たように、ウー・ヌ政権における瞑想の普及と連動しているといえよう。

もちろん、すでに述べたように、ウェイザー信仰がこの時代にいきなり瞑想と結びついたわけではない。瞑想そのものの伝統は古くからあった。森林居住の僧侶や修行者（ヤティ）などが、悟りを目指して苦行を行っていたことも判っている。ただし、そういう人々が、本書で言及したようなトゥエヤッパウを目指す修行を行っていたのかは、判らない。ショーバーもパガン時代の修行の一部が現在のものに重なっていることを指摘するにとどまっている（Schober 1989）。また、錬金術による玉（ダッロン）などの媒介を用いて修行するやり方やティディを手にするための方法などは、上記の古くからの瞑想修行者たちのあいだで形成されてきたという可能性はある。しかし、こうした信仰なり実践が独立して展開してきたことを示す資料は、いまのところ見つかっていない。このことについては、今後の研究の進展を待ちたいが、とりあえずいえるのは以下のことである。

近年の瞑想の普及と連動して、内観瞑想を核とする方法論が定まってくるが、その時期に、ウェイザー信仰のなかで、とくにガインのなかで瞑想修行を伝授するものが増えてくる。しかし、彼らの場合、集中瞑想を核とする方法を伝授しているのである。瞑想修行を行いながらも、ローキー・ピンニャー（錬金術や呪符の術）を伝授したり、それらと瞑想とを結びつけたりすることも特徴の一つである。また、第五章で述べたように、瞑想の方法の違いのみならず、力の提示に関する態度をめぐっても、正統サンガの意向とは微妙な違いが生じているといえるだろう。

（4）ウェイザーの力とその変遷

ウェイザーは、パゴダ建立、瞑想、未来仏といった行為や概念と結びつくことで、さらに仏教に身を寄せた。この現象は、ウー・ヌ政権時代に仏教が重要視されたことと関わるだろう。そうした時代に、ウェイザー信仰の側も仏教とのつながりを強化しようとした、あるいは仏教の側からの突き上げが厳しかったことなどが想像できる。ただ、いくら仏教化しようとも、ウェイザー信仰自体は、いわゆる正統仏教とは異なっている。

例えばウェイザー信仰は瞑想を取り込むが、第五章で述べてきたように、彼らの瞑想は絶えず正統的瞑想と区別されている。正統サンガの側は、ガインの瞑想は「集中瞑想（タマダ法）」にとどまり、超能力（ティディ）を得ることのみに心を砕いていると批判する。正統仏教との違いは、「集中瞑想」であるか「内観瞑想」であるかといった方式の違いに留まらない。ウェイザー（トゥエヤッパウ）の教える様式には、瞑想修行にも他の要素が含まれることが多い。例えば、瞑想を行うことによって、心のなかにパゴダを描いていったり、師によって与えられた「錬金術による玉（ダッロン）」を握って瞑想を行ったり、墓地を含むさまざまな場所で夜中に一人で瞑想を行ったり、瞑想修行を行いながら一方で、錬金術を行うなどである。そして、ウェイザー信仰の中で持ち出されてきた超能力は、瞑想をもって獲得される「力」と重ねられていく。両者の力は、空を飛べる、望みが叶うといったものであり、非常に類似していた。これらの超自然的な力は、仏教の用語の中で、「神通力」「神変」としても十分に理解されるものであった。すなわち、ウェイザーが瞑想を取り込んだとしても、ウェイザーという存在の一つの核である超自然的力を持ち長い時を生きるといった属性が変化することはない。このことは、重要な意味を持つ。つまり、ウェイザーという存在はさまざまに変化しながらも、「力」とは絶えず結びついていたといえるからである。

図18　地球に座るボーミンガウン

ただし、ウェイザーに期待される力の内容には変化が見られる。例えば、過去のウェイザーの物語を思い出せば、シン・イッサゴーナは金を生みだし、それがパガンの都にパゴダを建立する契機となったとされる。また、バーメ僧正はインの術に熟達し、戦争を勝利に導いたり、首都を守ったりした。ボーボーアウンは、ものをいつも二倍にすることができ、あるいは、使っても減らないものを生み出すことができた。

それに対してボーミンガウンは、一枚の「写真」のなかで「地球」の上にあぐらをかいたスタイルで座っている（図18参照）。メンデルソンは、ウェイザーは「外国語を話せる」と考えられていることを記している（Mendelson 1961a：229）。調査を通じて、何人かのインフォーマントが、「世界中のウェイザーが集まる」「世界中のウェイザーが会議を行う」などと語り、ウェイザーを国際社会のなかに位置づけていた。一方で科学技術に対する意識も見られる。スパイロは、ある国家公務員がウェイザーがいかに空を飛ぶかを説明していた際に、「飛行機でしか空を飛べないアメリカ人よりずっとすばらしい」とつけ加えたことを記述している（Spiro 1970 : 184）。そのほか、外国の飛行機から「この世を抜けた僧正」が飛翔する姿が確認されたと語られることもある。

こうした、ウェイザーの現代科学に対応する能力は、もちろん従来の枠組みで理解することができる。例えば、ウェイザーは、読心術をもち人々の考えていることが判るとされ、動物とも意志が通じあえるのであるから、当然外国人ともコミュニケートできるだろう。さらに、ウェイザーという存在はどの国にでもいるのであろうから、集まることは簡単なのである。その際に言語が障害になるわけはない。ウェイザーはまた、空を飛ぶことができるのであるから、飛行機のように、あるいはロケットのように地球を越えて飛んでいくこともできる。

こうした意味では、ウェイザーは従来の力の内部に留まっているのであって、単に表現が変化しただけともいえなくはない。しかし、確認したいのは、仏陀そのものは球形の「地球」の上に座らないという点である。[25]ビルマ人仏教徒のほとんどは、仏陀を認めると同時に、須弥山をとりまく七洋七大陸の仏教的世界観もまた、ある種の真実のものとして認めている。しかし、新たな知識として地球が丸いことも知っており、「地球」というイメージも確かに抱いている。他でもなくウェイザーが地球の上に座っていることに、何らかの意味を見いだすのは誤りであろうか。

すなわち、ウェイザーは現実世界を操作するのにもっとも長けた存在であるとされるからこそ、須弥山を中心とした「仏教的世界観」だけではなく、「ローキーの（世俗的）世界観」にも矛盾なく存在するものなのである。また、ウェイザーが関わる領域がまさに世俗的問題であるからこそ、ウェイザーの力も現実世界の変化に対応して、変容していると考えられる。

一方、こうした力が仏教に近づき、仏教的脈絡のなかで「神通力」「神変」と理解されたとしても、正統サンガの側からいえば、力を示して帰依を促すことはやはり容認できない。その意味では、ウェイザー信仰の側がいかに仏教に近づいていこうと、超能力や神変といった力に関わる限りにおいて、決して正統仏教の内部に入っていくものではない。しかしながら、まさにこのことにより、人々がもうひとつの「仏教」を必要とする場合に、ウェイザー信仰がそれに応えうる要因となり得ているのである。

終章　宗教政策とウェイザー信仰の現在

1　政権・サンガ・ウェイザー信仰
――ネーウィン政権から現政権まで――

第六章で見てきたように、ウェイザー信仰は、仏教やローキー・ピンニャーと固定的に結びついてきたのではなく、権力の介在により絶えず結びつき方が変化してきたと考えることができる。より明確に言えば、権力とサンガの織りなす関係が、ウェイザー信仰に深く関わってきた。敢えて図式化していえば以下のようになろう。

権力の主導に基づき、国家レベルにおいて正統サンガが成立した。さらにサンガの浄化が行われることにより、僧侶はローキー・ピンニャーから確実に切り離されてきた。現在、ローキー・ピンニャーは在家を中心に伝授されており、僧侶が伝授する例も多いとはいえ、表だっては関わるべきではないとされている。一方で、信仰の対象となりやすい超自然的な力や力を生み出す術や修行方法からも、僧侶は切り離される傾向にある。瞑想によって得られる神通力、神変も、確かに経典類が伝えるように仏陀や聖者たちも獲得したものであるが、「力」を示すことによって人々の信仰を集めることは正しくないとされている（第五章参照）。つまり、ローキー・ピンニャーによる力にせよ、神通力など瞑想による力にせよ、正統サンガは「力」を獲得し示すことからは遠ざかる傾向にある。そして、サンガから切り離されたもろもろのものに、ウェイザー信仰は現在、深く入り込んでいるといえるのではないだろうか。

ネーウィン政権以降の現代における権力とサンガとの関わりや「力」の語られ方も、この図式のなかにおくと、さらに明確になる。

ウー・ヌ首相は、みずから瞑想を行い「仏教王」のイメージを意識していた。しかし、正統的な仏教王というのは徳によって治めるものであり、むしろ実効力のある力からは切り離される。彼は仏教を国教化しようと尽力し、それは失脚の一因ともなったわけだが、一九五八年にクーデターにより政権の座に付いたネーウィンはその失敗を生かし、政教分離政策を取った。ウー・ヌは「善い人だが弱く」、ネーウィンは「善くはないが強い」という言葉は、まさにそれを表していよう（Spiro 1970）。ネーウィン政権は、仏教を守る国王という旧来の王権の正統性ではなく、独立の志士アウンサン将軍と国軍の後継者としての正統性に重点を置いた。彼はビルマ式社会主義を打ち出し、閉鎖的な経済政策を取る。

こうした政権が、四半世紀近くものあいだ強力に存続したことに対し、この政権の持続を象徴的「力」という観点から分析した論文も出ている。例えば田村（一九八七）は、ネーウィンの力を仏教ではなく精霊のもつ力とのアナロジーから論じ、伊野（一九九四）は、道徳的力ではない威力（ダゴー）という観点から分析した。これらは、本書の言葉に直していうならば、いわゆる仏教的力ではない力の存在に着目したという点で、従来にない指摘である。

すでに述べたようにネーウィン政権は、一九七九年にガインを弾圧している。同時に、ローキー・ピンニャーに含まれる諸術に関しても、具体的に関与を行ってきた。例えば、民間医療の整備を継続し「学問」化する際に、信仰に関わりガインとも深く結びつくパヨーガ（超自然的存在の介入による病の治療）を外していた。また、占星術において、現政権高官たちが儀礼に招いているMたちは、占星術を明確なテキストにし、学校形式で伝授する動きの先端にいる。

一方では、政府はサンガに対する干渉を行っている。一九八〇年には全宗派合同会議を組織し、宗派を越えた統一の組織を作り、かつ選挙によって選ばれたサンガ総監長老会議によって僧侶自身を管理させる方向へもっていく（Tin Maung Maung Than 1988）。すべての僧侶の登録が義務づけられ、不適格と判断された僧侶は最終的には長老会議の判断によって還俗させられることになる。しかし、長老会議は宗教内務省の膝元に置かれている。つまり、政府は、間接的にではあるが、サンガを掌握する方向にあるといえる。

これらは、ネーウィン政権による世俗化推進政策と理解されてきた。しかしここでの議論に引きつけて言い換えれば、ネーウィンはサンガをさらに徹底してローキー・ピンニャーやウェイザー信仰から引き離し、ガインに関しては表だって弾圧し、一方で、ローキー・ピンニャーに関わる知識と人材とをむしろ信仰から切り離し、同時に制度化し規定していくことで、掌握しようとしているといえるだろう。

一九八〇年代ネーウィン政権の閉鎖的な経済政策は、失敗の色を濃くする。ネーウィン政権時代の末期は、言論統制も相まって不充分な情報のなかで、むしろ口頭での語りが人々の主要な情報源となり、さまざまな噂が飛び交った。例えば、ネーウィンがさまざまな政策決定の際に、占星術を用いたり、あるいは「厄払い」を行って現実世界を操作しているという見方であり、これらは何年もの間、人々の噂のなかで極めて真実味を持って語られてきた。実際に彼のおかかえ占星術師であったといわれる人間は何人か存在している。例えば、そのなかでも最も有名なM師は、「術」そのものの洗練度と術の確かさによって、ネーウィンを権力の場にとどまらせ続けたといわれている。だからこそ一九八八年民主化運動の際に、M師を憎む人々の群れがオフィスに押し寄せたといえるだろう(1)。

また、民主化運動の高まりのなかで一九八八年一四日間のみ政権の座についたセィンルィンは、ネーウィンに重用された腹心の部下であった。彼は、一般にはさほど知られていないが、従来よりM師の協会で占星術を学び高度なものを身につけていた。またM師らによれば、彼は自分の運命、すなわち、悪名にまみれ、一四日で権力の座から引きずり落とされることを知っていたともいわれる。しかし、彼はその運命から逃れることもせず、引き受けたという。M師の弟子の一人は、ネーウィンが、セィンルィンの運勢を「知って」いたからこそ、彼を据えたのかもしれないと語った(2)。すなわち、ネーウィンとその息のかかったセィンルィン政権は、占星術やそれをもとにした厄払いといった力を十分に取り込んでいると、少なくとも人々からは理解されていたのである。

国家法秩序回復評議会(議長はソーマウン上級大将、後に、タンシュエ上級大将)は、一九八八年に高まりをみせた民主化運動をクーデターによって掌握した軍事政権である。宗教政策において、この政権は、ネーウィン時代のそれを基本的には踏襲している。

この政権は僧侶を政治から切り離す方針を、断固として継続している。民主化運動が高まるなか、僧侶たちもネーウィン政権に異を唱え始めた。デモに参加する僧侶がいたほか、人々を間接的に支持し、守ろうとした僧侶も存在した。例えば、僧侶がその衣をもって人々の前に盾として立ったり、民主化運動の学生を僧院にかくまったりしたという。こうした僧侶の政治に対する抗議表明の態度はビルマ社会において有効に働き、軍人のなかには動揺するものも出たといわれている。クーデター後の一九九〇年八月、マンダレーを中心に一部の僧侶が、国軍らの布施を受け付けないボイコット運動を起こしたが、それを期に現政権は強行姿勢を取り、こうした僧侶を世俗に関わったとして還俗させたり逮捕したりした（伊野一九九一、一九九二、Houtman 1999 : 222-24）。その一方で、僧侶に対して高い称号を授与していき、政府高官がさまざまな仏教活動に携わった。そのなかには高僧への布施のほか、第三章で述べた「パゴダ建築改修委員会」によるパゴダ改修といった活動があった。この政権の特色は、政府高官の仏教活動を積極的にメディアに載せていったことにある。日々の新聞（一九九二年の時点で『労働者人民日報』英語、ビルマ語各一紙のみ、現在ビルマ語は二紙）、テレビ（国営放送一局、現在は二局）といったメディアは、いずれも政府の管理下に置かれており、政府高官が高僧に布施をするところ、パゴダ建立儀礼に参加するところなどが、ほぼ同じ観点から繰り返し報道されていた。メディアにおける政府高官の仏教活動の報道は、ネーウィン政権に比して格段に増加している(3)。

このことは、権力の側の仏教のイデオロギー的力の利用とメディアによる宣伝であると考えられる。僧侶はこの絵図のなかでは、もはや権力に取り込まれ、彼らを認め、彼らに正統性を与える駒でしかないかのようである。こうした功徳行為を見せ、軍人たちの布施を受け取るサンガ組織の重鎮たちをメディアに載せることによって、政府はその正統性を主張しているのである。この点では、ネーウィン政権の時代に比して再び政治に仏教を戻しているといえよう。しかし、ヤンゴンに流布していた噂では、これが一種の「意図的な利用」であることが強調されていた。例えば、「あれほど悪業を行ったからこそ、いまごろ功徳を積もうとする」「功徳をポーズとして見せている」「テレビは黄と緑ばかりだ（黄は僧侶の衣の色で、緑は軍人の制服を意味する）」といった言葉のほか、「彼らの行為はまさに『村人の善行を村長の功徳となす（村人たちが協力して行った布施などの功徳を、村長が名前を冠して自分の功徳としてしまうことを示した言い回し）』である」という語りである。

さらには、政府の仏教的言説をはずしていくために、別の原理としてローキー・ピンニャーに関わる語りがしばしば持ち出された。例えば、政府はパゴダ建立を全面的に行った。これは通常、最も高い功徳行為であると見なされるが、そうした行為を「厄払い」であるとみなす噂が広がっていた。ウー・ヌ政権時に建立された「世界平和パゴダ」も厄払いといわれたが（Spiro 1970）、ネーウィンの建立したウィザヤ・パゴダのほか、多くのパゴダが「厄払い」のため、ないしは、ローキーに関わる御利益を目指した行為であると語られた(4)。

当時政権の議長を務めていたソーマウン上級大将が、一九九二年一月二九日国営放送を視察に出かけたときには、数珠を手の中に握っていたことが話題になったが、その解釈は数珠を持つほど宗教に熱心であるというものではなかった。人と挨拶するときにまで数珠を手に持って握手することはおかしいとして、あの数珠には「薬」を仕込んでおり、それに触れることで支持者を増やそうとした、メディアの側の懐柔を「下道（アウラン）」の力で行おうとした、などと語られた。

こうした言説は、噂を語る人々にとって、ネーウィン政権のときと同じく、ローキー・ピンニャーを用いた力が意識されていることを示している。ただしこの政権においては、噂は政府側のメッセージ（仏教的行為）をローキー的行為と解釈することで、仏教的力を解体しようとする方向に動いている(5)。

このようなことは、サンガとの関係においても当てはまった。政府の側は、述べたように、彼らの布施に応じる僧侶をサンガ組織の重鎮として据え、一方で彼らに反対する僧侶を政治的＝現世的であるとして還俗させるといった、いわば飴と鞭の方便によって、サンガ組織を掌握しようとしている。こうした方針はネーウィン政権の継続といえよう。しかし人々が仏教における正法王に代表されるような支配者観を持ち続け、高位の僧正に尊敬心を持ち続ける限り、政府がそうした僧正に寄進をすることにより「正しい人物に寄進している正しい指導者」というメッセージは有効に働いてしまい、結果的に政府の「正統性」を補強してしまうのである。

それに対して、「トゥエヤッパウ僧正」の信者たちは、サンガ組織の高位の僧侶は政府の傘下に入ったが、トゥエヤッパウ僧正たちは別だとたびたび語っていた。平凡山僧正の信者たちにも、あきらかにそうした考えを表明するものがいた。そうした人々にとって僧正が帰依の対象となるゆえんは、僧正が宗教省やサンガ組織に招かれても、他に移らず、山を降りないという事実であった。すなわち、平凡山僧正に政府の高官などが帰依しているとは語られたが、僧正自身は政府の側におもねっていないとかなり広範に受け取られていた。まさに僧正の力のゆえに、内戦の続く地域からの避難者も逃げ込み、平凡山自体が、一つの理想郷になっていると考えられていた。その僧正や平凡山の一見「非政治」的側面が、人々にとって、通常のサンガとは異なる宗教世界を作り出していると感じられていたのも事実である。一方、九〇年代半ばごろから、僧正のところにキンニュン第一書記など政府高官が出かけていき、武器を持ち込んだり、僧正を軽視する行動を取ったりして僧正の不興を買い、僧正から懲らしめられたという話が少しずつ異なるバージョンのなかで出回り始めた。また一九九三年になって、僧正に関する記事の連載が途中で中止されたことがあったが、これを、信者が増加しすぎたために政府が牽制したものとみる向きもあった。すなわち、徐々に僧正と「政治」とを結びつける語りも現れはじめたのである。(6)

金鷺僧正もまた、平凡山僧正と同じように、トゥエヤッパウ僧正、ウェイザーなどとさまざまに理解されている。この僧正に帰依する信者の一部は、その「力」をよりはっきりと政治的に解釈していた。たとえばP師たちは僧正をトゥエヤッパウと見なしていたが、通常ピィ（プローム）地方の僧院に籠もっており、ヤンゴンにはめったに出てこないのに、一九九二年六月に出てきたことについて、「僧正は国民会議を守るためにやってこられた」と語っていた。(7) 金鷺僧正はその力のゆえに、自分達の願いを聞き届けてくれる存在であるが、同時に、政府とサンガという関係のなかに置いたとき、正統サンガ組織とは異なり、政治権力に組み込まれない信仰対象と理解されているのである。つまり、こうした高僧への帰依は、政府と結びついたサンガ、あるいは政府のメッセージ（正しい人物への布施）を、やはり解体する方向にある。

まとめてみれば、現在のサンガ組織は確かに非政治的なものであり、それは教義的にも正しいあり方なのだが、現実には政治的に権力に従属する面がある。少なくとも一九九一—九二年の調査時点で、都市部の人々の一部にはそう理解されていた。そうした状況にあって、権力に利用されない別のサンガとして求められた僧正たちがいた。前述の高僧たちは、森林の僧としての世俗と離れた態度のゆえに、あるいは力そのものの故に、信仰するにふさわしい対象となっている。そして、彼らをトゥエヤッパウ、ウェイザーであると理解するものがいるという点において、ウェイザー信仰もそうした希求に応えているといえよう。

2 結論

序章で述べたように、本書は、ウェイザーを信仰する集団、信仰のあり方、世界観、集団が伝承する知識などに関する民族誌的記述を行うことを第一の目的としている。

第一章、第二章において、具体的事例を挙げてウェイザー信仰の多様な姿を明らかにしてきた。ウェイザーの信者のあり方もさまざまである。例えば、「ガイン」という集団に所属するもの、集団は作らずに、現在ウェイザーとなったといわれる人間を慕って集まってくるもの、ボーボーアウンやボーミンガウンといった神話的人物の存在を漠然と信じる人々などが存在する。

ウェイザーを信仰するのは、あくまで個人的な選択による。村落におけるガインの活動も報告されているが、活動の拠点は、都市部に置かれることが多い。但し、村落でも都市でも何らかの地域社会をもとにして作り上げられるものではない。信者たちはみな一様に仏教徒であり、彼らの規範は仏教に基づいている。そのためもあって、ガインの成員であるか否かは、外からみただけではわかりにくいものとなっている。

ガインの基本はあくまで師弟関係に基づく二者間関係である。弟子間の関係はとくに存在しているわけではない。ましてや、ガインを結成することなく、核となる人物を中心に緩やかに集まっている場合、信者たちはそれぞれ中心の人物と自分との関わりのなかで動くだけであって信者同士の関わりはほとんど問題にならない。つまり、集団としては曖昧で把握しがたいものであるといえる。ただし、経済活動や芸術、文化保護活動といった他の要因が関わった場合に、活動そのものも推進し、さらに宗教団体としての存在も顕在化することがあった。本書で取り上げた「ラーマーヤナの会」「海の家族」「銀の家族」の事例がそれである。

ウェイザーというものは、必ず、何らかの術（方法）を得て修行を行い、それによって、超能力（ティディ）を手にするという理解があった。つまり、人間が到達できるものという回路が強調される一方、祈願を叶え、守ってくれるという加護や守護的な力も、同時に強調される。この二側面は、信者にはかなり共通して見られる理解である。ウェイザーは、仏陀を頂点とする仏教的世界観に組み込まれ、その位階のなかで、仏陀、聖者より下、精霊、悪霊より上に位置するとされる。この位階は、パゴダ建立儀礼の分析で見たように、儀礼などを通じて一般社会においても示される。多くの人々がウェイザーの超能力に依拠し、現世利益を期待していた点でも共通性がある。この力は、ビルマ社会のなかで語られる仏教的力――威徳（ポン）や業（カン）とは異なるものであった。「国際会議を行う」「外国語を話せる」といった能力は、現代的状況の認識に対応しており、まさにウェイザーが世俗的なこと（ローキー）に関わるものであるからこそ、こうした言説が可能となる。

しかしここでさまざまなウェイザー信仰の共通点を取り出し、それを実態的なものととらえ、仏教と精霊と住み分けているといった形で説明しても、ビルマの宗教世界を理解したことにはならないだろう。ウェイザー信仰は多様に展開しているところに特徴がある。人々のウェイザー理解やそれに基づく信仰のあり方は、ローキー・ピンニャーと仏教的修行を二つの軸のような領域と仮定し、その二つの取り込み方に限りない差異を生み出していると考えたときに最もよく把握できる。典型的に現れるのは、トゥエヤッパウの理解であった。簡単にいえば、(1) ローキー・ピンニャーによって超能力を得たのち、火に飛び込むといった肉体的仮死を伴う最終的な過程を経て「この世を抜ける」、(2) ローキー・ピンニャーによって超能力を得たのち、それより高い状態には瞑想を通じて「この世を抜ける」、(3) ローキー・ピンニャーを用いず瞑想によってのみ「この世を抜ける」、という大きな流れに分けられる。トゥエヤッパウ理解の差異は、信者たちの修行の多様性にそのまま反映されている。その意味で唯一の「正しい」ウェイザー、トゥエヤッパウ理解というものはありえない。

本書の第二の目的は、多様な形で展開するウェイザー信仰を、上座仏教社会というビルマ社会のなかに置きなおすことであった。なかでも、ウェイザー信仰が上述二つの領域といかに関わるかに着目してきた。

ウェイザー信仰は、一方ではローキー・ピンニャーという知識に深く関わる。仏教教義に関連する学問であるローコゥタラ・ピンニャーを至上のものとするのに対して、ローキー・ピンニャーは、世俗に関わるものとして一段下に位置づけられる。しかし、現実世界を解釈しそれを変革できるものでもあり、一部は「呪術」と重なる原理に則っている。下道の師（アウラン・サヤー）やソン、カウェといった邪術師が用いるといわれる術が感染呪術と重なるとすれば、ローキー・ピンニャーは、ものを隠喩的に操作するという点で類感呪術に重なるといえるだろう。しかし同時に、ローキー・ピンニャーは高度に体系化された原理をなかに有しており、その故にビルマ社会においてまさに「ピンニャー（学）」とみなされてきた。そしてウェイザーは、ローキー・ピンニャーに熟達したものとされ、多くのガインではその術が教えられてきた。もちろん、ローキー・ピンニャーを伝授する人々はウェイザー信仰の師たちに留まらない。ローキー・ピンニャーの専門家たちとウェイザー信仰の専門家たちの伝授する術を比較してみると、前者に比して後者の方が超自然的存在の守護的力を関与を重視するという傾向があった。

　他方で、ウェイザーは仏教と深く関わっている。たとえば、ウェイザーそのものが仏教的世界観のなかで説明され、ガインの成員や信者たちも自らを仏教徒として位置づける。ウェイザーとなるための修行に瞑想が強調される側面もある。ただし重要なことは、瞑想によって超自然的な力が得られると理解されており、そうした力が人々の信仰心を引きつけているという点である。現在では、そのことによって、仏陀につぐ聖なる存在、「阿羅漢」に対する信仰と近接するようになっている。第五章でみたように、ある一人の人物が、阿羅漢とみなされたり、「この世を抜けた（トゥエヤッパウ）」存在、ないしは、ウェイザーとみなされたりする現象のことである。しかし、阿羅漢信仰そのものが、「神通力」「神変」といった力を希求して信仰される傾向にあり、正統サンガはそのような力を得たという噂に対して否定的な態度を取る。ウェイザー信仰が核とする瞑想の方法も、正統的とされるやり方とは異なっている。つまり、ウェイザー信仰は、正統サンガにとって認めがたいものと結びつく傾向にある点が重要である。

　第三の目的は、この信仰の歴史をとくに権力との関係において見ることにあった。現在、ウェイザーと関わる信仰や知識、その担い手たちは、仏教学や僧侶と比較した場合、周縁的な位置を占めている。仏教との比較においては王朝時代においても同様であり、現代の信仰のあり方につながるものは歴史資料のなかで断片的な記述しか残っていない。第六章で歴史を考察した結果、ウェイザー信仰はローキー・ピンニャーや仏教、転輪聖王などとの関わりにおいて、必ずしも一定の関係を保ってきたわけではないという結論を導き出した。ここでさらに誤解を恐れずにいえば、ウェイザー信仰は、まさに一八世紀末以降生じた宗教をめぐる変化に極めて柔軟に対応してきたといえるだろう。

すなわち、一八世紀末からサンガの浄化を通じて、仏教を純粋にし、純粋ではないとされたさまざまなものを除外していく動きが進んでいく。この動きとは「宗教」を「呪術」や「魔術」から分離させることではなく、具体的には、ローコゥタラ（涅槃、来世に関わること）とローキー（世俗、現世にかかわること）との境界を明確にすることで進んでいった。それが知識の分野でも展開したと考えられるのである。現在ローキー・ピンニャーと呼ばれる知識は、占星術、錬金術、呪符の術、民間医療などを指すが、こうした知識は、王朝時代には当時のエリート層である僧侶を中心に伝授されており、王権もそうした知識を必要としていた。少なくとも歴史資料のなかでもそれが窺える。しかし、浄化運動が起こったころから、そうした知識に関わる僧侶を批判する記述が見られる。つまり、知識の分野においてローコゥタラとローキーの境界の明確化は、担い手との関わりにおいて進んでいった。ローキー・ピンニャーそのものを否定するのではなく、ローコゥタラに専念すべきサンガ（出家）が関わることが望ましくないとされるわけである。ガインのように在家のなかでローキー・ピンニャーが伝授される地盤はこうして作られたのではないだろうか。

植民地期以降は、この流れは西欧からもたらされた近代学問との対比でさらに複雑に動いたと思われる。いわゆる教育の場では近代学問が主流となっていく。おそらく現在「ローキー・ピンニャー」と呼ばれる知識（占星術、錬金術、呪符の術、民間医療など）は、こうした近代学問的教養とは競合できず、世俗の知識のなかでも、従来より周縁的な知識とされていったと思われる。ただし、かつてのような「教養」ではないにしても、社会のなかで一定の位置を占めてきたといえるだろう。民間医療の場合は、六〇年代以降に新たな民俗知識として、権力が再評価する動きも見られる。その際に、民間治療師たちが伝授してきた信仰と結びつく治療法（パヨーガ）は切り落とされ、薬草学などの知識のみが「学」として確定され、テキスト化され、試験と資格を通じて、標準化されていくのである。このような「学」としての確立は、占星術の世界でも別の形で進んでいるともいえ、他の占いよりも遙かに高位に置かれていた。Mの事例で見たように、占星術の専門家は一部は学校形式で再生産されている。まさに、ネーウィン以降の軍政権が用いていると語られているのは、ウェイザーと結びつかない「学」としての占星術である。

一方、神通力や神変といった力の誇示に対しても、同様である。現在、正統サンガからは力を誇示することに対して否定的な言説がとられ、やはりサンガから切り離されてきたが、このような言説は、ミンドン王以降、瞑想のやり方が徐々に確立され統一化される過程を通じて生じた可能性もあるだろう。(8) 瞑想と力をめぐる過程については、これ以上明確な時代を確定していくことはできず、今後さらに細かく検討していく必要があろう。しかし、取りあえずは、ボードーパヤー王以降ネーウィンらの宗教政策にいたる、一五〇〇―二〇〇〇年ほどの期間を通じて、こうしたある種の「囲い込み」が徐々に行われてきたという類推が成り立つのである。

こうした宗教の再編成の動きは、ある意味では宗教の近代化、ないしは合理化であると言い換えることができるだろう。そしてその長い過程とウェイザー信仰の動きとは深く関わってきた。当該社会の宗教をめぐる「近代」化は、国家レベルでサンガ組織が整えられることで進んでいったと思われるが、これは、広い意味での宗教的知識と担い手のなかに、権力が明確に入り込んでいく過程とも言い換えることができるだろう。そして、正統サンガの成立に伴いサンガから切り離された諸々の知識や力、あるいは近年みられるような民俗知識の再評価の過程のなかでこぼれ落ちるものと、ウェイザー信仰は結びついている。

俗人のあいだにローキー・ピンニャーが広範に伝授されはじめた時期に、現在の信仰につながるような、俗人で仏教に帰依するというウェイザー像が成立する。ウェイザーは瞑想と結びついた場合にも、力の獲得に結びつく集中瞑想と深く関わる。一部の体系化された知識のみを取り出して再評価する政府の政策に対して、ウェイザー信仰はあくまで超自然的存在から守護的力を得る形でローキー・ピンニャーに関わる。つまり、はじき出された諸々のものは、ウェイザーと結びつくことで、より広い宗教的世界に再び返される。「正統サンガ」が純粋化することでサンガが関わりにくくなるさまざまな側面に、信者の理解のなかでウェイザーは深く関わり、またウェイザーを信仰することを通じて、彼らもそうした行為に導かれた。すなわち、転輪聖王を守るという形で仏教世界を守ること、転輪聖王そのものとして国王不在の世に仏教を守ること、仏教世界の危機や仏教世界の辺境においてパゴダ建立を通じて仏教を布教することといった行為である。

ウェイザー信仰の動態を見ようとして、仏教とローキー・ピンニャーという領域に着目したが、大切なことは、当該社会の内部で権力やサンガもまたこのような領域と動態的に関係を取り結んできたということである。そして、現在ウェイザー信仰として我々の目に見えるものは、二つの領域と自由に関係を取り結んでいるというよりも、権力やサンガがそれらの領域と取り結ぶ関係そのものに対応してきたといえるだろう。

ここで導き出したのは、ウェイザー信仰の動態に対するひとつの理解である。ウェイザー信仰の信者たちは、確かに政治権力を意識し、間接にせよ対抗する形を取ってきたとはいえるだろう。こうした宗教のなかの政治的解釈は、まさにビルマの人々にとって、政治権力との関わりが日々の生活のなかで絶えず意識されてきたがゆえに生じてきたものとも考えられる。政治を語るための表現手段が次々に奪われていく近年、トゥエヤッパウ僧正への帰依とは残された表現のひとつであったかもしれない。

しかしながら、ウェイザー信仰を、政治権力とそれによる宗教世界の再編成という脈絡からのみ理解するわけにはいかないだろう。ウェイザーを信仰する人々の原動力は、日々の生活の困難のなかに、個人の悩みのなかに、または信頼できるサンガを探す「純粋」な信仰心のなかに、存在しているかもしれない。あるいは、それ以外の社会的要因が彼らを信仰に駆り立てることもあろう。例えば、社会の織りなす複雑な関係性の内部で、互いに他者との関わりを変化させようとする試みは、人々の間に絶えず存在する。あるいは経済変化における宗教をめぐる状況としても、ウェイザー信仰の動きは追えるのである。

従来から、都市生活者、例えば公務員や軍人達、商売人などを含めた都市中間層の人々は、昇進、健康、開運、商売繁盛といった極めて具体的な願望と絶えず向き合っており、人々は現実のレベルで個々に対応すると同時に、宗教の分野においても対応を求めてきた。こうした形で求められる宗教は、従来、在家の社会において最も慣習的に行われる「積徳」行為とは異なっている。

こうした状況にあって、都市化した精霊信仰が人々に求められていることはすでに指摘されてきた[9]。ウェイザー信仰もまた、現世利益において非常に効力があると考えられている。さらに、阿羅漢と考えられる高僧も、現世的な御利益のための重要な信仰対象として望まれている。平凡山僧正の事例で見たように、僧正を阿羅漢と見なす人々もまた、健康や昇進といった現世的な御利益を求めているのである。

ビルマの事例で示したように、ウェイザーや阿羅漢と考えられる人々は、さまざまな形で彼らが獲得したと考えられる「力」を物象化した形で人々に渡している。タイにおいては、高僧が修行によって獲得した力を「物象化」したと考えられる「お守り」が人々に購入される現象が起こっている（Tambiah 1984）。ビルマにおいてもこうした「お守り」は存在し、ある意味ではタイよりもさらに多様な形で——ブロマイド、呪文の札、呪符、はては「御祖（ボードー）」たちがいずこかより取りだした金属の小さな玉など——人々に手渡される。ただ、こうした「お守り」は消費の対象物とはなっていない。もちろん、ブロマイドや像などは売られているが、同種のものは「同じ値段」で売られており、価値における差異化がはかられていない。「お守り」に存在するのは、個々の物語であり、自分が、どこで、どのように、「聖なる存在」からそのお守りをもらったか、その人物がいかに奇跡を起こしたかといった、雄弁ではあるが、個々に関連を持たない物語なのである。すなわちそうしたお守りを評価するような一定の価値体系が存在していない。おそらくそれ故に、お守りは別のもの、例えば貨幣などに「交換」できないものとなっている。

タイの場合は力がお守りを通して広く交換財となっている例といえようが、ビルマの場合には、あくまでそうした「力」へのアクセスは、人的ネットワークと、信仰対象との関係性といった人間関係の内部で動くものであるといえる。したがって、こうした「力」を持つ存在との関係自体がある種の交換財となることはある。こうした宗教の用い方は、「銀の家族」の事例のなかでも示した通りである。

ビルマにおいても、一九八九年以降経済開放政策が取られ、市場経済が本格的に導入された。これは人々の視野を政治からそらすためともいわれたが、現実に、都市部を中心に、経済のあり方が急激に塗り変えられる。いわゆる「経済 *sibwàyei* 」が人々にとっての鍵概念となる。例えば、はじめて「経済誌 *sibwàyei măgăzin*」というジャンルが確立し、数誌が発行されたが、いずれもよく読まれている。また、会社を設立し、従来認められなかったような個人の貿易に手を出すような人々が現れた。従来の個人経営の店のなかには、このような流れに対応できずに潰れるものも出てきている。このような点に関して、本論では正面からは取り上げなかったが、その側面はここで報告した事例のなかにも反映している。ウェイザー信仰の信者として記述した人々の一部は、このように追いやられていく経営者であったり、今後成長していくと思われる会社の経営者であったりした。

こうした都市部を中心に起こる変化、急激に導入された市場経済のなかでビルマ社会が被る変化に、ウェイザー信仰もまた着実に対応しており、そうした観点から考察することが今後の課題となっていくと思われる。

注

序章

（1）例えば Brohm 1963, Pfanner 1962, Pfanner and Ingersoll 1962 など。

（2）スパイロは、アウラン・サヤーは意図的に術を掛けるが、ソンのなかには生得的に得た力を本人が気づかぬうちに用いる場合があることを指摘しつつ、双方に witch という訳語を用いた。本稿では意図的な術が対象となることが多いため邪術という用語を用いる。

（3）ショーバーのほか、J・P・ファーガソンは、メンデルソンの残したデータを文献資料で補充しウェイザー信仰に関わる優れた論考を出したが、残念ながら新しい調査に基づく資料はない（Ferguson and Mendelson 1981）。

（4）例えば Wirz 1954, Leach 1962, Yalman 1964, Ames 1964a, 1964b, Kirsch 1977, 梶原 一九七七、高谷 一九八三、小野澤 一九八六などのほか、仏教学者による研究として片山 一九七三、一九七九、生野 一九七五、池田 一九九〇などを参照。

（5）ショーバーの説明によれば、仏陀は生前 kilesa nibbana に達し、入滅のときに、khandha nibbana、最後の解脱のときに、dhatu nibbana に達した。これは、トゥエヤッパウ信仰のアシン・トゥエッ（生きたまま抜ける）、アティ・トゥエッ（死んで抜ける）、最後にダットーを残すというそれぞれの過程に対応するというものである。

（6）例えば、Aung Than 1965, Lieberman 1984, Aung-Thwin 1985, Than Tun 1988 など。

（7）この「内的歴史観」とは、ウェイザー信仰の信者たちがそれぞれ抱いている歴史認識のなかで、かなり共通して語られる歴史観を指すものとする。

（8）人類学における歴史研究の成果として、当該社会の歴史が必ずしも文書の形で残されず、例えば景観のなかに歴史認識が組み込まれたり、太鼓の音やその他の表象を通じて歴史が伝えられるなどの指摘がある（Rosald 1980, 川田 一九九二など）。

第一章

（1）彼らがウェイザーと考えられていたという同時代資料はない。第六章参照。

（2）『ビルマ辞典』には①知識、智、②さまざまな術、さらに③知識やさまざまな術を身につけた人とある。この単語の語源はパーリ語 vijja だと考えられている（MA IV : 164)。vijja はパーリ語辞典で「明、智、明呪、呪、陀羅尼、学術、魔術」とあり（水野 一九六八：二五五頁）、石井によれば「ビルマ語における信仰対象としてのウェイザーは秘義に関する知識といった意味から派生した」という（石井 一九八二：四三五‐三六）。また、「呪術」などを通じて超能力を得るという概念は、上座仏教社会において、ビルマにのみ見られるものではない。その中には同じくパーリ語の vijja を語源とすると考えられるものがある。タイでは「プー・ウィセー *puu wiset*」という存在が報告され、「呪術的な実践により超自然的力を得たもの」と信じられている（石井 一九八二、Tambiah 1984, カーンチャナパン 一九九三など）。タイのカレン族では、*wi* と呼ばれる超能力を得た存在が報告され、速水（一九九二）は、ビルマのウェイザーという概念を取り込んだことを示唆している。そのほか東北タイにおけるモータムも、仏教呪術に関わるという点で興味深い（Tambiah 1970, 林 一九八四、一九八九）。このように同一語源から派生したと考えられる存在については、今後比較の視点も必要となろうが、とりあえず本書ではその事実を指摘するに止める。

（3） ウェイザドーの語源は「vijja を持つ者（持明者）」という意味のパーリ語 vijjadhara である。一般的な辞書、例えば、『ビルマ辞典』（MA IV：162）『パーリ派生語辞典』（Htùn Myin 1968：309）などは、ウェイザーとウェイザドーの項で双方を同義であると説明し、厳密な区別を示していない。

（4） 信者たちは、ウェイザーの段階の高低を表す際に、ウェイザー／ウェイザドーという対より、ウェイザー／トゥエヤッパウという対を用いることのほうが多かった。さらに、出家在家の使い分けや時代の好みも微妙に反映している。

（5） 例えばマノーマイェイディ・ガインの始祖は、過去の著名なウェイザーである「タンワラマーラー」を自称していた。また、⑪のマヘィディ・マハーウェイザドー・ガインの始祖セインミンの場合は、「身体変え」の過程を伝える希少な例である。この事例はオングェ（Òn Ngwei n.d.）参照。メンデルソンが身体変えを紹介しているが（Mendelson 1963b）、彼もこの書物を引用している。セインミンは、劇団に入ったり政治結社に入ったり、民間治療所を開いたりするが、瞑想などの修行を行ってきた。ボーミンガウンの代理を自称するものに金をだまし取られたりしたが、一九五一年にポゥパー山のボーミンガウンから手紙で呼び出された。ちょうど返ってこないと考えていた借金が戻り、そのお金でポゥパー山に出かけることができた。彼は自分の身体（ヨゥ）と精神（ナン）を捧げるから仏陀の教え（タータナー）を守れるタータナー・ピュ・ポゥゴー *thathăna pyú pokgo* にして下さいと祈願した。ボーミンガウンは彼に瞑想をさせたが、第一回目には、カトー *kăto*（じゃこう）の匂い、第二回目にはケッカルヤ *ketkăriyá*（花の一種、学名不明）の匂いが香ってきた。その後に、ボーミンガウンは彼をタウンジーに行かせ、タウンジーで十日間の修行に従事させた。書物は、そのことで彼の肉体を「改良した *pyúpyin*」と記している。また、ボーミンガウンが身体を変えたことを以下のように書いている。

一九五二年トータリン月黒分二日（引用者注：九月四日）午後三時四五分に、古いボーミンガウンの身体をお捨てになり、はじめに槍で突いた金鹿（のごとき）マウン・セィンミンを手に入れられました。香りという「血」の滴を受け、タウンジーという九のダッにより身体を改良し、超能力（マヘィディ）の力によって、母胎に入ることなく、蛇が殻を脱ぐように、姿をお変えになりました。ローキーとローコゥタラ双方の益を計るべく、ボードー・アウンミンガウン（という名を用いさせました。その理由は）ローキー・ピンニャーに従って、成功（アウン）のダッ、王（ミン）のダッ、頂点（カウン）のダッが反映するようにということなのです（Ón Ngwei n.d.: 8）。

メンデルソンは、この「槍」は、ウェイザーが携帯する「呪術の道具」であることを指摘する。また、分身のプロセスにおいて大切なことは、「血の滴」がはじめの人間から次の人間に渡されることであるという（Mendelson 1963b: 803）。ガインの書籍では「香り」が象徴的な血の滴であり、「身体の改良」とはタウンジーへ行かせて修行をさせたことであったという解釈が取られる。すなわち、ローキー・ピンニャーの基本（第四章参照）に基づいて文字を数字に置き換えると、タウンが7でジーが2を示す。つまり9のダッを取り込んで身体をよい状態にしているという意味である。また、名前にもダッを取り込むという考えが示されている。メンデルソンのインフォーマントのウー・バフラは、血の滴による身体変えの技術は、仏陀と転輪聖王にのみ用いられるものであると述べている。つまり、ウェイザーの変身には、ローキー・ピンニャーに基づく解釈と、仏教の身体変えに関する民俗的理解とが用いられているのがわかる。

（6）精霊が憑依した場合、通常はナップー *nat pù* というが、ナカナッスィー *năkănat si* と表現することもある。ダッスィーという用例は、従来の民族誌には記述されていないが、調査中信者たちはしばしば口にした。ただし、ウェイザーのみならず関係する神格、例えば鬼神を含む守護神（上位のナッ）や宝宮の姫（タイナンシン）、宝守り（タイ）などの神格が憑依する場合も、「ダッスィー」と呼ばれる。

（7）語源はパーリ語 yogī と考えられ、森林など人里離れた場所で修行を行うことにより超常的な力を得た存在を指す。『ビルマ辞典』では、「地下に潜り空を飛べる技術、他のものに成り変わったりする技術、薬やマントラの術を修得した人」とあり、ほぼウェイザーと同義である（MA II : 48）。ただしウェイザーの信者トゥッカウンはその書物で「ウェイザーほど高い状態ではない」と表現している（Htut Hkaung 1969 : 27）。現在ゾージーは、現実生活には密着しておらず、文学や芸能を通じて触れるものである。今は廃れつつあるが、人形劇では創世神話が必ず上演に組み込まれ、そこにはゾージーが登場した。古い時代を題材にした演劇や古典などにはしばしばゾージーが登場している。現在も、儀礼のなかのゾージーの扮装、人形劇や演劇に出てくる姿は、同一の図像を持つ（本文図3、4参照）。

第二章

（1）カレン族の信仰をビルマ族のものと同列に論じるのは問題もあるが、ガインの書籍から見る限り、他と共通点も多い。また一九九五年以降のカレン州平凡（ターマニャ）山での調査によれば、敷地内のカレン、パオ族たちはボーボーアウンなどウェイザーに帰依していた（土佐 一九九九 参照）。

（2）これを語ってくれたガインの師Lによれば、「アーターナディヤ・スッタ」には大経（「阿吒曩胝経」『南伝大蔵経』第八巻、長部経典）と小経（「阿吒曩胝護経 *Atanădiya Păyeik*」）があるという。大経（経典）には、この小経（護経）がどのように与えられたかが説明されている。仏陀を信じない夜叉などの邪魔や害から、比丘、比丘尼、優婆塞、優婆夷を守るために、多聞天（毘沙門天、クベラ *Kiweirá*, (P)Kuvera）をはじめ四天王が三八名の神をつれ仏陀のもとにやってきて、この護経を唱え給えと納受したものである。護経は初めに仏陀以前に悟りを開いた六仏と仏陀とを拝み、その後、四天王、さらに三八の神の名前を挙げている。ビルマでは、護経がお守りとして重視され、特に「十一大護経 *Păyeikgyi Hseăthok*」は儀礼などにも用いられるが（ウェープッラ 一九八〇（一九七八）：三二 - 三六参照）、小経はこのなかに含まれる。L師はこの語りをまったく暗記で行った。テクストとの比較は後で行ったが、順序や細かい名前は経典のままであった。さらに、「元来ナッやウェイザー、ゾージーなどに与えられていたサマが失せないように」護経がつくられたという独自の解釈が加わっている。つまりこのガインのなかでは、長部経典という経典の知識が保持された上でガイン独自の解釈が加えられていることになる。

（3）緬暦一一一一年というのは特徴的な数字を入れた可能性もある。僧正の絵姿は成員の仏壇に飾られる。

（4）僧正のカッピヤ *katpiyá*（僧侶の世話をする俗人）を務めたザン師の弟子だった。

（5）チッポンは一九〇九年に弟子達の依頼によって、『カンダゾーティ僧正の内観呪文字・魔法術御宝典 *Hkandá Zawtí Mănawyădănà Wipatthăna Sămá Thayá Hmaw Pon Kyàn*』という書物を出したが、この書物は残っていない。一九三八年出版のガインの書物でチッポンは八五歳とあるので生年は一八五三年より少し前となろう。彼は中国名をチンスィー *Kyinswi* といった。

（6）この書籍は総師チッポンの命をうけ、ナーゴーサが書いている。書物には、「ナーゴーサよ、覚えておくがよい」という語りかけが頻出し、「師チッポンが弟子ナーゴーサに語りかける」というスタイルで統一されている。これは、仏陀が「弟子アーナンダーよ、覚えておきなさい」と仏弟子に語りかける経典の修辞を思い出させる。一方では、後に総師となるナーゴーサの直弟子としての姿も印象づけている。

（7）同ガインの師Lによれば、一九三〇年代メィガンダ師には、常時五名ぐらいの弟子がおり、巣立った弟子がすでに弟子を持っていた、またメィガンダ師級のサヤーが一〇〇人はいたというから、単純に孫弟子まで計算すれば二、五〇〇人となる。また別の師は、地方の総師が十人、一人あたり五〇名から一〇〇名ぐらいのガインの師がいたというので、総数は五〇〇名から一、〇〇〇名程度ではないかという。

（8）ラーマーヤナ上演については、王朝崩壊の前後に芸人達がビルマ各地に散った際に、ラーマーヤナを踊る人々が下ビルマのデルタ地帯ピャーボンに落ちつき、一九世紀末上演を始めた。今世紀初めにさらにヤンゴンに伝わり、毎年上演を続けてきた。

(9)「ラーマーヤナ」には、ラーマ兄弟が修行僧から武芸を学ぶ箇所がある。ビルマ版ではこの修行僧は「ボードー *Bòdaw*」と呼ばれるが、ボードーはウェイザーと信じられる人物の呼称でもある（第一章参照）。チッポンはボードーを演じるという行為を、ウェイザーとしての「ボードー」になるという「前兆」と見なして、象徴的に具現しようとした。つまり、前兆となる現象を疑似的に模倣することによりその前兆が示す事柄を実現させようとする操作であり、これを「ヤダヤースィン *yădăya hsin*」と呼ぶ。この操作原理はローキー・ピンニャーに含まれる（第三章）。このような形でラーマーヤナ上演とガインの活動が結びつけられた点は注目に値する。

(10)ガインは名簿や集会などによって全体が確認されるものではないという。但しマイェイザーヤ・ガインでは門外不出の五千人分の名簿があったとされる（Mendelson 1961b : 556）。

(11)理由の一つは前節で述べたネーウィン政権時代の弾圧であろう。いま一つは、一九八八年軍部クーデター以来の「五名以上の集会禁止」である。都市部では寄進や祭り以外の機会に多数が集まることに許可が必要で、集会は回避される傾向にある。

(12)一九九二年現在、地区法秩序回復委員会によれば人口三、七九七名、戸数は七九七戸である。

(13)（a）（b）の職業は、公務員、商店を経営するもの、古本売買業、役所の非常勤職員、元教師、定職なしなどである。

(14)O師には別に家があり、妻と目の不自由な娘がいるが、通常Y家で寝起きする。家庭生活があまりうまくいっていないというものもいる。

(15)キン（親しい）のネットワークの議論に関しては田村（一九八三）参照。

(16)ウェイザーとして知られる人物は、実際には男性ばかりだが、ガインの儀礼では「男のウェイザー、女のウエイザー」という言葉が用いられ、理論的には女性もいるとされる。また、このガインは女性が師となることを許す数少ないガインであると語られる。

(17)（c）の人々はO師の直弟子より年輩である。彼らの師がエンジニアという当時のエリートであったこともあり、上級公務員を勤めたものなどが含まれている。

(18)「ポゥゴー」の原意は「（立派な）人物」で日常でも用いられるが、アーターナディヤ・ガインのみならず、ウェイザー信仰ではよく用いられる。ウェイザーやそれに類する存在を指し、仏陀のことはポゥゴーとは決して呼ばない。彼らはナッに対して、アテッ・ナッ（上位のナッ：天神、女神）とアウ・ナッ（下位のナッ：精霊）と区別し、前者をポゥゴーに含める。ナッに関して、ウェイザー信仰では必ず明確に区別するので、今後、「上位のナッ」を神、天神、守護神と訳し、「下位のナッ」のみを精霊ないしナッと訳出する。また、誓いを挙げる場所はどこでもいいが、弟子のなかにはシュエダゴン・パゴダで誓いを立てたものがいる。東門の登り口の隅に、鬼の面が彫り込まれたしっくい作りの人の背丈ほどのパゴダがある。これは、アーターナディヤ・ガインの師が建てたといわれている。この鬼の小パゴダの前で誓いを捧げるのが望ましいとされる。

表6　呪符に込められる文字の組み合わせとそれに対応する意味

サマの組み合わせの一例	ワ	ヤ	マ	パ
四要素の対応	土	水	火	風
仏教	四諦	教法、修行	波羅蜜	仏法
関連する民族	インド	シャン	モン	ブラフマ
神格	ウェイザー	ゾージー	修行者	牟尼
四仏	釈迦仏	迦葉仏	拘留孫仏	拘那含仏

(19) 規則は、印刷物になって残ってもいる。現在の成員にとって意味不明の項目もある。
(20) サマとは、「基本文字(サー・アマ *sa ăma*)」から来た言葉という。また基本文字は月と太陽という熱さと冷たさから生じたという。
(21) 文字と、火、土、風、水の四要素、仏教教義や民族、神格、過去四仏が右のように対応している(表6参照)。表6内の「四諦」とは最も基本的な教義理解、「教法、修行」は僧侶などが行う、最も核となる精進の方法、「波羅蜜」は悟りなどを開くための知恵をいう。
(22) 守護神には、バルー・ナッ(鬼の神)のみならずメードー(女神)が半数加わる。女神は、サンディ女神、マニメーカラー女神などヒンドゥー起源のものが多数である。
(23) L師は、一三歳のときにザガインに住むメィガンダ僧正のもとへ行き、ガインの知識を授けてほしいと申し出た。しかし、僧正は仏教をまず学べと、彼にお金と衣などを与えて別の僧院に送る。その僧院へ向かう途中に、マンダレー市の東のパティンジー地区の一村に立ち寄った。「当時私のサマは宝掘りのサヤー・ニャンが持っていた。彼は守護神から夢を通じて、この時間にこの方角からやってくる土曜日生まれの人間にサマを渡すようにという啓示を受けていた。その夢に全く合致するのが幼い私だった。彼は私にサマを預けてしばらくして死んだと聞く」とL師は語る。彼はその後沙弥、僧侶として九年間僧院で学び、僧正のもとに戻りガインの知識を三八日間で学んだ。L師はその後で還俗した。
(24) おなり行列 *win hkin* とは儀礼などの際に、帝釈天など神格の服装、国王の服装などをして参加すること。詳しくは第三章参照。
(25) その後の追跡調査によれば、公務員のEは課長級の栄転で地方転勤になっていたが、九五年病気で急死した。彼の死はO師に大きな打撃を与えた。ガインの仲間は、Eはすぐれたガインの師だったが、妻以外の女性と不倫したため守護神の怒りを買ったと考えていた。

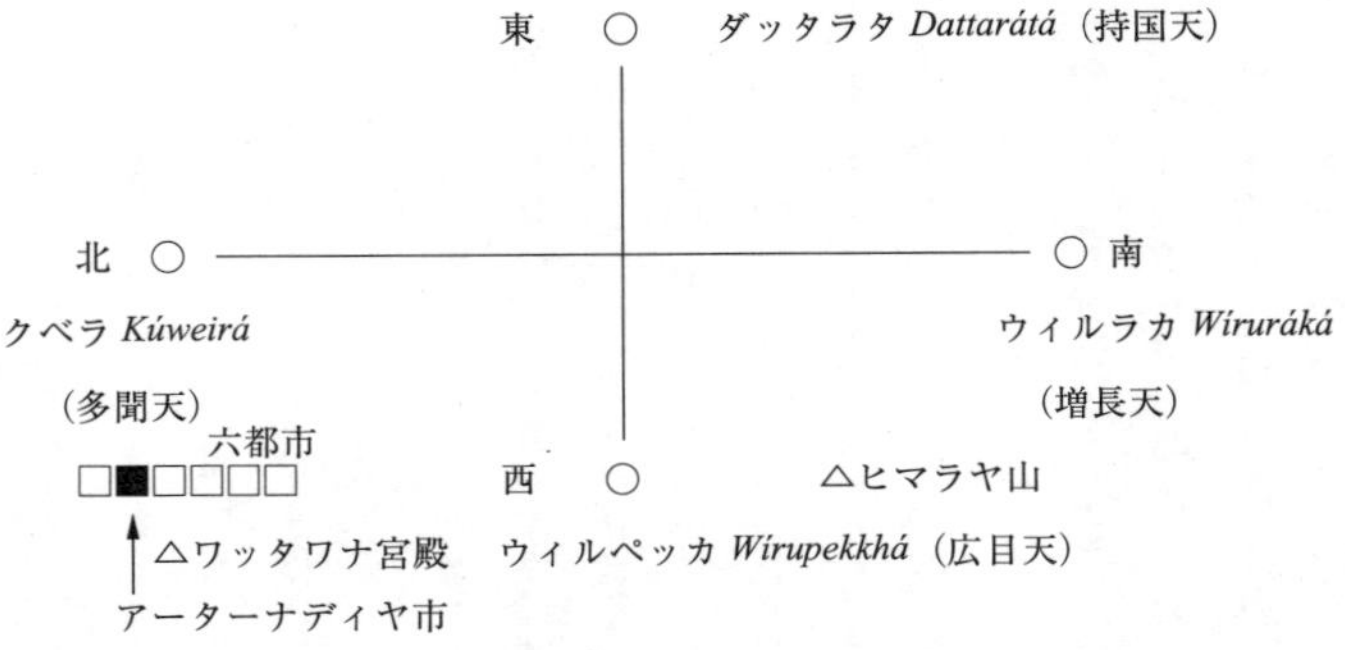

図19　アーターナディヤ・ガインの師の説明による四天王衆世界

(26)「成就、完成」の意のパーリ語 siddhi を語源とするが、超能力という使い方は、ビルマで展開したものではないかと思われる（第五章注11参照）。

(27) もちろん、涅槃に達する道の存在やそのための修行の必要性は理解されているが、涅槃より、優れた来世への生まれ変わりを願う方が多い。また、弥勒仏信仰に関しては、Duroisselle（1912）、Enriquez（1914）の間で短い論争があるが、双方ともビルマではほとんど見られないという立場を取っている。Furnivall（1919）も同じだが、デルタ地帯のカレンの村で弥勒仏信仰が見られたという短い報告を残している。

(28) 多聞天は鬼神を治めると説明される。またガネーシャ神も重要視し信仰している（注30参照）。

(29) 色界の下、欲界には、六欲天があり（上から他化自在天、楽変外天、覩史多天、夜魔天、三十三天、四天王衆天）、下に人間界がある。守護神らは四天王衆天に住み、四天王が四つの都市を守っている（図19参照）。L師によれば、多聞天の守る都市にはワッタワナ *watthawǎna* 宮殿があり、そばに「アーターナディヤ市」を含む六つの都市があるという。

(30) 経典というテクストを正統性の根拠として積極的に用いることや、ガインの書物を出すなど文字自体に対する意識も強いことは、仏教社会におけるエリートが関わってきたことを窺わせる。またこのガインは、ビルマでは「ヒンドゥー系」の神といわれるマハーペィンネー（ガネーシャ）神も信仰し、呪文の文字だけで描かれたマハーペィンネー像の呪符が存在する。アーターナディヤ経の三八守護神のうち、夜叉やガンダッパと見なされる存在が一二神、ヴェーダ起源の神とされるのが五神いることが経典研究の中で指摘されている（Silva 1970：266）。「ヴェーダ起源」という点は更なる考察を要するが、ひとまず、マハーペィンネーの信仰と併せて「ガインはインド起源の神を祭ることが多い」という理解がガインの内部にあるのは事実である。

(31) ビルマ語「ガドー」には、「跪拝する、お辞儀をする、拝む」などの意味がある。調査期間中には具体的に②一九九二年七月一四日S宅、③一九九一年一一月三日S宅、④一九九一年一一月二一日N宅という形で行われた。このうち④の星宿礼拝は、仏陀のほか九曜星 *gyoh* と星宿 *nekkhá* を拝む儀礼である。この一カ月後にマハーペィンネー祭を催すことが可能である。また、今は亡きサヤージー（大師）の遺族たち（図6の（c））は、毎年一回「師の礼拝儀礼」を続けている。ふつうは大師の家族の誕生日を選んで行い、今年は一家の次女の誕生日に行われた。これも、ガドーボェとほぼ同じ形式で行われている。このほか、ガインの人間が家を新築した際や、家族の具合が優れず急遽ガドーボェを行うケースがある。

(32) この儀礼は一九九二年七月一四日にヤンゴン市ミンガラータウンニュン区居住の成員S家で行われた。Sは中国系ビルマ人の商人でガインの師。父親は生前ガインに所属していた。

(33) この家では、ウパゴゥタ仏弟子 *Shin Utpágok*、シーヴァリ仏弟子 *Shin Thiwăli*、観音女神 *Kwànnòn Medaw*、サラスヴァティ（弁天）女神 *Thuyáthadi Medaw*、マハーペィンネー（ガネーシャ）などの像が置かれていた。

(34) ダビェは一般の儀礼でもよく用いられ、吉祥の印と説明される。

(35) スパイロの記述した治療儀礼でも、ウェイザーが持ち出され、これと類似した「勅令」が読まれていることは興味深い（Spiro 1967：177）。スパイロの事例の治療師は「上道の師」であり、ガインの成員と思われるが、どのガインかは書かれていない。しかし、村落での治療にウェイザーが持ち出される場合に、ガドーボェと同様に「勅令」で命令を下すプロセスが見られることは十分考えられる。アーターナディヤ・ガインも呪薬をつくるときに同じような勅令を唱える。「勅令」は、通常の仏教儀礼や通過儀礼では用いられないものである。精霊信仰の中で国家と関わる儀礼であるタウンビョン祭では、こうした「勅令」が用いられる（田村克己氏の御教示による）。

（36）ここでは、前述の位階（段階）と力の関係が意識されている。つまり儀礼では、大師（O師）のみが神格招来や「勅令」読みを行い、成員たちは一緒に連唱していない。また他の師の弟子たち（図6の（c）の人々）は彼らのなかに大師がいないために、ガドーボェにわざわざO師を招く。つまり、どの儀礼でも大師だけが「命令」を口にしている。また、それを逸脱して災難が起こった例が広く語られている。

（37）O師の第三段階の弟子の中で、彼から治療を学んだものが三名で、一名は民間治療師である父から学んでいた。（c）の女性二人は三段階まで上がっており、治療師としての活動は全く行っていないものの、治療の知識はあるという。しかし、彼らはヤンゴンで育ち別の職業を持っている。

（38）フモー *hmaw* という単語の語源ははっきりしない。妄執 (P)moha という説もある。あるいは、タイにおける呪術師であるモー・ムアンと何らかの関係があるかもしれない。いずれにせよ、現在フモーという単語はさほど用いられていない。

（39）ビルマ社会のなかで刺青は、成人男子の通過儀礼の一種だったが、近年この社会的意味は薄れている。翻って、「魔除、厄除け」としての機能は現在でもしばしば語られる。ビルマ語で「刺青をする（セィ・トー *hsei hto*）」とは、字義通りには「薬（セィ）」を「膚に刺しこむ（トー）」であり、ふつうガルーダや龍、鬼など超自然的存在の姿やサマなどの文字を入れる。従来の民族誌や紀行文では、刺青という行為と形に注意を払ってきたが、このガインでは、入れ込んだ染液、刺青を守る守護神、刺青を入れた人間の「宗教的持戒」に薬の効力の源泉が認められていることに注意すべきであろう。

(40) メードーとは母の尊敬語で女神の意もある。ウェイザーと信じられる人はしばしばボードー（御祖、祖父や祖先の尊敬語）と呼ばれるが、その女性形として使われていると思われる。

(41) 別名「ピェロンチャンダー *Pyilòn Chànda*（全国安泰）・サヤー・チョウジー」。チョウジー師に関する話は、妻と弟子のHらによって別々に語られたものを元にしている。

(42) いまは直弟子たちはかなり高齢になっており、彼らの弟子、つまりチョウジーの孫弟子が来ることもある。ただし、参加する人間は以前より少なくなったという。理由ははっきり述べてくれなかったが、ここでも弾圧以降のガインをとりまく状況と、民主化運動以降の集会禁止令などが影響していると考えられる。一九九二年のガドーボェのあった翌朝、皆に例年通りモヒンガーという麺をご馳走したが、約八〇人分ぐらいの準備をした。宿泊者など前後で計五〇〇人ぐらい来たという。

(43) 規則は以下のようなものである。

①仏陀がお説きになられたことに忠実に従わねばならない。

②呪符（イン）や護符（レッポェ）、薬、錬金術の玉などを用いてはならない。偈文（ガーター）は唱えてよい。

③誠、約束、戒は守らなければならない。これは仏陀がお説きになったことのなかに含まれない。あくまでこの世のローキーのことである。

④暇があれば瞑想すること。これはローコゥタラである。

⑤五大無量（仏法僧の三宝と師と両親）を大切にする。

(44) 例えば葬式のあった家、お産のあった場所などは不浄とされるが、そういう場所に入ること、出された食物を食べることなどをいう。

(45) 精霊のお供えは、お下がりを受けてそのまま食べねばならないとされ、油や塩、他のおかずと混ぜては食べられない。一方、仏陀に捧げたもののお下がりは、どのようにして食べてもよいとされる。彼らによれば、ウェイザーに対するお供えのお下がりも、仏陀と同様の食べ方をしていいという。また、仏陀へのお供えは、一二時を過ぎたら下げるべきだとされる。これは、僧侶と同じく午食をしないという戒を守っていると考えるからだが、ウェイザーへのお供えも同様に午後には下げるとガインの人間は説明した。

(46) ガインの師たちは、ビルマ人同士でも「伝統的」な存在であると考えられているが、第六章でも少し触れるように、この伝統が意図的な選択であることは重要である。

(47) いわゆる禁欲は、仏教修行に重要なものと理解され、その究極が妻帯を禁じられる出家である。ガインの師やウェイザーに関わる修行者も禁欲を必要とみなすことは多い。

(48) ただしマノーマイェイディ・ガインはこの未来仏を弥勒仏と明確に区別した。そのほかウェイザーを転輪聖王とみなすガインも多い。さらに時代による変化もある。

(49) サンガ総監長老会議・副議長らとのインタビューによる(1992/6/19)。

(50) 最も有名なのはポゥパー山の僧正パラマウンナティディ *Părămá Wunná Theikdhi* の還俗である。

(51) 従来の民族誌では「宝」に関する報告はオゥタザウンと呼ばれる宝守りの記述に集中する (Nash 1965 : 177, Spiro 1967 : 87-88, 174-94など)。宝守りの分類自体ビルマ人の間でも分かれ、精霊とする説 (Htin Aung 1933)、幽霊とする説 (Tin 1913, 1914) などがある。最もよく広がっている語りは、宝守りは美少女であり、青年などにとりついて死亡させるというものである。しかし調査中、ヤンゴンで「宝から来た」人という範疇が別に存在することに気づいた。宝から来た人々とは、前世が宝守りであるとか、宝守りが一時的に人間界に預けた子供であり、何らかの形 (様子が人と異なる、特別な痣などがある、情緒不安定等) で徴づけられているという。その子が産まれて以来親の経済状態が良転した場合にも宝から来た子といわれる。急に羽振りがよくなった人間に対して、「あの人は宝から来た」と噂することもある。このような人々は決められた期間のみ人間界にとどまり、いずれ宝に戻って行かねばならないとされる。

(52) 印刷会社を経営する五〇代の女性による。彼女は自分も内観瞑想（ウィパサナー）などをずいぶんやったが、これは個人主義（ダゴーガウン *dăgò gaìng*）であり、「仏教布教（タータナー・ピュ）」は多くの人に布施をできるから、これによっても涅槃に行けると語った。

(53) こうした宗教活動と経済上のネットワークとの関わりなどは、今後研究の必要がある。

(54) 公式レートでは1米ドル＝6チャット強であるが、実勢レートではドルはその何倍もの値打ちになるため、外貨での給料は強く望まれる。大学を卒業しても職は少ないため、八〇年代は大卒の人間でもブローカーにお金を払い、外資の得られる船員になろうとした。

第三章

(1) ビルマの歴史の分類には、「王統史 *yazá win*, (P)rāja vaṃsa」と「諸史（タマイン *thămain*）」があり、前者は王の系譜と業績を描くのに対し、諸史は主に地方の歴史を記したものをいう。後者に「パゴダ縁起 *hpăya thămain*」があり、パゴダの縁起、改修、補修工事が描かれ、地方の支配階級の動きを知る資料となる。また、パゴダ祭で演劇が催されるが、パゴダの縁起を題材とすることも多く、ある種の「歴史」を伝える場ともなっていた。

(2) 奥平は同パゴダにおける「非仏教」信仰的要素を記述している（奥平 一九九四：一三）。また近年、宗教内務省を中心に、パゴダのこうした非仏教的要素を浄化する動きがあることを指摘した（奥平 一九八八）。

(3) 世界平和パゴダ建立は、サヤー・ティという師が瞑想中に、パゴダを一九五二年までに建立するようウー・ヌに伝えるように、そのパゴダはビルマと世界に平和をもたらすというお告げを得たことに起因する(Spiro 1970：258 - 259)。ウィザヤ・パゴダは、一九八〇年五月三一日に開かれた第一回全宗派合同会議において、「めったにない全宗派の統合成功を記念し」建立することが決まったという（Thathănayei U̇zi Htanà 1989：za)。

（4）この組織は公共物保存に関する法律二条B項に基づき、宗教内務省に設置されている。

（5）九例のうちわけは表7参照。

表7　調査したパゴダ建立儀礼

	主導	組　織	儀礼祭司	観察した儀礼
①セインヤウンチィ・パゴダ	政府	管理委員会	複数(O師が参加)	傘蓋奉納儀礼
②シュエボンプィン・パゴダ	〃	〃	〃	(説教場の開幕式)
③ズィナマン・パゴダ	〃	〃	〃	(宝守りの儀礼)
④チャイカサン・パゴダ	〃	〃	複数	
⑤ダビェゴン村のパゴダ	個人	個人	O師の弟子	胎蔵、傘蓋、入魂
⑥ピンマピン村のパゴダ	〃	〃	O師＋K師	入魂儀礼
⑦SL氏のパゴダ	〃	〃	SL＋Oの弟子	
⑧チャウンワ僧院パゴダ	僧侶	大将とT	O師＋T	奉納品胎蔵儀礼
⑨小さなパゴダ	未定	Pの予定	未定	
⑩イェイター	政府		O師	礎石配置儀礼
⑪ボータタウン・パゴダ	モン協会		O師	
⑫シュエダゴン・パゴダ	政府		M師	杭打ち儀礼
⑬ヤンゴン総合病院	政府＋総合病院		M師	礎石配置儀礼

＊①から⑨はパゴダ本体の建立事業が進んでいた事例である。その他、パゴダではなく説法場（⑩⑪⑫）病院建物（⑬）も同様の儀礼を行っていた。

九例のうち、アーターナディヤ・ガインの師八件、白鳩僧正の「分身」P師二件、「海の家族」のT師二件、「超能力の主」K師が一件関わった。一つのパゴダに複数の師が従事している。九件のうち政府の「パゴダ建築改修委員会」の事業が四件、個人施主は五件である。

(6) 一九六三年に書かれた書物に、パゴダ儀礼の行い方が記されているが、現在行われているものと、基本はほぼ同じであった（Nyaungyàn Zeiyá Panditá 1963）。

(7) 儀礼はそれぞれ占星術によってふさわしい日時が選ばれるが、満月の日が最も望ましいという。杭打ちの儀礼の際に、この地の下に過去のパゴダや僧院などがないことを確かめ、あればその聖性を無化する儀礼を行うこともある。

(8) AやBはパゴダのみならず、宗教建築物や大型建築物では必ず行い、余裕のある一般人の家屋でも行う。儀礼は、ガインの師のほか占星術師なども執り行っていた。また、Eはパゴダに限らず、仏像、阿羅漢像など聖なる像の完成には必ず必要とされる。

(9) 以下の図20参照。

(10) 出生票（ザーター(P)jhātā）とは、誕生した時間を占星術の基本に従って記したもの。ザーターは通常子どもの誕生時に作るが、建築物や王朝といった抽象的観念物の誕生にも作られ、この票をもとに、そのものの運勢を占う。

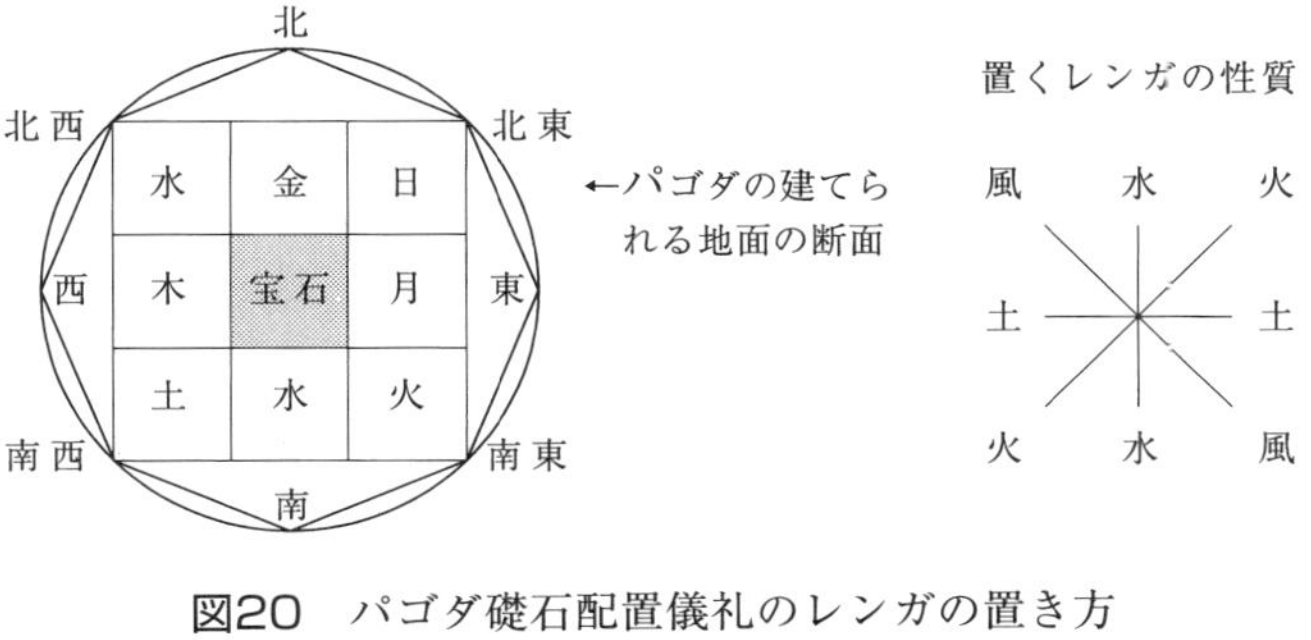

図20　パゴダ礎石配置儀礼のレンガの置き方

（11）女性は生理など血の汚れがあるために不浄とされ、パゴダの上部に登ることは許されず、「神の道で載せる方法」は男性に限られる。「花車」は綱により人力で引っ張るため、こちらは男女の区別なく参加できる。

（12）教義上、パゴダの種類は四種類あり、仏舎利、仏髪、仏歯などを納めたダトゥ・ゼーディ *dàtú zeidi*、菩提樹と仏陀の聖具を納めたパリボーガ・ゼーディ *pàribawgá zeidi*、仏像を安置したウッダタッ・ゼーディ *otdeittha zeidi*、聖典を納めたダンマ・ゼーディ *danmá zeidi* がある（Nyaungyàn Zeiyá Panditá 1963、生野 一九七五：四八‐四九、奥平一九九四：一一など）。「ダッ」は要素、本質のほか、何かにとって「本物、本質的なもの」という意味もあるので、仏陀、仏弟子たちの核となるものとして用いられていると考えられる。ニャウンヤン・ゼィヤパンディタ僧正の『パゴダ建立の書』も参照（Nyaungyàn Zeiyá Panditá 1963）。一般の理解ではダットーにも仏陀の残したボゥダ・ダットー *bokdá datdaw* と阿羅漢の残したヤハンダー・ダットー *yahanda datdaw* とがあるが、双方が得られれば最も良いと考えられている。

（13）新しい仏像が奉納品胎蔵の際に販売されることもある。その場合単にパゴダに金を喜捨するだけでなく、仏像を購入しそのまま奉納品として寄進することも可能である。

（14）村の得度式などでは、村のはずれにある守護神に拝みにいくが、ヤンゴンの多くの得度式では、著名な「パゴダのボーボージー」に子供を連れていき、拝む。

（15）これは政府が一九九二年由緒ある国宝級のセィンブー・パゴダの改修の際に、頂上の飾りを行列を組ませて鳴りもの入りで全国を巡らせたときの言説からも窺うことができる。

（16）パヤーとは、仏陀、パゴダの意、ポェは儀礼あるいは供えものの意である。パヤーボェは、通常はパゴダごとに年一度決められた日に開催されるパゴダ祭、仏塔祭を指す。

（17）夜間外出禁止令は、軍のクーデター後、一九八九年から一九九五年まで発令され、その後も時々出ている。調査当時は、夜間一一時以降の外出が禁じられていた。

(18) マレィポワーとは、棒の先に白い紙で作った傘を取り付けたもの、コゥカーは、紙を切って編み模様の筒にしたもので、儀礼の供えものにしばしば用いられる。

(19) ヒンダー柱とは神話上の鳥ヒンダーを頂点に取り付けた柱。下ビルマでは、パゴダのまわりに建てられることが多い。

(20) シリアム近郊の村落で得度式に参加した際、布施の最中に料理がなくなりかけるという事態に遭遇したが、同一村落に住む施主の気の揉みようは大変なものであった。彼らは新たに料理させている（一九九二年四月）。Aらの場合は、外の人間であり、その意味で彼らにとっては村落での評判は重要ではなかったともいえる。

(21) ダッポエ、タイポェなどのポェという単語は、供えものと儀礼の双方の意味が考えられる（ビルマのプェ〈ポェ〉議論としては高谷（一九九三）を参照）。ダビェゴン村の事例では、O師はパヤーボエ、ダッポエ、タイポェを供えものを指すと説明したが、布施主は儀礼、祭礼に対して用いていた。儀礼と解釈すると、タイポェ（宝守への儀礼）、パヤーボェ（芸能祭）は見あたるが、「ダッポェ」の儀礼がない。儀礼を行う人々もポェの意味を明確に把握していない。とりあえず供えものに三種のカテゴリーが存在することは事実である。

(22) セインヤウンチィー・パゴダの傘蓋修理にあたっては、一一個の簡略化された供えものが奉られていた。また、ダビェゴン村のパゴダでは二八と説明されたが、供えものの対象の名前は明示されず、儀礼では簡略化されて一二の神格のグループが礼拝された。一方白鳩僧正の寺の一角に建てられた宝守りの神殿完成の折りには六六の供えものが捧げられ、儀礼において供えものの対象となる神格すべてが名前を言及され礼拝されていた。

(23) スローク政権は、国家法秩序回復評議会（通称ナワタ *Náwàtà*）のもとに、地域ごとにより小さな管轄に分割して評議会を置いている。郡 *myòneì* ごとに置かれた郡法秩序回復評議会（通称マワタ *Máwàtà*）、地区 *yakwet* ごとに置かれた地区法秩序回復評議会（通称ヤワタ *Yáwàtà*）などがある。ここで言及されたのはマワタである。

(24) 儀礼と儀礼に関わる人間によって、ヒエラルキーにはふたつのバージョンがあることがわかる。この差異は、ウェイザーの位置の解釈が異なるために生じている。
①ウェイザーを天神（上位のナッ）より上に置くもの。ダビェゴンの儀礼はこのヒエラルキーに基づく。儀礼祭司はO師で、アーターナディヤ・ガインの儀礼と通底する。またピンマピン村では、Kの指導でウェイザーは帝釈天よりは下、四天王より上に置いた。
②ウェイザーを天神の下に位置づけるもの。セィンヤウンチィー・パゴダや白鳩僧院の宝守り儀礼の場合。ただし、白鳩僧正は、理念的な三〇六の供えものを捧げるべき神格の表をPに渡したが、そこでは帝釈天や四天王などの神がみが二重に登場し、一つ目はウェイザーのグループの上に出てくるが、ウェイザーのあとにもう一度出てきて、①②双方の立場を取っていることになる。つまり、ウェイザーと天神とのヒエラルキー関係には画一的見解はなく、信者の間でも解釈の揺れる不確定なものと考えられる。

(25) パゴダ建立儀礼で開催されたタイポェの儀礼は、三例（本章注5③⑤⑧）観察できたが、いずれも霊媒が宝守りの儀礼を行っていた。

(26) ポンナーとは、ビルマにおいてヒンドゥー起源と考えられる儀礼においてブラフマン（バラモン）の役割を果たす人々。ビルマ人でポンナーの役割を果たす人々を呼ぶこともあるが、マニプールやベンガルなどから移住してきた人々の子孫が多い。

(27) これ以外にも、超自然的なものに選ばれた人間のみがパゴダや寺の布施、改修にたずさわるという言説はある。例えば、ヤンゴンでも有名なボータタウン・パゴダでは、ミャナンシンという宝宮の姫の精霊がその宝を守っているとされているが、いまだに改修費用を寄付する施主は、その宝宮姫と霊的につながりをもつ者（アセッ）ばかりであると語られる。またスィンガプー・チャウン（シンガポール僧院）でも、僧院内に建立されたパゴダの改修の際に、このパゴダの宝宮姫とつながりをもつという者が現れ、改修のための布施をしていったと語られていた。

(28) 本文でも述べたネーウィン将軍のウィザヤ・パゴダは、一九八〇年六月二五日杭打ちの儀礼、八二年五月七日奉納品胎蔵儀礼等、八四年上部奉納品胎蔵儀礼のあと止まってしまい、ようやく八六年二月二四日に傘蓋奉納儀礼が行われた（日程はThathănayeî Ŭzi Htană 1989）。遅延に関しては、巷では占星術によりパゴダが完成すると政権は終わる、あるいはネーウィンの寿命が尽きると出たため完成を延ばしている等と語られていた。しかしO師によれば、傘蓋奉納儀礼の前の段階でなぜか進まなくなり、さまざまな師（サヤー）が各地から招かれたが誰もパゴダの中に入れなかった。最終的に、O師たちのグループが傘蓋を乗せ、成功したという。ただこの件は他の人間は知らず、情報源はO師のみである。

(29) 儀礼やきまりを破るとまずいことが起こる、そのため儀礼祭司は正しい知識をもっていなければならないとされる。例えば次のような事例である。

①あるパゴダの建立儀礼の際に、芸能を奉納するために芸人が招かれ、芸人は朝までパゴダにいてはならないのに、うっかり残ってしまった。ガインの師はこれに気づき、芸人にパゴダ内部の精霊（ナッ）のほこらを先に拝ませ、次に仏像を拝ませた。これは通常の逆の順序である。そのあと、師が少し叩くと、芸人はパゴダの上のほうまで横転して飛んで行き再び戻ってきたという。師はこれによって誤りは正されたと宣言した。

②セィンヤウンチィー・パゴダで傘蓋奉納儀礼が行われることになったが、政府首脳が出席するために、最もよいはずの時間が変更になり、誤った方角から傘蓋が載せられることになった。仕方なく、儀礼祭司のO師が、前日に彼が正しいと考える東北の角から、女性の護経を唱えるグループの助けを借りて、傘蓋を揚げる仮の儀礼を行った。

(30) 宝守りの妨害として語られたものには、次のような場合がある。

①プローム管区のシュエナッタウン・パゴダは、政府が一九九二年改修に取り組み、その先飾りと傘蓋は行列に仰々しく奉られ、新聞、テレビにも放映されつつビルマ国中を巡幸した。しかし外部には漏らされなかったが、

傘蓋が外を回っているあいだに、パゴダの境内に亀裂が生じており問題になった。これは、パゴダの宝守りの怒りとみなされ、宝守りに供えものを捧げることが示唆された。しかし、管理委員会のものはパゴダの上で宝守りに捧げものは出せないと怖じ気付き、誰一人手を出せない状態にあった。そこに白鳩僧正の信者P夫人の名前が出されヤンゴンまで依頼が来た。彼女は夢で見たとおり供えものを捧げ、出会った沙弥に供えものを寄進すると、すべてうまくいき工事も順調に進んだという。

②シャン州で傘蓋奉納儀礼を行おうと傘蓋を運んでいたところ、突然途中の町で同伴の女性に宝守りが憑依して、その町に傘蓋を置くように言った。この傘蓋を運んでいた人々はT師と「海の家族」の人間であったが、一人が「これは○○へ運ぶべきものである、邪魔をするな」とその女性に怒鳴り返したところ、それで治まったという。これはTたちのほうが宝守りより「力」が強かったと理解されている。

(31) ヤンゴン市ウィンダミアにあるアウンミンガウン・ダッパウンズ・パゴダ、マンダレー管区モンユワのポーウィンタウン・パゴダ、モーフニン僧正の建立したタンボゥディ・パゴダなど。独自の建築物が見られ、近年ヤンゴンからの巡礼者も増加している。

(32) 調査中目に付いただけでも、バゴー(ペグー)管区シュエダウン郡レィジュンスィミー村にあった古いパゴダを改修したという記事があるが、そのパゴダは「ボーミンガウン・パゴダ」と「パタマン・ボーボーアウン・パゴダ」という名前である(『労働者人民日報』Lokthà 1992/6/28 参照)。通常精霊や天神の名は、決してパゴダの名称にはならず、やはりパゴダとウェイザー信仰とが結びつきを示す一例になる。

第四章

(1) アティとは、『ビルマ辞典』によれば「未来に起こることを前もって知らせる印、ナメィ」(MA V : 60-61)、タントゥンによれば「現在に起こっていることと未来に起こることとのアナロジー」(Than Tun 1988 : 132)をいう。ナメィとは「未来の吉凶、成功不成功などを示す印」(MA II : 204)「現在起こっていることから理解した未来に起こる危険などに関する予兆」(Than Tun 1988 : 132)。ダバウンとは「芸人や狂人などが口にする前兆(ナメィ)の言葉」(MA II : 87)、「近い未来に起こると思われることを歌った唄」(Than Tun 1988 : 132) をいう。サニーとは、「前兆として叫ばれる声や鳴る音、語られる言葉」(MA I : 185)、「かならずしも人のみならずコトバという形で当事者に示され、未来に起こるであろうこと」(Than Tun 1988 : 132) を示す。バウォーは「尋常ではありえない不思議が起こることで、多くはよくないことを示すもの」と説明され (Than Tun 1988 : 132)、例えば町中の仏像から血や汗が流れたり、寺や宮殿の塔に雷が落ちたりすることを指す。タイサーとは、予言の言葉が韻文で書かれたものである。

(2) 『ビルマ辞典』によればアインはインと同義 (MA V : 183)、インは「ローキー・ピンニャーに従い数字や文字を書き込んだ碁盤の升目状の表」(MA V : 178)、レッポェは「危険を回避するため、また何かの益のため、インを書いた金箔もしくは銀箔を丸めて、手や首、腰などに紐で止めておくお守り」(MA IV : 99)、マントラ(マンダン)とは「何かの益のために唱える言葉」(MA III : 170)、偈文(ガーター)はふつうはパーリ語で書かれた経典の偈文を指すが、ここでは「欲望、願望を叶えるためフモーの術(攘災学)に従い、唱える言葉」(MA I : 146) をいう。

(3) 例えば Nash (1965 : chap. 5) の記述に著しい。他の研究も個々の術にそって行われている。占星術に関してはShorto 1978, Schober 1980、ダバウンについては Old 1914、呪符については、Brown 1916, Clark 1932 などがある。

(4) ナンドゥイン村でも、僧侶が上道の師として治療している事例が報告されている (Nash 1965 : 178-80)。ただし、ローキー・ピンニャーを学ぶ僧侶には、戒律に厳しいシュエジン派より、戒律に緩やかなトゥダンマ派の方が多いようである。

（5） 一九世紀末の民族誌においてウェイザーは「賢人 wise man」として記述されている（Shway Yoe 1989（1910）：413）。しかし、術とウェイザーの概念とが単純に対応するわけではない。最終段階のウェイザー（ウェイザドー、ないしトゥエヤッパウ）になるためには、②のインなどのお守りの術、④の錬金術、⑤の民間医療が最も強調される。占星術に関しては、レーディ僧正が『ウェイザーメッガ・ディパニー』のなかでウェイザーに言及し、そのなかに「占星術ウェイザー」という種類を認めている（Ledi 1972（1884）：1-2）。レーディ僧正は仏教をわかりやすい言葉で語りかけ、後の民族運動にも影響力があった人物なので、この書物はウェイザー信仰の権威付けにも引用される。しかし、実際には占星術ウェイザーとして語られる例は非常に少ない。さらに①の予言などの解釈に長けたためにウェイザーになれるという言説は全くない。

（6） このことは、マンダレー在住のサンスクリットに通じたバラモン系占星術師Ｓも認めるところである。彼は王朝時代ベンガルから招待されたバラモンの子孫である。

（7） アリ僧の語源に関しては、パーリ語「聖者 ariya」と「森林部派 āraññavāsin」から派生したというふたつの見方がある。また後世には彼らから見て異端の僧を「アリ僧」と呼んでいたことも考えられる（Ba Han 1920, Duroisselle 1919, 1920a, 1920b, Luce 1919, Than Tun 1988 などを参照のこと）。

（8） ポェジャウンとは「ポェ *pwé*」すなわち「人が多数集まる場所」に、「チャウン（寺、学校）*kyaùng*」という「何かの技術学問が教えられる場所」という単語が結びついたもので「人々が集まってものを教える場所」を意味していたと説明される（MMOS IV : 200）。

（9） 近年、歴史学研究ではニャウンヤン朝を第二次タウングー朝と呼ぶことが多いが、本書ではニャウンヤン朝で統一する。

（10） アユードーミンガラーは非常に有名だが、年代記などには記述が見あたらない。『意見具申書』の資料価値も検討の必要があろうが、例えばタントゥンは、ボードーパヤー王の時代にローキー・ピンニャーが用いられた事例の検証にこの書物を引用している（Than Tun 1988 参照）。

（11） 教史には、ミンチーズワ王の時代にティンガヤーザ僧正が「三蔵（ピタカ）とベィディンに秀でていた」こと（TLS : 138）、タールン王時代にビルマの僧侶にサンスクリット系典籍に秀でた人が少ないときいて「三蔵（ピタカ）とベィディン」に秀でた僧侶を数名選抜して送ったこと（TLS : 166, SV : 229-30）、国王がベィディンを熟知した僧侶を捜させたこと（TLS : 169）などの記述が見られる。ビルマ語ベィディンは占星術を指すほか、「四種のベィディン *beidin leìbon*」としてリカ・ベィダ *ríká weidá*（歌謡）、ターマ・ベィダ *thamá weidá*（演奏）、ヤズ・ベィダ *yázú weidá*（儀礼）、アータッバナ・ベィダ *ahtatbáná weidá*（呪符の術）などのヴェーダ学を指すこともある。

（12） 原文は以下の通り。

Mìn gaùng san ka, Kywet yan sha,

Kaká Shwei nàn sà lattàn

（13） 偏袒派はサネ王の時代、グナービリンガーヤ長老が右肩を露出した着衣法をとるトン派を養成したことに始まる。通肩は従来からの着衣法だが、タウングーのブッタンクラ、チッタ長老やスナンダ長老らが派を組織し、対立が長く続いた。

（14） 原文は以下の通り（Aung 1959（1909）：52-56）。

Păyan năwa măsontheì ywe, Maung Daùng hkwet găleì hnín,

Nó yei peìpá, Ma Hhweì ye.

Zun pàn go panhsinyá hmá, nó wádáwme.

Nócho eì go tétaik kyweì bwaw.

Nómyetnge do ma zeì gyaùng.

(15) 原文は、*Tănìnla kyà, Tăsé ngà, Neí nyà, Sheí yat gá*。訳は筆者による。

(16) 王朝時代には村落の人々の名前が必ずしも曜日と一致していないというが、一九世紀末においてはかなり普通に守られていた（Shwe Yoe 1989(1910)：4-13）。現在ではほとんどの人間が、生まれた曜日に関連する名前を持っている。

(17) 占いに関して「操作」と言えば、解釈が占い師によって意図的に操作されて導き出されることもいうが、ここでは、導き出された解釈を変化させることを指すものとする。

(18) 「惑星」はジョー（グラハ）の訳として用いる。「ジョー」は恒星の太陽と、月、火星、水星、木星、金星、土星のほかに、ヤーフ *yahú*（ラーフ、羅睺）とケイ *keik*（計都）の九つを指す。ヤーフとは太陽と月の軌道の「交点」を指し、ケイはヤーフの影で一八〇度逆の場所に存在する。ヤーフは水曜日の午前を支配するが、ケイは曜日とは結びつかない。

(19) こうした知識の伝授は、覚えるべき基礎を詩の形式にし、その詩を暗記させることで始まる。詩は数字や表を含む基本を、この規則に従って言葉に直し、覚えやすいよう韻文にしたものである。術の内容はマンダレーのバラモン系占星術師Sや、この術で有名なラングーンのJ僧正、インガウェイザーに関する書籍（Sein Hsàn 1991）などでも確認したが、ほぼ共通している。彼らによればこの術の基本はタウンドゥイン僧正が一八世紀に今の形に整えたという。実際、口頭で教えられたものを、僧正のテクスト（Taungdwin 1988）と突き合わせると、術の基本となる韻文などは全く同じである。ただし韻文を訳しても意味はさほどないため、詩が示すきまりだけ抽出して記述した。

(20) 「厄払い（ヤダヤー）」の原意は「変革すること」である。

(21) 基本的に厄払いには何かをもって誘引する場合と回避する場合とがある。敵の要素（ヤン・ダッ *yan dat*）をぶつけ危険を回避する方法、友の要素（メィ・ダッ *meik dat*）をぶつけ良運を引き込む方法、反対の要素（ケッキン・ダッ *ket kin dat*）をぶつけて相手を「殺す」方法などのほか、起こるはずのことをさきに模倣的に行って実現させない方法（ケイン・チェー *kein chei*）、あるいは、模倣によって現実にも誘引する方法（ヤダヤー・スィン *yădăya hsin*）がある。

(22) 時の種類については、次のものがある。また一週間の「時」の配分は、下の表9の通り。

表8　「時」の種類

時間の種類	要素の名前	時の性質
1	アントー *antàw*（火）	心配に結びつく
2	ガッボー *gatbàw*（土）	堅固にする
3	サイェ *săyei*（風）	すばやく事が終わる
4	ウンティ *wunthei*（水）	平静で穏やかである
5	ガンベィ（土）	堅固
6	ウンティ（水）	平静
7	アントー（火）	心配

表9　一週間の「時」の配分

	1	2	3	4	5	6	7	8
am	7:30～	9:00～	10:30～	12:00～	13:30～	15:00～	16:30～	18:00～
pm	19:30～	21:00～	22:30～	0:00～	1:30～	3:00～	4:30～	6:00～
日	1	6	4	2	0	5	3	1
月	2	0	5	3	1	6	4	2
火	3	1	6	4	2	0	5	3
水	4	2	0	5	3	1	6	4
木	5	3	1	6	4	2	0	5
金	6	4	2	0	5	3	1	6
土	0	5	3	1	6	4	2	0

(23) 先触れ（テッティ）とは、後に何が起こるかを示す証拠、前兆（ナメィ）は本章注1参照、兆候（ヘィ）とは未来に起こることをぼんやりと示すもの、徴（レッカナ）とは未来にどうなるというしるしをいう。

(24) ここでは「惑星」ではなく「曜日」で作られるため、8のヤーフ（水曜日午後）は水曜日（4）に組み込まれる。つまり8はすべて4となる。「月曜日」は1、その「ダッの友」は表3により0なので、0を二番目に持ってくる。三番目には「友」（1の「友のダッ」である5）を持ってくる。さらに、四番目には「ダッの友」（二番目「ダッ」である0の「友のダッ」である8＝4）を持ってくる。五番目には、「友」の「ダッの友」（三番目の数字5の「ダッの友」である2）を持ってくる。

(25) 表5の作り方は、自分が元にしたい曜日を月曜日（1）とすると、真ん中から上下交互に一つずつ、1、6、4、2、0、5、3の順に置く。上から順に中心、萌芽、繁栄、元、第四、根元、第三の惑星という。これが、2を元にする場合は、同じ順番を2から初め、2、0、5、3、1、6、4と上下に並べ、以下同じように並べて表を完成させる。

(26) Shwe Zan Aung（1918）は「仏教と科学」と題する論文のなかで「仏教における科学」として占星術や呪符の術などのさまざまな術を挙げている。

(27) ローキー・ピンニャーの諸術は、専門家とウェイザー信仰の師とが、かなり入り乱れて伝承している。ガインの介入した術と「純粋」なローキー・ピンニャーという分類も実際は曖昧ともいえる。ある人間が「術」そのものを学んだと思っていても、彼の師やその師などがウェイザー信仰と関わり、術のなかに入り込んでいる場合もあろう。ただ、彼らの現在の意識において差が出ている事例も多いので、それを論じる。

(28) ガインの師も同様のことを語るが、民間治療の書籍にも書かれている（Pannǎwa n.d.：31）。

第五章

(1) パオ族は少数民族のひとつで、シャン州とカレン州に主に居住する。パオ語はカレン語群に属す。シャン側のパオは黒いターバンと黒い民族衣装が特徴だが、カレン側ではタオルをターバンにする程度で、厚手の民族衣装は日常さほど着用しない傾向にある。ビルマ語では「山の民（タウンドゥ）」とも呼ばれたが、蔑称として現在はあまり用いない。

（2）菜食を守る期間は出発の一週間前、三日前、巡礼の道中などいろいろに語られるが、書物『平安なる平凡山』では三日で統一されていた。ただし、九〇年代後半ヤンゴンでは、出発から帰宅まででよいという理解が一般的になりつつある。

（3）こうした「運」「功徳」「定め」というのは、ビルマ社会のなかでよく用いられる説明の用語である。例えばパゴダ布施主に対して、この言葉が用いられたことは第三章ですでに述べた。

（4）『ビルマ辞典』では、「レッポエ、カーフレ *hkàhlé* といったお守りを、威力（ダゴー）、品位（チェッタイエ *kyetthăyei*）に満ちるようにすること」とある（MA IV : 222）。

（5）その後の調査では、実際に僧正がローキー・ピンニャーを学んだことが確認できた。このエッセイは『平安なる平凡山』に再録されたが、引用文の「インの仕事はもやは終わった」という語句は省略された（Tàwhmi Yăhàn 1993 : 104-06）。平凡山僧正の名声が高まるにつれて、広い範囲の信者には、より仏教的な見方が強調される傾向にあるとも理解できる。

（6）オンマウンの記事にこの立場は典型的に現われている。彼はビルマ仏教史上著名な高僧を六名挙げた後、平凡山僧正について論じている（Òn Maung 1993）。

（7）Thittila 1987 参照。『清浄道論』がビルマの瞑想の基本とされることについては、後注(15)も参照。

（8）四諦とは苦諦（人生は苦であるという真理）、集諦（苦には原因があるという真理）、滅諦（苦を捨てるために欲愛などから解放されるには方法があるという真理）、道諦（実際に苦の滅にいたらしめる方法とは、八正道であるという真理）である。八正道とは正語（正しい言語行為）、正業（正しい身体的行為）正命（正しい生活）正精進（正しい努力、勇気）正念（正しい憶念）正定（正しい禅定、精神を常に統一しておくこと）正見（正しい見解、見方）正思惟（正しい考え方、心構え）を指す。

(9) この説明に関しては、海恵 一九六四 も参照。

(10) 十の神変については、以下参照（『南伝大蔵経』第六三巻・清浄道論2、三六〇頁）。

①決意神変（決意によって成就するもの、例えば地中出没、水上不沈、飛行、隠匿、不障害など十の神変が存在する）

②変化神変（本来の姿を変化させること）

③意所成神変（自分の身体内に他の身体を生ぜしむ）

④智辺満神変（さまざまな危険にも全く傷つかない）

⑤定遍満神変（油を流しても、火に入っても傷つかない）

⑥聖神変（心自在を得たもの）

⑦業報生神変（鳥の如く空中を飛行する）

⑧具福神変（森や山などが急に現れるような不思議を起こす）

⑨呪術所成神変（呪術師のように空中を飛行するような不思議を行う）

⑩彼々處正加行繰成神変（それぞれの正加行によりそれぞれの業を感ずること）

(11) 十のティディ（超能力）については、以下参照。これは、例えば Hpò Lat 1955 : 561, Htun Myin 1968 : 356 などの辞書にも記述される。

①セィンター・マイエイディ *seinta mǎyeikdi* / パーリ読み cintamayiddhi（心に思うことを実現させる）

②ウダカ・ティディ *udăká theikdi* / udaka siddhi（水の上を歩け、水の上で眠れる）

③パタウィ・ティディ *păhtăwi* / pathavi（土の中を進める）

④ダナ・ティディ *dăná* / dhana（金銀や財産を自由に増やせる）

⑤アーユ・ティディ *ayú* / āyu（長寿で若々しい）
⑥アーカータ・ティディ *akathá* / ākāsa（空を飛行できる）
⑦アーヨージャ・ティディ *ayàwgyá* / ayoja（傷、病気を負わない）
⑧カーヤ・ティディ *kayá* / kāya（刀や槍、鉄砲、大砲などが当たらない）
⑨ピヤ・ティディ *piyá* / piya（すべてのものから愛される）
⑩イッディヴィダ・ティディ *itdividá* / iddhividha（禅定や威力によってさまざまなことができる）

（12）例えばヤンゴン管区ではヤンゴン市内のアーレィンガーズィン・パゴダのウィトゥリヤ僧正、白鳩（ジョービュー）地区の白鳩僧正、テッケーグィン村のバッタダンディマー僧正、ペグー管区のカテッワイン僧正などである。

（13）タンバイアは、阿羅漢が死後存在しないという認識が、サンスクリット典籍において、人類のために世界に残るという考えに転換していることを指摘している。例えばマハーカッサパ（摩訶迦葉）は眠っておりミロク菩薩の来訪で起きる、ピンドーラは過去の罪のために、正法が残る限り地上に残らねばならない、そのほか、クンドポダーニーヤやラーフラ（羅睺羅）などが仏教を守るために地上に留まるといった理解を指す。さらに彼はこのような仏教の守り手は、大乗仏教においては、阿羅漢から菩薩に置き変わっているとしている。また、二〇世紀初頭ビルマで官僚を務めたM・C・デュロワセルは、他者に救いを求め特に菩薩がその信仰対象となることが多い大乗仏教社会に対し、上座仏教では修行によって阿羅漢になろうと目指す姿勢が主流で聖者信仰は少ないと述べながらも、ウッパゴゥタ、シーヴァリ、アングリマーラなどの阿羅漢信仰が存在することをも指摘している（Tambiah 1984 : 22, Duroisselle 1912）。

（14）王朝時代にも、阿羅漢と噂された僧侶を、サンガ組織や国王が高僧を派遣して調べている例が多々見られる。例えばコンバウン朝時代ボードーパヤー王の時代に、アシン・ムネィンダゴーサとアシン・ガンビーターラ師弟は、イェザジョ地方でそれぞれの僧院で修行をし、第四禅定を得た。その真偽を確かめに王命によってバーガヤ僧正など四名の高僧が派遣された。高僧たちは質疑の結果、二人の達した状態は典籍と一致する部分としない部分があり判断不可能と国王に報告した。結果的にはイェザジョの僧侶たちの主張は認められぬまま、国王が崩御する。彼らはのちに、パター僧院 *Pătha Chaùng* という修行で有名な僧院に入っている（Hteì Hlaing 1991 (1973)：124-59)。

（15）これらの典籍がビルマ仏教において重視されていることについては、藤吉 一九七七、ウエープッラ 一九八〇（一九七八)、ジョターランカーラ 一九八五などを参照。

（16）マハースィ僧正の概説書『瞑想（カマタン）修行について』(Măhasi 1958）なども同様の説明をしている。

（17）サンガ総監長老会議・副議長らのインタビューによる（1992/6/19)。

第六章

（1）第三章で記述したパゴダ建立儀礼（第三章注5参照）では、すべての儀礼で供えものが準備され、供えものを捧げた神格への礼拝が儀礼には必ず組み込まれていた。

（2）『マハー・ヤーザタッジー』には、「薬の術を極め、ウェイザーの男は」という語句が見られ（Kainza Mánuyaza 1900 (17c)：113、『ナーラダ・ピョ』には、「グラカという著名な薬と、人の世に聞こえたガンダーリーというマントラをすべて掌握した賢人、ウェイザーダリー、ゾーギー（ゾージー)、空を飛ぶ人々は、心赴くまま、譲り合い平等に持っていった」(Monywe Hsăyadaw n.d. (1821)：27）などとある。

（3）Shwe Zan Augn 1912：52-53（Duroiselle 1904, Rangoon Gazette 1904/12/30 より転載の記述)。

（4）一九〇九年の資料とは、アユードーミンガラーの『意見具申書』である。ボードーパヤー王の時代に活躍したとされるアユードーミンガラーは、王統史や勅令などに該当者が現れず、一九〇九年に翻刻された彼の著作とされる『意見具申書』の資料的価値は、王統史ほど確固としていない。この中でニャウンヤン王子の誕生に関して、ボードーパヤー王が以下のような夢を見たことが描かれる（Aung 1959（1909））。

王の友人のプロームに住むウー・シュエアウンが、魔法の像を二つ作って、王の子供である皇太子ウー・ポーとプローム王子に等しく渡した。彼らにそれぞれ、子女のザガイン王子と白象王女に贈り、彼らの家へ像を送る双方の使者が家の前で出会った。王子と王女はそれぞれに像を受け取った。

その夢をアユードーミンガラーが解釈して、二人の間に王子が生まれ、その王子は転輪聖王でありウェイザーが守る、生まれるときに天変地異が起こることなどと述べ、ボードーパヤー王は非常に歓んだと書かれている。またこの解釈は実際に当たり、地震などの天変地異が起こったと記されている。このウー・シュエアウンがボーボーアウンだと考えられている。

（5）伝説が広がる過程で一九四九年にテクスト化されたことも重要である。人々はそれぞれの解釈に従って語るにしても、テクスト化されたことで物語が定型化する。

（6）ゾーティ *Zàwti*(Joti) 派（ROB : 1783/7/15, 7/15, 7/17）や *Mò Hi Hmanzi* (Mo Hti Hman Zi) 派、*Ngá Myá hmin Tòn* (Nga Mya and Ton) 派などが弾圧されている。ゾーティ派とは、従来の慣習的仏教帰依に異を唱え仏像も否定するなど急進的な改革派であった。後者二派がどのような派であったか、また何年に弾圧されたかは不明だが、一八〇七年にポェジャウンと一緒に従来のように戻ることを許されている（ROB 1807/11/8）。

（7）少なくともそれ以前に王統史などでローキー・ピンニャーという用語そのものが用いられる事例は少ないように思われる。

（8）インワ朝時代には、ミンチィズワ・ソーケ王が幼い時に預けられたヤカイン僧正は、占星術に秀でていたという記述がある（TLS : 136-37）。この僧正は王にパゴダ建立を進言し、それがうまくいかずに世情不安になったとき、自分で建立を完成させている（HMY I : 416)。ミンガウン王はピンレーチェイ・ティンガヤーザー僧正に預けられているが、この僧正は「三蔵とベィディン」に長けるとある（TLS : 138-39)。ニャウンヤン朝時代の例を挙げれば、アナウペッルン王は一六〇七年に呪符の術に長けたバーメ僧正らに僧院を布施している。タールン王は、さらに、僧侶のなかでベィディン（占星術）のできるものがいるかと問いかけている（SV:233-35)。ミンイェイチョウディン王は悪霊を退治したとの理由で、ナッセッヤウンを王師にしたという記述がある（HMY III:296)。こうした例に留まらず、第二節で述べてきたように、国王が事を起こす「時」など占星術を必要とする際に僧侶に頼っているが、少なくとも王統史にそのことを記述するためらいは見られない。

（9） 一九世紀半ばの作品と推測されている『エィンダウンダ宮廷戯曲』にも、ウェイザーは登場するが、役柄は劇に不可欠とされる道化的脇役である（Hlain Hteik Hkaung Tin 1959(19c))。

（10） 例えば Sarkisyanz 1965, Spiro 1970, 1977, Tambiah 1976, Aung-Thwin 1983, Lieberman 1984, Sunait 1988, 伊東一九九一など。転輪聖王はパーリ語で cakkavattin、サンスクリット語 cakravartin と表記する。ビルマの王朝時代の資料では、*Settyawătei min*, *Settyawătei mandat min* などと記述されている。口語では「セッチャーミン *Setkya min*」と呼ばれることが多い。

（11） パガン朝のチャンズィッター王（在位一〇八四―一一一二）は、自分をバラ・チャクラバル（武装した転輪聖王 balacakkrawar）と自称し（Deroiselle 1960 : 120, 142-43, 146）、タウングー朝のタールン王（在位一六二九―四八）は死後「転輪聖王 *Settyawătei min* の葬式のように、その遺骸を葬られ」（MY III : 250）、コンバウン朝の創始者アラウンパヤー王（在位一七五二―六〇）も、死後には「転輪聖王 *Settyawătei min*、マンダラ王 *Mandat min* らの葬式のよう」な葬式が行われたとある（KBZ I : 321）。また、バジードー王（在位一八一九―三七）も転輪聖王の名を用いている（Crawfurd 1834 : 234）。

（12） タウングー朝ダビンシュエティ王（在位一五三一―五〇）は、一五四八年タイ（シャム）を攻略する際に、自分自身を転輪聖王と呼んだ（MY II：243）。また、バインナウンが一五六四年アユタヤ遠征の際に「転輪聖王・マンダラ王 *Settyawătei Mandat min* の姿のように立派に着飾り帰国した」と自称している（HMY II：414）。コンバウン朝の創始者アラウンパヤー王が、シリアムを攻略しようとしたときに、自分が帝釈天より転輪の武器を授けられた転輪聖王であると述べている（Lieberman 1984：245）。タイの王権の場合も同様に、タクシン王がラオスのビエンチャンの王に対して自分を転輪聖王であると述べている（Gesick 1983）。

（13）長部経典の「転輪聖王獅子吼経」には転輪聖王とされる神話的王について描かれる（『南伝大蔵経』第八巻・長部経典3）。昔、ダルハネーミという国王は転輪聖王となり、七宝（金輪宝、白象宝、紺馬宝、神珠宝、王女宝、居士宝、主兵宝）を得、すべての土地を正法をもって治め国土は繁栄を極めた。国王は輪宝の行方を臣に見はらせていたが、輪宝が去ったため、王位から退き出家者となった。王子が王位に継き、父の教えを守ったところ、転輪が再び現れ、正法をもって統治した。攻略の際には、輪宝を転がしそのあとを武装した兵士とともに追うと、すべての諸王が自ら転輪聖王の配下に入ることを申し出、武力なくして天下を治めた。その子孫たちも同様に統治したが、時が経つにつれ正法を守らぬ王が出て、人民の心からも仏法が失われ、人の寿命も十年ほどになった。そこで人々は反省し、徐々に仏法を取り戻し、再び、寿命も倍々に延びていった。八万年にまで達したとき、サンカと呼ばれる転輪聖王が現れ、再び七宝を手にし、正法をもって統治する。そこに弥勒仏が出現し、人々に仏法を説き、王も出家すると示されている。その他、中部経典の「賢愚経」には、転輪聖王を表して「七宝を成就し且つ四神変を具足す」とあり、七宝をいかに手にしたかが説明されている。また、転輪聖王の持つ四神変を説明して、容姿端麗、長寿、少病で健康、バラモンや居士から敬愛されることと書かれている（『南伝大蔵経』第一一巻下・中部経典4）。

（14）Desai 1939：335（India Secret Consultations Vol.10, Consultations 30 May, 1838 Bayfield's Journal, Pars. 196-98.より転載の記述）。

(15) サーキスヤンツによれば、当時滞在していたドイツ人民族学者 Bastian がそのことを記している(Sarkisyanz 1965 : 155)。

(16) 「マンダレーの歴史」を書いた書物は、必ずといってよいほどカンディについて言及している(例えば Panditsá 1960 : 78-86)。

(17) 例えば伊東(一九八五)によれば、シュエジン一八八五年、トンクワ、タラワディ南部、バセイン、タラワディ北東部、ヘンサダ一八八六年、トンクワ一八八七年、タヴォイ一八八八年の反乱など。

(18) 一九三〇年代、四〇年代のナショナリズムに関しては根本(一九九三)に詳しい。

(19) 伊東(一九八三)は、バンダカ・ヤティとウェイザー信仰との関わりを示唆している。

(20) こうした「伝統」と「近代」に関連する論争や批判は、例えば、三〇年代の『ミャンマ・アリン』紙などのなかでも絶えず行われていた。

(21) ガインの表1⑪マヘィディ・マハーウェイザドー・ガインの始祖セィンミンは、当時の著名な政治家タキン・コードーフマインの率いる「我らビルマ結社」に入り、日本軍政期には奉仕公務員として働いている(Ón Ngwei n.d. : 6)。表1③ボゥダヤーザー・ガインの始祖ミャンマー・エィも同じ結社に入っている。

(22) 例えばミンドン王は、コンバウン朝の歴代国王の名を暗示していると考えられる予言の書の詩が、彼以前の代の名前までは当たっており、自分の箇所が自分の文字(火曜日)でないのをみて、言葉を書き換えさせて火曜日の文字を入れ込んだことが『王朝支配記録』に記述されている(MMOS II : 238)。

(23) 関連する箇所を以下に挙げる。「獅子の下の息子龍王、玉座に上る(引用者注:獅子はミンドン王、龍はティーボー王のこと、この比喩を貫く原理は表2一五六頁参照)。龍住まう平安なる都を、悪しき(異)民族が滅ぼす。そのとき、仏教の勢いは衰退する。……獅子の王子は代理人を置き、出国する。四七の出た年に(緬暦一二四七年、西暦一八八五年)……国王が変わる。……謀反の人々、軍隊の人、一般の人、言葉を二通りに伝える。ポーウー山に、人々集まり、夢に啓示された未来王（ミンラウン）が、王位につくだろう。……猟師たちの幕閉じるとき（引用者注：コンバウン朝崩壊を指す）、ポンミーティザー宮殿を得て、正法王（ダンマヤーザー）の称号で、転輪聖王が現れる。威徳（ポン）も業（カン）も大きく、……玉座に付くだろう。……カッサパの洞窟、マンダレーの山の頂上に、ミンガウン、歩いてその姿を現す。三十三天に暮らす天神、人の姿を借りて、白象三頭、飛馬を、もたらす。一頭に書を置き、一頭の象には国王が乗り、一頭には、后が乗る。学問を普及し、タウンティン力、水銀を殺した人、超能力（ティディ）の持ち主、超能力者が四名、鉄編傘を被って、その未来王の従者として一緒に進む。国民達にも金銀が豊富に得られよう。十の年満つるとき、愛するヤーマ王、仏教王（ボゥダ・ヤーザー）・未来王は、テッターの花を希望し、マンダレーのセッチャウンにおいて、未来王が国を開くだろう。そのとき、仏教の光は輝くだろう。愚かな人間は滅亡し、賢人ばかりが増加する。国家安泰となり、宝雨が降る（傍点は筆者による。Teizá 1954 : 99-100）。

(24)「ナッセッヤウン予言の書」には「二四九七年威徳や気高さで満ちた国王が、玉座に登る、二四九八年ダイヤモンドの国のカウントン町に危険迫り、多数の人々が集まる、二四九九年人心奢りたかぶる、二五〇〇年仏陀の説いた宗教は終わりを遂げ、その後は帝釈天にお願いするべき宗教を忘れずに守る」とある（Batdandá n.d. : 150-51, Myei Nàn Wungyi 1953 : 150-52）。

(25) ボーミンガウンが宇宙のなかで地球のうえに座す「写真」は存在するが、仏陀が仏教的宇宙観ではなく、いわゆる球形の「地球」の上に座す図や絵はこれまで全く見られなかった。ただし、最近地球の上に座る仏像が見られたという指摘もある（原田正美氏の御教示による）。

終章

(1) このことは現在、M師の周りではあまり語られず、側近の弟子と知人から聞いたものである。また、M師も断片的に語ったことはある。

（2）セインルィンは「術」そのものを成しただけでなく、ウェイザー信仰に熱心だという情報もある。セインルィンは引退後「宗教活動に専心している」ことは比較的知られているが、一九九二年に彼が出身村で「パゴダ建立」を行った際、たまたま儀礼に参加することを依頼されたガインのある成員は、以下のようなことを語ってくれた。彼はいまだに何名かの部下に護衛され、通常軍人は退役しても元の階級で呼ばれることを好むにも関わらず、部下たちからも「御祖（ボードー）」と呼ばれていた。さらに、彼はウェイザー信仰に連なる儀礼や瞑想を行い、儀礼では村人を含めてさまざまなものが乗り移り、あきらかに「ウェイザーの加護を得ていた」という。ネーウィンがセインルィンのこうした「力」をどれほど重視していたか、あるいは危惧していたかは不明であるが、M師らによれば占星術に長けた人間として重用していたという。

（3）メディアについては、例えば一九八二年から一九八四年に私が留学でヤンゴンに滞在していた時と比べても明らかである。また、現政権が宗教懐柔策を取っていることは、伊野（一九九一、一九九二）奥平（一九九四）らも指摘している。

（4）シュエボンプィン・パゴダは、「パゴダ改築改修委員会」が中心となって改修された。噂では、このパゴダ改築の責任者宗教省大臣ミョウニュン将軍が「黄金の（シュエ）威徳（ポン）を開く（プィン）」という名前をもとにして、現実に威徳を高めるために行ったものであると語られていた。

（5）一九九二年一月三〇日に、ヘリコプターが飛ばされ、翌日のテレビや『労働者人民日報』紙では、空の上から国家サンガ長老会議の重鎮たちが国民の平和を願って「護経を唱えた」と報道された（Loktha 1992/1/31）。しかし、占星術によってヤンゴンに決起が起ころうとしているという卦が出たために「厄払い」を行ったという噂が広まった。

（6）一九九五年にアウンサンスーチーが軟禁解放後、初めての地方旅行として僧正のもとに出かけた。僧正とスーチーとが撮った写真が爆発的に売れ、後その写真の売買は禁じられた。このときから僧正は明確に政治と結びつけられるようになる。

（7）当時、選挙に基づく初めての国民会議が行われている最中であった。あるインフォーマントは以下のように語った。

僧正は、この国民会議が正当な形で行われるように、慈愛を送り、見守るために出てこられた。僧正に帰依している高官を警めるためでもある。僧正は、そうしたトップの人間が帰依する数少ない高僧である。僧正はさらに、独自の方法で、国民会議を守られる。我々檀家の人々にもそれぞれ、少数民族や各州を守る役割を与えられた。私にはカレン州を守る責務をくださり、会議開催中は、カレン族の民族衣装を身につけ、持戒を守るようにおっしゃった

彼女は国民会議が開催されている間、カレン族の衣装に身を包み、菜食を守っていた。

（8）タイではむしろ、内観瞑想を中心にする派は正統仏教に対して少数派といえる。例えば Tambiah 1984 など参照。

（9）ビルマでは例えば田村（一九九三）、タイでは田邊（一九九四）などの研究に詳しい。

インフォーマントの略称と略歴

頻出するインフォーマントないし、登場する人物のなかで、章を越えて言及するものに限って、ここで簡単な略歴を記す。

さまざまな師たち

J僧正　ヤンゴン市シュエチン僧院の僧侶。若くして「ダッヤイ・ダッスィン」の術のほか、占星術、厄払いによる「失せもの探し」などで有名になる。ガインには所属していない。

K師　ヤンゴン管区トンクワ市ピンマピン村で「超能力を得た人」として知られる。独自のパゴダを建立し、その敷地内に住んでいる。

L師　アーターナディィヤ・ガインの師。治療師としてヤンゴンで有名。マンダレー近辺の農村出身で長く僧籍にあり、ガインの術をメィガンダ僧正に学ぶ。治療師として政府の訓練コースに出て、優秀な成績を納め、指導要項執筆委員として選ばれた。

M師　「ミャンマー・ヴェーダ研究協会」会長。占星術師としてビルマで最も有名な師の一人。超大物政治家のおかかえ占星術師とも言われる。占星術学校を開設しており、生徒も多い。

O師　アーターナディィヤ・ガインのヤンゴンの総師。ナッタリン出身で、父親も同じガインの師であり、父親から民間治療師としての訓練を受けた。現在は、出版社に勤める。民間治療に関する著書を出しており、古典詩歌の即興に長け、儀礼に用いるためにしばしば執筆を依頼されている。儀礼祭司としても活躍する。

P師　白鳩僧正の「分身」として知られる。白鳩僧正の跡を継いで、信者の中心となり、僧正の遺志通り白鳩僧院の敷地内にさまざまな宗教建築物を建立し、他のパゴダ建立などにも携わる。また、P夫人らを中心に「銀の家族」という宗教活動のための緩やかなネットワークを形成している。

T師　香港の船舶会社のビルマ代理店社長を勤める。常時五百名の船員を押さえている。外貨の得られる船員は八十年代のヤンゴンにおける新興富裕層であった。Tは、自分の会社の社員（登録した船員たち）から寄付を募り「海の家族」という仏教協会を結成し、宗教活動に当たっている。

何度か言及する僧侶

白鳩僧正（ジョービュー・サヤードー *Gyòbyu Hsăyadaw*）

一九七九年に死んで「この世を抜けた（トゥエヤッパウ）」僧正として知られる。ヤンゴン管区ジョービュー（白鳩）地区に僧正が生前住んでいた僧院があり、そこにはパゴダなどが建立されている。

金鷺僧正（シュエビャインナー・サヤードー *Shwei Byaing Na Hsăyadaw*）

現在「この世を抜けた（トゥエヤッパウ）」僧正として有名な一人。ピィ（プローム）に住んでいる。僧正は修行に励んでいたが、ある日、空から数しれぬ鷺が舞い降りてきて、次々に僧正の肩に止まったことから、「金鷺休む僧正（シュエビャインナー・サヤードー）」として知られるようになった。この金鷺は、僧正の「慈愛を送る行為」を賞賛するために舞い降りたともいわれる。

平凡山僧正（ターマニャタウン・サヤードー *Thamănyá Taung Hsăyadaw*）

カレン州パアン市の平凡山に籠もっている僧正。「この世を抜けた」、ないし「阿羅漢」であるなどといわれ、近年とみにその名を知られ、信者を集めている。

チャウンワ僧正（チャウンワ・サヤードー *Chàung Wà Hsàyadaw*）

ヤンゴン市チャウンワ地区にある僧院の僧院長。ヤンゴンで「この世を抜けた」僧正として有名である。この僧院では、九十年代初頭に建立物を次々に増やしており僧院内にパゴダを建立中であった。

グロッサリー

アウラン・サヤー *auklàn hsăya*（下道の師）→アテッラン・サヤーの項参照

アテッ・ポゥゴー *ăhtet pokgo*（上のお方）

直訳すれば「上のお方」となり、霊的存在を丁寧に呼んだもの。ウェイザー信仰の中で用いられることが多い。信者たちは、仏陀、悪霊、精霊には「上のお方」という単語を用いず、ウェイザーや上位のナッ（天神）に対して用いることが多い。

アテッラン・サヤー *ăhtetlàn hsăya*（上道の師）

民間治療師、呪術師のカテゴリーの一つ。ビルマにおいて、通常、呪術、邪術に関わる存在としては、①ソン・カウェなどの邪術師、悪霊、幽霊、②アテッラン・サヤー、③アウラン・サヤーなどが報告されている。ソン、カウェなどが生得的な資質を持ち、女性が多いのにたいして、アウラン・サヤー（下道の師）と呼ばれる呪術師は男性が多く、術を学ぶとされている。これら二つのカテゴリーは悪い意図で働くとされ、それに対して、上道の師は仏法僧に帰依し、良い意図でのみ働くと理解されている。

イン *in*（呪符）

通常は、呪文の文字を五盤の目状に仕切った四角の枡目の中に入れたものを呼ぶ。枡目に入れず呪文の文字を絵状に並べたものもインに含まれる。医術の際に用いたり、お守り、厄除けに用いたりする。

ウェイザー *weikza*

ウェイザーという単語の語源はパーリ語 vijja で、ここでは、呪術的知識を得たもの、ないし、呪術的技術を施行することによって、超自然的力を持つに至った存在として用いる。

ウェイザドー *weikzàdo*

ウェイザーがより高い段階に至ったものをウェイザドーと呼んで区別することも多い。この高い段階に至るために、普通は火に飛び込んだり土中に籠もったりするなどして肉体的仮死を経ねばならないと考えられている。さらに信頼できる弟子などの協力により再生してはじめて、より強い力を得、究極的には不死身の肉体を手にすると考えられている。

ガイン *gaing*

ウェイザーへの信仰に基づき結成された人々の集団。それぞれが核とするウェイザー（ないしは始祖）に帰依し、ウェイザーになる修行方法を伝授している。通常はガイン・ジョウ・サヤー（ガインの総師）に率いられる。入会には誓いを必要とし、ガインの規則が設けられていることも多い。

ガドーボェ *gădaw bwé*（供えもの、儀礼）

バナナの房とココナツの実を組み合わせた供えもの。バナナの房の数を変えたり（三つ、五つなど）、バナナの種類を変えることはある。線香や花、キンマ、茶のピクルスなどを組み合わせることも多い。そのほか、目上のものに敬意を表わす儀礼もガドーボェとよぶ。多くのガインでは、定期的にこうしたガドーボェ（儀礼）が催される。

家族（ミターズ　*mithàzu*）

ビルマでは、集団を家族（ミターズ）と呼ぶことが少なくない。例えば、仏教活動を行うために職場などで会が結成されることがあるが、しばしば家族という名称が付いている。

サヤー *hsăya*（師、先生）

何らかの知識に長けた専門家や教師を指す。学校の教師（チャウン・サヤー）のほか、ドライバー（カー・サヤー）、写真家（ダッポン・サヤー）などの形で用いる。または、自分に何かを教えてくれた人間をサヤーと呼ぶ。サヤーに対して弟子はダベィ *dăbé* と呼ばれる。

セィ・サヤー *hsei hsăya*（民間治療師）

民間治療を行う専門家を指す。彼らが具体的に保持する知識、あるいは保持することが望ましいとされる知識としては、薬草学（ベィンドー *beindaw*）、四要素学（ダッ *dat*）、占星術（ベィディン *beidin*）、超自然的存在の介入による病の治療法（パヨーガ *păyàwga*）などがある。薬草術のみを専門とする人間はベィンドー・サヤーと呼ばれることもある。

ゾージー *zawgyi*（仙人）

語源はパーリ語 yogī と考えられ、森林など人里離れた場所で修行を行うことにより超常的な力を得た存在を指す。『ビルマ辞典』では、「地下に潜り空を飛べる技術、他のものに成り変わったりする技術、薬やマンダンの術を修得した人」とあり、ほぼウェイザーと同義に用いられている（MA II : 48）。

ダッ *dat*（要素、本質など）

パーリ語 datu を語源とするビルマ語で、要素、本質などの意味を持つ。ローキー・ピンニャーでは、世界を構成する基本的要素と理解されている。「本質」といった意味から、仏陀の聖骨などがダットー（聖なるダッ）と呼ばれたり、ウェイザー信仰の内部で用いられる場合には、ウェイザーそのものを表したりする。ダッを用いた派生語（※のもの）もいくつか存在する。

※ダッサカン *dat săhkàn*

サカンとは休憩所、駐屯地などの意味。ウェイザーが来て休むところと理解されており、ダッカンと表現されることもある。

※ダッスィー *dat si*

直訳すれば「ダッが乗る」となるが、ウェイザーが憑依することを言う。ただし、ウェイザーのほか、上位のナッや鬼など比較的上の神格が憑依していると理解されることも多い。

※ダッカン *dat hkàn*

ダッの部屋。ウェイザーを信仰している人々、特にウェイザーと何らかのつながりをもつと考える人々は、自宅の仏壇（パヤーガン）のそばに、「ダッの部屋」を設けて、ウェイザーの写真などを飾り供えものを捧げている。ウエイザーが来て休む場所としてベッドを置くこともある。

※ダップワー *dat pwà*

ウェイザーの分身。ウェイザーと霊的につながりを持つ、特に分身と考えられる人間を指す。直訳は「ダッが増えたもの」の意。分身といわれる人間は、元のウェイザーからその存在の本質（ダッ）と考えられる能力を与えられ、絶えず加護を得ていると理解されている。

※ダッポエ *dat pwé*

ダッに捧げた供えもの。ときには、それに捧げる祈り、儀礼などを意味することもある。

タパティ *tăpăthi*

語源は「苦行者」の意味を持つパーリ語 tapassin と思われる。しばしば「ゾージー、タパティ」などと対で用いられる。これもどちらかといえば、文献や書物のなかで見られるにとどまり、二、三〇年前まではよく口にしたというが、現在のウェイザー信仰の中ではさほど用いられない。意味内容は「ヤティ」（↓ヤティの項参照）とほとんど違いがない。

ティディ *theikdi*

特にローキー・ピンニャーを通じて得られた超能力を指す。具体的には空が飛べる、動物や外国人と会話ができる、長寿である、傷つかないといった能力を指す。ウェイザーは、こうしたティディを手にしていると考えられている。

トゥエヤッパウ *htweyat pauk*

この世を抜けた存在。トゥエヤッパウとはパーリ語からの借用語ではなく、「出口、あるいは抜けるべきところ（トゥエヤッ）から抜けた（パウ）」という意味を成す純粋なビルマ語であり、ウェイザーの中でも高い状態に達したものを呼ぶことが多い。トゥエヤッパウに到達するための方法は、人によって解釈が異なるが、敢えて分析すれば、次の三つのタイプがある。あくまでローキー・ピンニャーにより穴に籠もるなどの最後の段階を経て「抜け」ると考えるもの、ローキー・ピンニャーによりウェイザーとなったものが、瞑想修行を通じて更に高い段階に至ると考えるもの、純粋に瞑想修行によって到達すると考える理解である。

ボードー *bòdaw*

御祖。ボードーとは祖父や祖先の人間の尊称、あるいは男性をそのような人間と見なして呼ぶ呼称である。ビルマでは、親族名称を他人に対する呼称として用いる例が多く、ボードーはその一つである。しかし、ウェイザーとして信仰される人々、ないしは、「この世を抜けた」存在を対面状況においてボードーと呼ぶことが多い。あるいは、ウェイザーにまではなっていないかもしれないが、何らかの超能力を身につけた人間も、こう呼ばれる。メンデルソンのウェイザー信仰に関する報告の中でも、ガインの中心人物が「御祖（ボードー）」と呼ばれていることが示されている（Mendelson 1961a, 1961b）。メードーの項参照。

ミターズ→家族の項参照。

メードー *medaw*

御母堂。一般的には母親の尊称であり、国王の母や僧侶の母などを指して用いる。しかし、ガインのなかでメードーと呼ばれる事例があり、これは、ボードーの女性形であると考えられる。

ヤティ *yăthei*

行者、修行者。ヤティは現在のウェイザー信仰の語りの中でもしばしば言及される。森林など人里離れた場所で苦行的修行を行う人間のことを指し、普通正式の僧侶とは見なされていない。独特の帽子を被り、僧衣に似た、しかし赤紫色の衣を纏っていることが多い。語源はパーリ語 risi「行者」と考えられる。

ヤハンダー *yăhànda*

阿羅漢。教義的な説明としては、完全に解脱を得た人を指す。悟りに到る段階の中で、解脱に近づいた状態として、悟りへの流れに入ったとされる「預流」、あと一度だけ転生する「一来」、転生をしない「不還」などがあるが、これらを経て解脱を得たものが阿羅漢である。阿羅漢は仏陀と同じ状態であるが、違いは衆生の救済と仏教布教を意識するかしないかにあり、阿羅漢は救済を意識しないとされる。但し阿羅漢に帰依し、ときには現世利益を期待する人も存在する。

ローキー・ピンニャー *làwki pinnya*

直訳すれば、世俗に関わる学問ほどの意味。仏教に関する学問をローコゥタラ・ピンニャーと呼び、それ以外の学問を指す。この広義の意味では近代学問もローキー・ピンニャーに含まれる。しかし狭義には、錬金術、占星術、民間医療、呪符の術、前兆予兆の解釈といった術を指す。ウェイザーは、こうした術のうちのどれか一つを達成したものと理解されている。一方、こうした術を伝授する専門家も存在している。

参考資料

I　有名なウェイザーの物語

ここでは、有名なウェイザーの物語を簡単に記述しておきたい。すなわち、ボーボーアウン、ボーミンガウン、シン・イッサゴーナ、バーメ僧正の物語である。

1　ボーボーアウンの物語

ボーボーアウンについて、多くの人が知る短い物語は本文に載せた。しかし、彼の物語は、より「詳細」な形で書籍としてもまとめられている。ここではプロットのそろった物語として『ボーボーアウンとその修行 *Bò Bò Aung hnin Kyinzin*』の記述を紹介したい（Hpei Hkin 1949）。この書籍のプロットすべてを人々が知っているとは思えないが、このテクストは、ボーボーアウンに関してかなり初期にまとめられたもので、何度も重版されており、新しい書物に影響も及ぼしている。今でも各種書店や古本屋でよく見かける。

【A　ボーボーアウンの生い立ち】

ボーボーアウンは、ボードーパヤー王と同世代の人間であった。幼年時代にタウンドゥインジー市のチェーニー

（赤銅）僧院に預けられた。

【B　術を手にする1】

赤銅僧院の僧院長は、池で折り本を見つける夢を見たがそのままにしていた。その後、生きているかのように動く猫の生首を道端で発見し、首から魔法の目玉を取り出した。僧正はようやく、これがウェイザーらの啓示であることを知り、夢の通りに池に出かけ、折り本を見つけた。そこには、呪符（イン）の秘法が書かれていた。僧正は後に呪符の秘術によりトゥエヤッパウした。不思議な縁によって、沙弥として働いていたボーボーアウンがその折り本を手にした。彼は勉強してその術を修得していく。

【C　超能力を手にする】

術を鍛錬しているうちに、次第に超能力を手にした。彼は母を呪符の力でひっくり返したり、切れた鶏の首を元に戻して生き返らせたり、動物と話し、動物をご馳走に招待して布施したり、分身を遠くの地に送り、そこであったことを見聞きするなどして、自分の力を確かめた。

【D　各地を廻り修行する】

その後ボーボーアウンは、各地のパゴダを巡る。

【E　ボードーパヤー王らに会う】

ピィ（プローム）市へ行ったとき、二人の人間と知り合い友人になった。その一人が後にボードーパヤー王となるマウン・ワインであった。もう一人はミャスェ（一説によれば、彼は後にボードーパヤー王の王師となったマウンダウン僧正）であった。彼らは後に出世したら互いに引き立て合おうと約束して別れた。

【F　術を手にする2】

ボーボーアウンはピィの僧院のそばで新しい秘術の折り本を手にいれた。彼は僧院から離れてウェイザーになる修行に専念し、さらに力を得た。両親にはいくら使っても無くならない油壷を、友人ミャスェにはいくら使っても無くならない五銭玉を渡した。彼は友人にも自分と同じ道を歩ませたかったが、友人は興味を示さなかった。

【G　ボードーパヤー王と再会する】

ボーボーアウンの名声が首都にも伝わり、今や王となったマウン・ワイン（ボードーパヤー王）が不安になって召喚する。ボードーパヤー王は彼を重用するどころか、処刑しようとしたため、彼は逆に王を懲らしめた。自分と同じ顔の兵士を無数に出して宮廷を埋めたのちに、消した。さらにボーボーアウンは王に、「汝は私を殺せるどころか、私が書いた文字も消せまい」といって丸（ビルマ文字では子音「ワ」を示す）を書いて消すように言った。王がこれを消そうとするごとに、二倍に増えていき、しまいに宮殿中が丸の文字で埋まった。王はようやく改心し謝った。

【H　転輪聖王を救う】

ボードーパヤー王の孫娘白象王女は皇太子（後のバジードー王）との間にニャウンヤン王子を産んだ。この王子は転輪聖王といわれ、大切にされた。しかし皇太子の別妃のメー・ヌは王女を妬み殺害し、自分が筆頭王妃となった。メー・ヌとその弟と称する愛人マウン・オーらは、病弱のバジードー王に代わり、権勢を振るった。さらに、ニャウンヤン王子を殺そうとしたが、ボーボーアウンは彼を救いその魂を天に送った。

【I　ミンドン王の時代に登場】

バジードー王の三代後ミンドン王の時代にボーボーアウンは再び現れ、宗教心に篤い少女に金の玉子を与えて、助けてやった。金の玉子はミンドン王のところに届けられ、王は金を作ったのがボーボーアウンであることを知って丁重に探させた。探し出されたボーボーアウンは、国王の信心を誉め、錬金術を授けて第五回仏典結集を援助した。

【J　植民地時代に登場】

ボーボーアウンが、子供をいずこともなく連れ去ったことが二度ほどあったが、それは後に転輪聖王となる子供を育てているのだった。

ボーボーアウンに関してこれまで出された物語について、ここで用いた番号を使って簡単に説明していきたい。ウェイザー信仰の師、ウー・セィンカンは、ボーボーアウンのモデルは二人いたと指摘する。一人はピィ市のトゥダタナ山に住む修行者ウー・アウンであり、いま一人は、タウンドゥインジー市で「この世を抜けた」パタマン・ウー・アウンであるという（Sein Hkán n.d. : 54）。ペィキン版では幼少時代が二つのプロットで描かれ、ちょうどこの二つと対応している。タウンドゥインジーの貧しい両親のもとに生まれ、幼くして僧院に預けられたというものと（Bに当たる）、いまひとつはピィ市の僧院で後のボードーパヤー王となる友人らと幼い頃から一緒に学んだと語られるものである（Dに当たる）。ペィキン版では大きくなってピィに出たとして、うまく統合しているが、一般によく知られる物語はDのほうである。

また、第六章にも記したが、ボーボーアウンに関する資料のなかで、時代がほぼ確認できる最も古いものは、一八九〇年ごろに歌われた「ボーボーアウンの唄」で、そこではＥＦＧが簡略化された形で歌われている。一九〇四年にはＭ・Ｃ・デュロワセルが、ピィ（プローム）の修行者ウー・アウンの話を記した。ここでは修行者アウンの物語として、上のＥＦＧのプロットが記される。一九〇九年に印刷物としてまとめられた『アユードーミンガラーの意見具申書 *Áyudaw Mingăla Shaukhtòn*』では、には、ボードーパヤー王の夢に、「王の友人である、ピィ（プローム）市のウー・シュエアウン」が登場し、ニャウンヤン王子が転輪聖王であると啓示を与えたことが書かれ（Aung 1959(1909)）、これは転輪聖王を助けるボーボーアウンのプロット（Ｈ）に重なるものである。

また、現在最も有名なのは、本文で短く書いたもので、ＤＥＦＨにあたる。

2　ボーミンガウンの物語

ボーミンガウンはポゥパー山で瞑想修行をし、一九五二年「この世を抜けた（トゥエヤッパウ）」といわれる。ポゥパー山の頂上に建立されたパゴダの脇には、小屋が設けられ、ボーミンガウンの像が奉られている。

ボーミンガウンの場合は「伝記」が残っている。テクストは、前のボーボーアウンと同様、すべての物語群が集められて、整合性を持つように並べかえられているようであるが、とりあえず、最もプロットが揃っているという点で、この物語を紹介してみたい（Záwtí Pālá 1952）。

【a　幼年期】

ほとんど語られない。彼は何らかの術によってウェイザーとしての超能力を得た。

【b　ウェイザーとして会議を開く】

一八八五年王朝崩壊の頃、ボーミンガウンはさまざまなウェイザーと集まり、一八八八年に異教徒の王の配下におかれたことで仏教が衰退しないようにと「仏教布教ウェイザー協会 *Thathana Pyú Weikzādo Ăhpwé*」を設立した。一九〇七年にはウー・カンディに仏教布教を依頼した。新聞に広告を出した。

【c　各地を廻る】

その後、彼は各地を廻り、パゴダを建立したりした。

①上ビルマのメーザーシュエレー地方で、大木がシータ河の真ん中で止まってしまい、皆が迷惑した。そのときボーミンガウンが現れ、大木に命令し、藤を魔法の鞭として用い、二、三回大木を叩くと、大木はすぐに、流れていった。

②上ビルマのティーチャイン地区ニャウンビンター村のそばの森で、馬がいなくなった。村人が探していると、ボーミンガウンとその弟子が馬の大群を集めて騎馬練習をしていた。しばらくすると、いつのまにか馬が柵の中に戻っていた。

③カチンの山にも現れ、大きな動物と遊んだため、カチン族の人々が、自分たちが信仰している精霊と考えて、食べ物や飲物などを捧げた。

④モーガウン地区で、ある僧正が錬金術による玉（ダッロン *dat lòn*）を成功させ、何度も悪用していた。すると老人の姿をしたボーミンガウンが突然現れ、そばにあった大木をひっこぬいて殴ろうとしたので、僧正は恐れて謝った。老人は玉を取り上げ、木を元通りに埋めて消えた。その木は、いまでも元気に繁っている。

⑤モーガウン地区の回教徒系華僑（パンティ・タヨゥ）の経営するそば屋でひと休みした。そのとき、華人は鶏を一羽殺したが、ボーミンガウンが離れていた鶏の胴体と頭とを拾ってくっつけた。すると、鶏は元通り生き返って空へ飛んでいった。

⑥ミッチナー地方にやってきて、ナンマカユ・チャウンという場所に一九二八年から三八年ごろまで暮らした。そのころ列車が脱線して落ちてしまっていた。そのとき、ボーミンガウンが棒を一本もって、牛を駆るように列車を駆ってもとの線路に戻した。

⑦同じころ、鉄橋の綱が切れていることを知らせるためにボーミンガウンは鉄橋の手前で線路の上に頭を置いて寝ていた。列車は人の姿に驚き止まり、惨事を免れた。

【d　ポゥパー山に籠もる】

一九三八年にポゥパー山にやってきたが、人々が気違いと馬鹿にした。そのため、ある僧院の中にあった壊れた自動車にエンジンをかけ、猛スピードで山を往復した。人々は驚き畏れて謝った。それ以降、彼の高名は一帯に轟いた。

政府の刑事、警官が、日夜彼を取り調べた。ある日、ボーミンガウンはチャウンパン山の下で帽子を逆さにかぶって座っていた。すると、刑事、警官の妻が、タメイン（*thǎmein* 腰巻き風民族衣装）を尻はしょりして、竹の棒にまたがって出てきて、人々の前で、集団で馬の踊りを踊りだした。半時間ぐらい経ち、ボーミンガウンが帽子を元に戻して被りなおすと、踊っていたご婦人たちは、踊りを止めて我に返り、はずかしがって家に帰っていった。その後、刑事、警官達も取り調べを止めた。

【e 「この世を抜ける」】

この後、彼はポゥパー山に滞在し、一四年間、集中瞑想を主にして修行に励んだ。三年間の無言の行、四、五カ月不眠で話し続ける行、絶食などの修行も行った。また、人々の寄進する衣類、食事などを選り好みせず受けていた。彼はポゥパー山を訪れる信者、弟子達にいくつかの奇跡を示した。例えば、信者がやってきて修行をしていたが、暑くて集中できないと訴えた。彼は上を見上げていたが、しばらくすると、この時期には降らないはずの雨が降ってきた。また、カメラマンが写真を撮りたいと心に願っただけで、ボーミンガウンは察して、撮るようにいった。同じカメラマンは、パゴダを撮ろうと覗いたときに、パゴダではなくボーミンガウンの姿が映ったのでそれを撮った。一九五二年「この世を抜けた」。

3 シン・イッサゴーナ

パガン時代に活躍したと考えられる僧正である。チャンズィッター王の時代に呪術的な儀礼を執り行った「シン・ポゥパー」という僧侶（HMY I : 278）が、シン・イッサゴーナと関連があったという見方を取るものもいるが（Ferguson 1975 : 87）、彼の実在を証明するものは特にない。しかし、彼の物語は非常に有名で、伝説については、何人かの人間が物語を記録している（Shwe Zan Aung 1912 : 53, Htin Aung 1962 : 51-54、邦文では土佐 一九九六 参照）。そのうち、ティンアウンのテクストを中心に記したい。

【ア 術を試す】

パガンの国で、ある僧侶が錬金術に凝っていた。彼は古い折り本に書いてある処方を試していたが、錬金術には金がかかるため、国王からもらっていた。しかし、国庫の金も底をつき、人々の不満は高まり、国王はだまされていると噂しあった。

【イ　失敗する】

僧侶は、ついに最後の指示にたどりついた。「金属の塊に酸を入れれば水銀玉が得られる」とあったが、何も変化なく失敗する。

【ウ　人々が怒ったため僧正は目をくり抜く】

人々は失敗の噂を聞き、怒って宮廷へ集まった。国王は人々を説得できず、僧侶は、自ら両目を取り出し、人々に示した。人々は、納得し帰っていった。

【エ　別の方法を得て成功する】

僧侶は失望し、弟子の沙弥に、金属の塊を便所に捨てさせた。ところが、夜になると便所がきらきらし、ついに水銀玉が完成したことが分かった。処方を書いた書物が、「便 *chi*」の代わりに「酸 *chin*」と綴りを間違って書いていたことを知った。

【オ　新しい目を付ける】

師は、沙弥に肉屋で牛か羊の両眼を買ってくるように言いつけたが、売り切れで、羊の目一つと牛の目一つを持ってきた。僧侶が自分の眼孔に置いて水銀の玉で触ると、自分の眼となった。ただ片目は大きく、片目は小さかったので、それ以来「牛と羊（(P) issa + gona)」と呼ばれた。

【カ　人々のために金をつくる】

彼は宮廷へ出かけ、国王に好運を告げ、翌朝、人間世界を離れるつもりだから、夜明けに大きな鍋を出し、真鍮と鉛を入れておくように告げた。翌朝、僧侶は沙弥を連れて僧院をでると、国中をまわって、鉛を銀に真鍮を金に変えていった。そのため、パガンの人々は金持ちになり、今日パガンに見られるほどのパゴダを建立することができた。

【キ　ポゥパー山へ出かけ、薬を作って飲む】

彼は沙弥をつれてポゥパー山に行った。僧正は、魔力を持つ根をほり、水銀玉で砕いた。根は勝手に形を作り、六つの薬となった。僧侶は三つを飲んだ。

【ク　弟子との別れ】

師に残りの三つを弟子に渡したが、彼にとっては根が人間の肉に見え飲めなかった。それをみて僧正は弟子はこの道に進めないことを知り、別れの贈り物として一塊の金を渡した。

【ケ　弟子が金の効能に気づく】

沙弥は、自分の母の家に帰った。母は貧しく何もなかったので、彼は師のくれた金を渡した。しかし、あとで再びポケットを探ると、金はまだあった。こうしていくら使っても金はポケットにあった。それで師は永遠の金をくれたことを知った。

ティンアウン版はこのように弟子の話までが組み込まれているが、例えば、シュエザンアウンの版は、【ア】から【カ】までしか載っていない。実際に、一般のレベルでよく聞くのは、【ア】から【カ】が有名である。

4　バーメ僧正

バーメ僧正は、一六世紀末から一七世紀にかけて存在した実在の人物と考えられており、王統史や教史でも言及される。また、彼自身が残したと考えられる貝葉を翻刻した書籍も残っている。一般的な歴史資料から追える彼の足跡は以下のようなものである。タウングー朝のナンダバイン王（在位一五八一—九九）の時代には、アユタヤ征服の失敗などで、国力は衰微したが、彼の時代にモン系僧侶をニャウンヤン地方とインワ地方に多数追放したとされる（ハーヴェイ一九四四（一九二五）：二五六）。一方、ナンダバイン王の義母弟であるナンデメィ王（一五九七—一六〇五）は、ニャウンヤン地方を治めていたが、一六〇〇年にニャウンヤン朝を起こす。その息子アナウペッルン王（一六〇五—一二八）

が跡を継ぎ、上ビルマ、プロームなどを次々に平定し、シャン族を配下に治め、インワを都に定める。その都に、防御のためにインなどを入れこんだとされるのがバーメ僧正である。一六〇七年、バーメ僧侶のほかアサーラ僧侶などモン系の僧侶に僧院を布施したことが王統史に含まれる。

僧正は一枚に一〇行の文字が書かれた折り本二六枚よりなる草稿を残しており、それを一九五二年マハーミャイン僧正が『大超能力の書（マハー・ティディ・チャン）』としてまとめた。その書物にバーメ僧正の「伝記」が書かれている。以下はその要約である（Bà Mé 1962（16c）：4-11）。

【生まれ】

一五七一年、アラカンとの国境沿いであるバーメ・タウンチェ村で生まれた。ハンタワディ国で沙弥になり、称号ナンダーターラを受け、三蔵や文学を学ぶ。

【術を手にする】

ハンタワディの川岸で、狂人に会いその導きで、鰐のくわえた銅の折り本（パラバイ）を手にした。折り本には、さまざまな術が書かれており、わからないところもあった。その後、ハンタワディ市の東にあるレィタ僧正の寺で得度した。ある晩、沙羅樹の下の竹寺で瞑想（ボゥダーヌターティ・カマタン）に励んでいると「大超能力（マハー・ティディ）」という名のウェイザーが訪れ、「前世で僧侶と兄弟だったので、金の貝葉を渡しにきた」という。僧侶は、折り本を示しわからない点を訪ねると、ポゥパー山の洞穴に暮らす呪符の鬼に訪ねるように言った。弟子の沙弥と共にポゥパー山に行き、ウェイザーの教え通りにして、鬼から聞きたいことを聞き出した。

【術を修行し超能力を手に入れる】

その後ハンタワディ市に帰り、僧侶はあらゆるローキー・ピンニャーを追求し、熟練して、名を挙げた。

【ハンタワディ国王に追い出される】

しかし、ナンダバイン王が「僧侶の行いにふさわしくない」として追放した。

【ニャウンヤン国にやってくる】

一五九三年、ニャウンヤン国に到着し、ミンイェ・ナンダメィ王（後のニャウンヤン王）が彼の学識に歓び、僧院を建立して布施し、彼に帰依した。

【ニャウンヤン国を勝利に導く】

後に、国情が不安になると僧正は、あらゆるローキー・ピンニャーの術、呪符やお守り（カーフレ、レッポエ）、マンダラなどを作って武器や都にとりつけ、王国を守った。

5　物語のプロット比較

上の四つの物語のうち、1、3、4は活躍したとされる時代が王朝時代であり、同時代にいかに語られていたかは判らない。ここで紹介したのは、たまたまいずれも五〇年代にまとめられた版である。逆にいえば、この時代に過去のウェイザーの物語が積極的にまとめられている。また、これらの版の物語を比較することは、少なくとも五〇年代、あるいはそれ以降のウェイザー理解を考える手がかりとなろう。

四つの物語は、いくつかの共通点をもっている。いずれも、ウェイザーとなるための方法や術、術の試し方などが描かれていることである。記述があるものに○、ないものに×をつけると下のようになる。

方法を手にする過程は、ボーボーアウンとバーメの物語で書かれ、全般的に偶然に手にしている傾向にある。ボーボーアウンは師の僧正から、バ

表10　有名なウェイザーの修行の過程と方法

	ボーボーアウン	ボーミンガウン	イッサゴーナ	バーメ
何らかの方法を手に入れる過程	○	×	△	○
ウェイザーになるまでの修行	○	○	○	○
術、方法	呪符	瞑想	錬金術	呪符
ウェイザーになって超能力を示す	○	○	○	○
トゥエヤッパウとなる方法	呪符	瞑想	薬	×

ーメはより明確に前世の兄弟のウェイザーから特別な方法を獲得しているが、術を手にするのは、全くの偶然からである。シン・イッサゴーナの場合も、間違った方法が正されたのは、「失望して便所に投げ入れる」といった全くの偶然からである。

それに対してウェイザーになるための修行は、いずれも並々ならぬ努力の結果とされている。ボーボーアウンもさまざまに努力している。シン・イッサゴーナの場合も失敗によって皆からあしざまに言われ眼を失うほどに努力しており、バーメ僧正の場合は、苦労して鬼に尋ねてまで内容を学んでいる。ボーミンガウンは、取り調べを受けながらもポゥパー山に籠もって修行をしている。

さらに得た超能力は、いずれも非常に類似している。例えば金が増やせる（シン・イッサゴーナ、ボーボーアウン）、姿が消せる（ボーボーアウン、ボーミンガウン）、大きなものや人を自由に操れる（ボーボーアウン、ボーミンガウン）、都を守る（バーメ僧正）などの、超能力である。

一方、ウェイザーとなる方法は様々である。ここでは、呪符、瞑想、錬金術、薬が挙げられている。さらに、シン・イッサゴーナ、バーメ僧正、ボーボーアウンはローキー・ピンニャー、ボーミンガウンは瞑想という違いがある。また、ここでは五〇年代の版を元にしているとはいえ、現在も、中心的プロットは、現在のウェイザーを信じる人々のなかでも、共有されている。ウェイザーの物語に見られる共通点と違いは、本文第二章、第六章の分析とも深く関わっている。

Ⅱ　アーターナディヤ・ガインの規則

【基本のきまり】

①五戒を命に代えても守ること。

②恩ある五大無量（仏、宝、僧、親、師）に仕え敬意を表すこと。

③三十八の吉祥をよく理解し精進すること。

【避けるべきこと】

④「三七神」などの「下位のナッ」を信仰してはならない。それらに捧げられた供物も食べてはならない。

⑤蛇の肉、ガムェトー（どじょうの一種）、田鰻、蛇瓜、ペパーミント、白ナツメ、蔵青果、木綿の花などを食べてはならない。

⑥ほかのガインの師、ガインの成員などの薬やお守りなどを食べたり持ったりしてはならない。それらの知識も学んではならない。

【守るべきこと】

⑦ガインの師（ガイン・サヤー）の教えをよく聞き、ガインの師をよく信じ、大切にし、また頼りにして帰依しなければならない。

⑧自分の波羅蜜（パーラミー）に従って恩のある守護神（上位のナッ）を念じて、毎日毎晩拝み、慈愛を送り続け、また功徳を分け与えねばならない。

⑨ガインのなかで続けられてきたきまりに従って、ビルマ暦新年（四月中ごろ）、雨安居入り（七月ごろ）、雨安居明け（一〇月ごろ）、ダザウンモン月（一一月ごろ）の星宿祭などには、自分の責任のかぎり、ガインに対しては

ガドーボェ（供えもの）を捧げ、ガインの師に対しては何らかのものを捧げ、自分の守護神に対しては適当なものを捧げて、拝み礼拝する必要がある。

⑩そのときに、ガインの師のところへいき、あれこれ雑務を手伝わねばならない。

⑪遠くに住む弟子達でも、その折りには師のところに行かねばならないが、もし無理なら、手紙でその旨を知らせお許しを請わねばならない。自分の住んでいる場所で、ポェ（供えもの）を準備して拝まねばならない。供えものの準備ができなくとも、ガインのある場所、自分の師のいる場所に向かって、それらを心に目して、手を合わせ拝まねばならない。

Ⅲ　アーターナディヤ・ガインの呪符の書き方

三枡の呪符

四角形の一辺を三つに句切り、全部で九つの碁盤の目を作る。その中に呪文字（サマ）の四文字の組み合わせを入れ込んで行く。その際に、四要素を規定の形になるように入れていかねばならない。枡目数により、四要素の入り方は異なる。アーターナディヤ・ガインの三枡のインは、「隅は土の要素（ダッ）、真ん中火、水は上下で、風は左右を守る」形になるようにする。すなわち、完成すると図21のように配置される。

一日目のサマは「ワ、ヤ、マ、パ」でワが土、マが火、ヤが水、パが風にあたるから、四要素が図21となるように書き込むと、図22の形ができあがる。

ただし、端から適当に書き込んで、最終的にこの形になればよいというのではない。絶えず、「ワ、ヤ、マ、パ」の順に、しかもそれぞれの要素を守る仏陀に祈りを捧げつつ書かねばならない。三枡のインの場合は文字を四回書くことで埋める。書き順は図23に記した。この順序通りにワヤマパを四回書くことによって図22ができあがる。そして、四要素のダッは、図21のように配置されていることになる

書き終わると、この紙を飲み込む。これで一日分が終わりである。次の日は、基本のサマの第二番目「マ、パ、ンガ、タ」の四文字を行う。マが火、パが風、ンガが土、タが水であるから、図23で示した書き順序は変わってくる。しかし、要素は最終的に図21の形にせねばならない。こうして、

土	水	土
風	火	風
土	水	土

図21　三枡のインに並ぶ四要素

基本の三八のサマを三枡のインに埋め込み、順に飲んでいけば、この段階は終了となる。

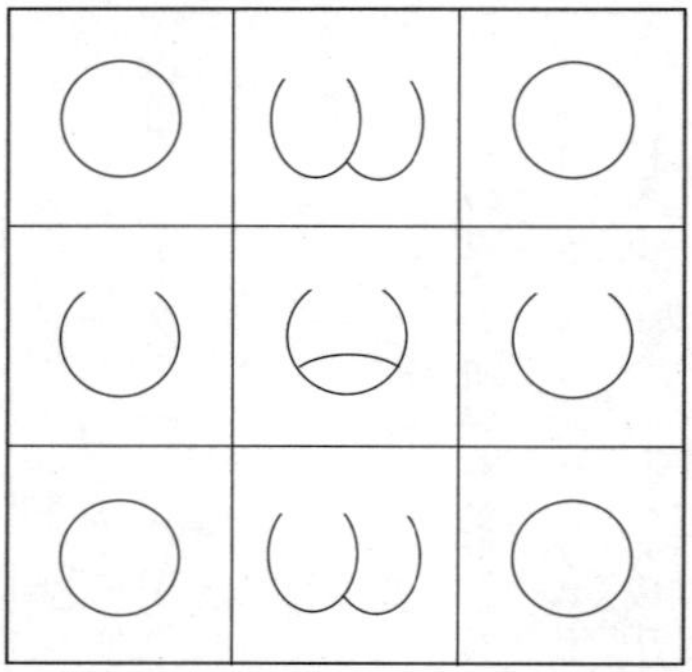

ワ	ヤ	ワ
パ	マ	パ
ワ	ヤ	ワ

図22　三枡のイン

1	10 14	5
4 8	3 15 7 14	12 16
13	2 6	9

図23　三枡のインの書き順

あとがき

O氏と知り合ったのは、一九八二年から八四年にかけてヤンゴン大学に留学していたときのことだった。紹介してくれた人間は、O氏のことを、有名な書店兼出版社の主任で、数多くの古典を出版復刊していると説明した。当時私は文学を専攻しており、書籍の関係者とも知り合いになるようにとの計らいだったように思う。

知り合いはさらに付け加えて、彼のもう一つの顔は、イェジョウ地区の住民が伝えるラーマーヤナの踊りの会の長だと言った。当時五〇代の、今と変わらず多忙だったO氏とは、書物の話などをしたが、初めての出会いで覚えているのは、大柄なO氏の無骨な雰囲気から「踊る」姿がどうにも想像できなくて困ったことと、あとは、彼と友人とが持ってきてくれたピィ（プローム）名産の美しいマンゴーと編み籠の絶妙なコントラストぐらいのものであった。

その後、書店に本を買いに行くたびに会話を交わすようになったが、彼のさらにもう一つの顔は、当時の私も、紹介してくれた知り合いもまだ知らなかった。

やがて人類学を学ぶために大学院に入り直し、九〇年に予備調査のため、ビルマを訪れた。八八年民主化運動の高まりの後、クーデターにより成立した軍事政権のもとでは緊張がいまだ続いており、外国人の地方調査は無理で、ヤンゴンでの調査を考えるしかなかった。O氏と再会し、彼を中心に活動するラーマーヤナの会の人々が儀礼祭司としても活躍していることから、この集団を主な調査対象とすることに決め、翌年本調査に入った。

彼らがウェイザー信仰を目的に結成されたガインを母胎としており、O師がガインの師であることを知ったのは、本調査に入ってしばらくしてからである。彼らの活動を演劇との関わりでとらえた調査前のリサーチ・プロポーザルは、ある意味では「定石通り」というべきかもしれないが、調査の過程で見事に瓦解してしまい、新たな角度から調査を進めざるをえなかった。

確かに、ガインの人々は、従来の枠組みでは十分に位置づけられないままに終わってきた知識と深く関わっている。たとえば、彼らが核とする占星術や呪符、民間医術などの知識は、従来の人類学研究においては「呪術」的とされてきた。もちろん、「呪術」という弁別そのものが、他者の広い宗教実践を「宗教」と「呪術」に分別する意識に基づくものという反省は存在する。それではなぜ、彼らもまた「宗教」とウェイザーの諸術を分けるのだろうか。O師はなぜガインであることを当初、言明しなかったのだろうか。

これが、私が考えたかった問いの一部であり、前者については、本書で述べてきたつもりである。ただ、後者の質問は、O師にも、また他のガインの成員にも当初よく問いかけたが、「そういうものなのだ」「人に言いふらすものではない」という答え以上のものは得られなかった。

当該社会の日常生活や書き物の世界、あるいは政治のレベルで、ありうべき「宗教」の姿という、曖昧だが力を持った語りが存在し、いわば正統仏教なるものが指向される磁場があることは、私にも感じられる。もちろん、これは、現政権や民主化といった目に見えるレベルの政治や日常生活の微妙な個人の関係性と、複雑に絡みつつ働いているものでもあった。

つまりは、ウェイザーに関わる知識や実践も、このような磁場のなかで規定されている。もちろん、ウェイザーの信者の側も自らを積極的に語ってきた。本書は、彼らが積極的に語った語りを採用してきたといえるだろう。そして、この語りをローコゥタラとローキーという一対のカテゴリーのなかに位置づけ、ビルマ社会における「宗教」とそれ以外のものという区別の動きを追ってきたつもりである。

ただし、自らを位置づける積極的な語りも、結局、仏教のなかにいかに位置づけるかを目指す「仏教の語り」に回収されていってしまう。彼らが自らの知識を仏教と明確に分離して「ローキー」であると主張することは、むしろ仏教を中心とする世界のなかに自らを明確に位置づける、それも周縁として位置づけていくことに他ならない。

さらに、このような語りを中心に描いていくことで、ガインやウェイザー信仰のある側面——彼らの姿が都市のなかで見えなくなるコンテクスト、そして、「ガイン」を研究していると告げたときのビルマの知人達の興味と不安がないまぜになったような反応——を記述する回路が、逆に閉じていってしまうのである。

ウェイザー信仰を、彼ら自身の仏教の語りを借りて記述していってすら、そこからこぼれおちるものが確かにある。本書ではこうした問題にこれ以上は踏み込めなかったが、今後、新たな課題として考えていくつもりである。

本書は、一九九六年三月に総合研究大学院大学文化科学研究科より文学博士号を授与された学位論文『ビルマにおけるウェイザー信仰の研究』をもとに、ページ数を百数十枚削って書き直したものである。

論文執筆に際しては、総合研究大学院大学の先生方にお世話になった。指導教官の藤井知昭先生（現中部大学教授）、田村克己先生、予備審査委員の田邊繁治先生、吉田憲治先生は、初期の段階の草稿から丁寧に目を通してくださり、厳しいながらも有意義な示唆をくださった。とりわけ、田村克己先生は絶えず指導の場を設け、鋭い指摘と暖かい励ましを通じて論文執筆の原動力を与えてくださった。

本審査にあたっては、審査委員長の黒田悦子先生をはじめ、上智大学の石井米雄先生（現神田外語大学学長）、筑波大学の小野澤正樹先生、藤井知昭先生（現中部大学教授）、中牧弘允先生が審査の労をとってくださった。審査委員の先生方から数々の有益なコメントをいただいた。本書で生かしきれなかったご指摘もあるが、それらは今後の研究課題としたい。

大学院の論文執筆ゼミナールは、活発な議論と刺激に満ちたまことに得難い機会であった。当時ゼミ担当教官の清水明俊先生、藤井龍彦先生をはじめ諸先生方は、有益な示唆と助言とを惜しみなく与えてくださった。さらに、同ゼミナールに参加する先輩や友人との議論や日頃のやりとりは、私にとって大きな宝であった。そのほか、大阪外国語大学の先生方はビルマ研究の手ほどきを、東南アジア史学会、とりわけ関西例会の先生方が、東南アジア全体を見渡す視野を教えてくださった。

現地調査では、ビルマの多くの師たちや友人たち、とりわけO師とアーターナディィヤ・ガインの人々にありとあらゆる面で世話になった。博士論文が形になったのは、彼らの協力のおかげであり、私が帰国してからも論文完成を祈って儀礼の際に「威力ある」ウェイザーにお願いしてくれたという効果が大きかったように思う。さらに、当時現地の事情もあって取得困難だったビザが得られたのは、外務省の丸山市郎氏をはじめ在ミャンマー日本大使館の担当の方々の御尽力に他ならない。

このような人々のすべてに、心から感謝の気持ちを記したい。

現地調査は、大和銀行アジア・オセアニア財団の研究助成をいただいた。ここに厚く謝意を表す次第である。

また、助成の道を拓いてくださった故土屋健治先生に心から感謝したい。まがりなりにも形になった本書をお見せできないことが、心から残念である。

本書は平成一一年度科学研究費補助金「研究成果公開促進費」の交付を受けた。有形無形の援助を通じて支えてくださる神戸大学国際文化学部の教官の方々、出版にあたって原稿に目を通してくださった風間計博氏、また出版を引き受け、私を前に前にと進めてくださった勁草書房編集部の町田民世子さんに心からお礼をいいたい。

一九九九年一一月

土佐　桂子

索　引

ア行

カ行

サ行

タ行

ナ行

ハ行

マ行

ヤ行

ラ行

ワ行

引用文献

略称

HMY :

1963 *Hmannàn Măha Yazăwindawgyì*（玻璃宮王統史）. Tin Shein（ed.）Maṇdăleì（Mandalay）, Míbá Gonyaung.

KBZ : Tin, Ù

1967 *Kònbaungzet Măha Yazăwindawgyì*（コンバウン王朝年代記（2nd ed.）Maung Maung Tin（ed.）Yangon, Ledi Mandain.

MA : Myanma Sa Ăhpwe

1979 *Myanma Ăbeikdan Kyingyok* Vol. 1-5（ビルマ辞典）. Yangon, Sapei Biman.

MMOS : Tin, Ù

1965 *Myanma Mìn Okchokpon Sadan hnín Bòdaw Păyàgyì í Yazăthat Hkaw thàw Ămeindaw Tàngyì*（ビルマ王朝支配記録）. Vol. 2. Central Press.

MY : U Kăla

1960 *Măha Yazăwingyì*（大王統史）. Hpei Maung Tin（ed.）Yangon (Rangoon), Hanthawădi.

ROB : Than Tun（ed.）

1983-1990 *The Royal Order of Burma, A.D. 1598-1885.* Vol. 1-10. Kyoto, The Center for Southeast Asian Studies, Kyoto University.

SV : パンニャターミ（Pannyathami）

1980『ビルマ上座部佛教史――「サーサナヴァンサ」の研究』（*SāsanaVaṃsa*、生野善應訳）東京、山喜房佛書林刊。

TLS : Măha Dammá Thingyan

1956 *Thathăna Linkará Sadàn*（タータナー・ランカーラ・サーダン）. Yangon, Hanthawădi.（28章までは邦訳あり：池田正隆訳 1980-89「タータナー・ランカーラ・サーダン――ビルマの仏教史に関する伝承の記録」第 1 部－第 7 部『仏教研究』9 : 33-58, 10 : 75-98, 11 : 49-74, 13 : 23-54, 16 : 95-122, 18 : 71-99, 22 : 85-114.）

YTK : Hteik Tin Htwei

1967 *Yădăna Thinhka Konbaung Măha Yazăwin Ăcyin*（2nd ed.）（ヤダナーティンカ・コンバウン王統略史）. Yandon, Ponnya Sack Taik.

ビルマ語資料

Alawká

n.d. *Thuyáthădi Piyá Kăhta Kyàn*（トゥヤダディ女神の愛の呪文の書）. Mandăleì, Băhosi.

Aung, U
1959 (1909)
Kăwíthara Myinzuthá Kyàn（*Ăyudaw Mingăla Shaukhtòn*）（アユードーミンガラーの意見具申書）. Yangon, Ledi Mandain.
Aung Zá
1992 Thamănyá Taung hma Ganbiyá Lethsaung（平凡山からの深淵なる土産）. *Nekkhattá Yaungchi Mekgăzin*（1992 Oct.）: 183-85.
Bà Mé, Hsăyadaw Păyagyì
1962 (16c)
Măha Teikdí Kyanyìngyì. Vol. 1（大超能力の書）. Mandălei, Pítăkatdaw Pyánpwàyei.
Batdandá Weipoklabídăzá
n.d. *Thaiksa Nyúnbaùng*（予言の書選集）. n.p.
Eì Hpei, U
n.d. *Ăhtù Mitta Bawăna Pwàmyà Nì*（ミッター・バーワナー瞑想方法）. Yangon, Eì Hpei.
Hkin Gyì Hpyaw → Taungdwìn Hsăyadaw
Hlain Hteik Hkaung Tin
1959 (19c.)
Einda Wunthá Nàndwìn Zatdawgyì（エィンダーウンタ宮廷劇）. Yangon, Hanthawădi.
Hpei Hkin
1949 *Bò Bò Aung hnín Kyìnzin*（ボーボーアウンとその修行）. Yangon, Thaùng.
Hpei Myín, Ù
1971 *Batdantá Pandítá Hteirokpattí hnín Bòdaw Bò Htùn Aung í Ăthtokpattí*（バッダンタ・パンディタ僧正とボードー・ボートゥンアウンの伝記）. Yangon, Ithsadăyá.（非売品、ガイン内限定版）
Hpò Lat
1955 *Thúteithăná Thăyokpyá Ăbeikdan*（研究用精解辞典）. Yangon, Pinnya Nandá.
Hset Aung
1993 Kyunnaw Păyàbùkà Egyin（私は巡礼バスのエージェント）. *Sìbwàyei Dăna*（1993 March）: 152-66.
Hteì, Hsăya
1969 *Shwei Yin Kyaw Ithsadăyá Măheikdhi Hseì Gaìngdawgyì Gaìnggyok Hsăyagyì Hsăya Hteì í Thinkeipanayá Kúhtòn Kyàn*（シュエインチョウ・ガインの総師たるティ大師による簡略治療法）. Shweiyinkyaw Gaìng.（非売品、ガイン内限定版）
Htei Hlaing, Ù
1987 *Găba go Chokkainméthu*（世界を掌握する人）. Yangon, Bokdá Ăthan.
1991 (1973) *Myanma Nainngan Patípattí Thathăna Win Yăhanda hnín Pokgohtùmyà*（ミャンマー国におけるパティパッティ活動に秀でたヤハンダーと優れた人々）(8th ed.). Yangon, Bokda Ăthan.

Htin Paw, Ù（Myá Sălwe）
n.d. *Thuyáthădi Ăhpwín Gyàn*（トゥヤダディ女神の解釈書）.（3rd ed.）Yangon, Kyà Pítăkat Saok Hsain.
Htùn Myín, Ù
1968 *Pali Thet Wàwhará Ăbidan*（パーリ派生語辞典）, Yangon, Tekkădomya Saok Pyusu Htokweiyeì Kawmíti.
Htut Hkaung
1969 *Lawki Weikza Pinnya Hlyáwkwetgetmyà*（ローキー・ウェイザーの学の秘密）. Yangon, Zăbe Ù Sapei.
Kyaw Gyì, Pyilòn Chàntha
1946 *Mănaw Măyeikdí Weikzădo Lànhnún*（マノーマイェイディのウェイザーの導き）. Yangon, Pyithu Ălìn.（非売品、ガイン内限定版）
Kyaw Nyún, Maung
1993（1977）
Weibu Hsăyadaw Păyàgyì Hteirokpattí hnín Kyínzin（ウェイブー僧正の伝記とその行い）. Yangon, Gàngaw Ù Sapei.
Ledi, Hsăyadaw
1972（1884）
Weikza Mekgá Dipăni（ウェイザー・メッガ・ディーパニー）. Yangon, Yadăna Thiri.
Letwè Nawyăhta
1959（1763）
Letwè Nawyăhta Shaukhtòn（レッウェノーヤターの意見具申書）. Ù Htùn Kyì, Ù Htùn Yi and Ù Băyin（ed.）Mandălei, Pităkatdaw Pyánpwàyeì.
Lokthà
Lokthà Pyithu Neízin Thădìnza（日刊紙：労働者人民日報）, Yangon, Lokthà Pyithu Neízin Thădìnza Taik.
Lun, Hsăyagyì
n.d. *Ătsayătha Weikza Măheikdí Ithsadăyá Măha Păhtăman Gaìngdawgyì í Ănanta Puzawhkan hnín Thitsa Ădeiktan Hsútaùngàn*（イッサーダヤ・マハー・パタマン・ガインの五師への礼拝と誓いと祈願の章）. n.p.（非売品、ガイン内限定版）
Măha Hswei
1940 *Dămá Setkya*（仏法転輪聖王）. n.p.
Măha Wíthokdi Aungdawmu Thathăná Pyánpwàyeì Ăhpwegyok
1972 *Măha Withokdi Aungdawmu Thathăná Pyánpwàyeì Ăhpwégyì í Sìganmyà hnín Kotweí Kyínzinmyà*（マハー・ウィトゥディ仏教布教の会の会則と修行方法）. n.p.（非売品、ガイン内限定版）
Măhasi, Hsăyadaw
1958 Kămătan Tăyà Àhtokgyìn Ăkyaùng（瞑想のやり方）. Yangon, Măhasi.
Mandălei Myóte Nànte Sadàn（マンダレー首都造営記録）.
1959 Mandălei, Yădănadipan.
Maung Gyì, Hsăya

1952 *Weikzădo Aung Mìn Gaung í Htwetyat Pauk Yazăwin Ăthtokpattí* (ウェイザドー・アウンミンガウンのこの世を抜けた歴史と伝記). Yangon, Míbá Meikta Sapei.

Maung Maung Tin

1975 *Shweinànthòn Wàwhará Ăbídan* (宮廷用語辞典). Yangon, Bokdá Thathăna Ăhpwe.

Monywe, Hsăyadaw

n.d.(1821) *Narăda Pyó* (ナーラダ・ピョ). n.p.

Myá Hkain, Maung Myin Hswè and Maung Nwe Aung

1993 Thamănya Hkăyìzin Yangon Păyàhpùyin hma Yindăzì Teìnhmauk (平凡山巡礼バスの事故について). *Kyìbwàyeì Gyane* (1993 June): 26-35.

Myá Maung, Hsăyagyi Ù

n.d. *Ithsadăyá Măheikhdí Sei Hmawseishin Sămá Weikza Gaìngdawgyì Kúhtòn Úpădei Letswè Kyàn* (シュエインチョウ・フモー使いとサマ・ウェイザーのガインの治療方法必携の書). n.p. (非売品、ガイン内限定版)

Myá Myá, Daw

1978 *Myanma Kògwe Yonkyihmúmyà Thămaìng, Hset Shit hnín Hset Kò Yazú Hnit myà* (ビルマの宗教と信仰の歴史——十八、十九世紀について). Mandăleì Weikza hnín Teikpan Tekkătho Thămaìng Htaná. (マンダレー文理科大学歴史学科提出修士論文・未刊行)

Myanma Eì

1958 *Bokda Yaza Hteirokpattí* (仏教王の伝記). Yangon, Thathăna Pyú Weikzabaùngzon Ăhpwégyok.

1962a *Làwki Weikza Pyinnya hnín Gandari Thămădá Kăthaìn Pyinnya Yunì hnín Pyánì* (ローキーのウェイザーの学と集中瞑想のやり方と示し方). Yangon, Myówin.

1962b *Wípatthăna Tăyà Tú Hsăya Tú Sittàn* (内観瞑想白書). Yangon, Thathăna Pyú Weikzabaùngzon Ăhpwegyok.

Myei Nàn Wùngyì (Măha Mìn Kyaw Yaza Bwé)

1953 *Thaiksa Hsezaungdwè Diga* (十大予言の書の注釈). Mandăleì, Theìn Maung.

Myín Ù

n.d. *Thathăna 2,500 hnín Bokda Yaza* (仏教五千年と仏教王 (ボゥダ・ヤーザー)). Yangon, Thín Myit Băho Sapei.

Nagàwthá, Hsăya

1938 *Păyàwga Păyawgá Kúhtòn Pădeithá Lettweí Shúbwe Kyàn* (パヨーガの治療法百科). Thúríyá Thătinzataik. (非売品、ガイン内限定版)

Nyaungyàn Zeiyá Pandítá

1963 *Zeidi Păyà Tehtà Nì Kyàn* (ゼィディとパゴダの建立方法の書). Yangon, Nyaungyàn Zeiyá Pandítá Yătănázon.

Òn Maung, Ù, Nattălin

1993 Thamănyá Taung Hsăyadaw Bagyaúng Name Kyìyáthălè (平凡山僧正はなぜ著名になったのか). *Yokshin Aunglàn Mekgăzin* Vol. 438

(1993 May)：20-24.
Òn Ngwei, Maung
n.d. *Bokda Thathăna Pyú Măheikdi Măha Weikzădo Gaìnggyok Pokpà Taung Bòdaw Aung Mìn Gaung í Kălat Yok Haùng hma Yok Thit thó Pyaùngshwé thàw Ăthtokpattí hnín Kyínzin*（マヘィディ・マハーウェイザドー・ガインの総師、ポゥパー山のボーミンガウンが古い姿から新しい姿に移るにいたる伝記と行い）. Mawlámyain, Maung Tin In Hsàn.（非売品、ガイン内限定版）
Păhtăman Ăhpwé
1950 *Păhtăman Tăyà Mekgăzin*（1950/8/13）（パタマンの法雑誌）. Yangon, Păhtăman Ăhpwe.
Panditsá, Ù
1960 *Dăgo Kyì Păyà Yazăwin Thămaing hnín Mandălei Taung Pítăkatdaw Thămaìng*（威徳あるパゴダの歴史とマンダレー丘の三蔵の歴史）(3rd ed.). Mandălei.
Pannăwá
n.d. *Sătúthará Thinhkeipá Hseìgyàn*（４つの基本に関する簡略民間治療の書）. Yangon, Ithsathăya Pítakat Ponhneik Taik.
Paw Ù
1952 *Weikzădo Aung Mìn Gaung í Htwetyat Pauk Yazăwin Ăttokpattí*（ウェイザドー・アウンミンガウンのトゥエヤッパウの歴史あるいは伝記）. Yangon, Míbá Meikta.
Pwín, Hsăya
n.d. *Ithsadăyá Măheikdi Hseì Gaìnggyì Gaìngdawgyok Hsăyagyì Ù Pwin í Kúhtòn Úpădei Letswè*（シュエインチョウ・ガインの総師たるプイン大師の治療方法必携の書）. Ithsadăyá Măheikdi Hseì Gaìnggyì. n.p.（非売品、ガイン内限定版）
Sein Hkán, Ù
n.d. *Byadeik Yá Thaik Paùngzon*（仏陀の啓示集成）. Wadá Pyánpwàyeì.
Sein Hsàn.
1991 *Ingá Weikza, Yădăya, Datyaik Dathsin, Beidin Baìnggyok Kyàn*（インガウェイザーの書）. Yangon, Shweipărăbaik.
Sein Sán, Păhtămágyaw Hsăya
1948 *Năwìn Dat hnín Măha Thămăyá Lokhtòn Nì*（ナウィン・ダッと時の定め方）. Păhtăman Hsăya Ăhpwe.
Shein, Hsăya
n.d. *Á Má Yá Hsá*（ウェイザー・マヘィディ・マハーティラ・トゥピノーダダ・セィドージー・ガインの呪符）. n.p.（非売品、ガイン内限定版）
Shin Sandá Linká
1901（1781）
Măni Yădănabon Wuthtú（マニヤダナーボン物語）. n.p.
Taungdwìn Hsăyadaw（Hkin Gyì Pyaw）
1976 *Làwki Teikpan Weikzădo Kyàn*（ローキー・ティパン・ウェイザドーの書）. Mandălei, Ko Hlá Maung.

1988 *Ingá Weikza Digagyì* Vol. 1-3（インガ・ウェイザーの術注釈書）(2nd ed.). Yangon, Pităkatdaw Pyánpwàyeì Ponhneiktaik.

Tàwhmi Yăhàn, Lonláshin and Maung Dipa（eds.）

1993 *Eìmyá Thagaung Thamănyá Taung*（平安なる平凡山）(3rd ed.). Yangon, Hsànhtùn Sapei.

Teizá, Hsăya

1954 *Sămá Weikza Htwetyat Pauk Kyínzin*（サマ・ウェイザーのこの世の抜け方修行方法）. Yangon, Gandăma.

Tha Yeì Htut, Yenan

1968 *Ăbá Bò Paikhsan Ăthtokpattí hnín Súgaw Kăyin Yòya Dăleí*（ボーパイサンの伝記とスゴー・カレン族の習慣）. Yangon, Myá Sapei.

Thathăna Tăwet Mìngaung Tăhset（仏暦二千五百年、優れた王一代）.

1954 n.p.

Thathănayeì Ùzì Htaná

1989 *Măha Wízáyá Zeididaw Thămaing Ăkyin*（2nd. ed.）（ウィザヤ・パゴダの略史）. Yangon, Thathănayeì Ùzì Htaná.

Tin, Ù

1962 *Mandá Weikza Păyà Shikhkò Kyàn*（マントラの知識と仏陀礼拝の 書）. n.p.（非売品、ガイン内限定版）

Tin Hpei

1963 *Myìngyan Myó Kyeìzùshin Sùnlùn Gukyaùng Hsăyadaw Hpăyagyì í Teirokpattí Atye hnín Tăyadawmyà*（ミンジャン市スンルン僧正の伝記とその教え）. Myìngyan, Thàwbáná.

Tin Thaùng, Hsăya

1976 *Shweiyinkyaw Ithsadăya Măheikdi Hseì Gaìngdawgyokgyìmyà í Ăthtokpattí Ăkyìngyok hnín Hsăyagyì Ù Tin Thaùng í Dăbémyà Ătwet Păyàwgá Kúhtòn*（シュエインチョウ・ガインの総師たちの伝記と、ティンタウン師による弟子たちのためのパヨーガ治療法）. Ù Tin Thaung.（非売品、ガイン内限定版）

Zàwtí Palá

1952 *Naga Yit Taung Thămaìng*（龍巻く山の歴史）5th Ed. Mandălei, Myóse. Weikza Mekga Ămătá Yeiktha.

1962 *Kònăwìn Kauk Nì Lettweí Nì hnín Weikza Mekga Ămătá Yeiktha í Sìgàngyet*（コーナウィンの作り方とウェイザー・メッガ・アマタ・イェイターの規則）. Yangon, Myáwădi.

英文・邦文資料

Ames, Michael M.

1964a Buddha and the Dancing Goblins : A Theory of Magic and Religion. *AA*（American Anthropologist）66 : 75-82.

1964b Magical-animism and Buddhism : A Structural Analysis of the Sinhalese Religious System. *JAS*（*Journal of Asian Studies*）23 : 21-52.

Aung Than, U

1965 Relation Between the Sangha and State and Laity. *JBRS*（*Journal of*

Barma Research Society）48-1 : 1-9.
Aung-Thwin, Michael
1983 Divinity, Spirit and Human : Conceptions of Classical Burmese Kingship. In Lorraine Gesick（ed.）*Centers, Symbols and Hierarchies : Essays on the Classic States of Southeast Asia,* New Heaven, Yale Univ.
1985 *Pagan, the Origins of Modern Burma.* Honolulu, University of Hawaii Press.
Ba Han
1920 The Meaning of "Ari". *JBRS* 10 : 160.
Brohm, John Frank
1963 Buddhism and Animism in a Burmese Village, *JAS* 22-2 : 155-68.
Brown, R. Grant
1916 On a Meathod of Manufacturing Charms in Burma. *Man* No.67 : 115-16.
Clark, Cooper
1932 Burmese Tatu. *Man* No.82 : 67-84.
Crawfurd, John
1834 *Journal of an Embassy from the Governor-General of India to the Court of Ava.* London, Henry Colburn.
Desai, W.S.
1939 *History of the British Residency in Burma, 1826-1840.* Rangoon, The University of Rangoon.
Duroisselle, M. Charles
1912 The Bodhisattva Maitreya in Burma. *JBRS* 2 : 101-02.
1919 The Ari of Burma and Tantric Buddhism. In John Marshall（ed.）, *Archaeological Survey of India. Annual Report, 1915-1916,* India, Calcutta Govt. Pr., India, pp.78-93.
1920a Derivation of "Ari". *JBRS* 20 : 158-59.
1920b The Meaning of "Ari". *JBRS* 20 : 160-61.
Duroisselle, M. Charles（ed.）
1960 Epigraphia Birmanica being Lithic and Other Inscriptions of Burma. In *Archaeological Survey of Burma* 1-2. Yangon, Superintendent, Government Printing and Stationary.
Enriquez, Capt. C. M.
1914 The Bodhisattva Maitreya in Burma. *JBRS* 4 : 69.
Ferguson, John Palmer
1975 The Symbolic Dimensions of the Burmese Sangha.（Ph.D Dissertation, Cornell University）Michigan, Ann Arbor.
Ferguson, John P. and Mendelson
1981 Masters of the Buddhist Occult : The Burmese Weikzas.*Contributions to Asian Studies,* No.16（Essays on Burma）: 62-80.
藤吉慈海
1977『南方仏教　その過去と現在』東京、平楽寺書店。
Furnivall, J. F.

1919 Metteyya and Shinmale. *JBRS* 9 : 158.
Gesick, Lorraine
1983 The Rise and Fall of King Taksin: A Drama of Buddhit Kingship. In Lorraine Gesick（ed.）*Centers, Symbols and Hierarchies : Essays on the Classic States of Southeast Asia,* New Heaven, Yale University.
Gombrich, R.F.
1971 *Precept and Practice, Traditional Buddhism in the Rural Highlands of Ceylon,* Oxford, Oxford University Press.
Gombrich, Richard and Obeyesekere, Gananath.
1988 *Buddhism Transformed : Religious Change in Sri Lanka.* Princeton, Princeton University Press.
浜本満
1983「卜占（divination）と解釈」『儀礼と象徴――文化人類学的考察』九州大学出版会、pp. 21-46。
ハーヴェイ、Ｇ．Ｅ．
1944（1925）
『ビルマ史』（東亜研究所訳）東京、原書房（G.E. Harvey, *History of Burma, from the Earliest Times to 10 March 1824.* London.）。
ハウトマン、グスタフ（Houtman. G）
1994「支配者と瞑想者のあいだ――植民地時代とそれ以降における内観瞑想」田邊繁治編『アジアにおける宗教の再生――宗教的経験のポリティクス』京都、京都大学出版会, pp. 151-94。
1999 *Mental Culture and the Politics of Burma.* Tokyo, Tokyo University of Foregn Studies, CAA.
速水洋子
1992「カレン族における周縁の力と宗教・社会変動――十九世紀ビルマから今日のタイまで」『民族学研究』57-3 : 271-96。
林行夫
1984「モータムと「呪術的仏教」――東北タイ・ドンデーン村におけるクン・プラタム信仰を中心に」『アジア経済』25（10）: 77-98。
1989「ダルマの力と帰依者たち――東北タイにおける仏教とモータム」『国立民族学博物館研究報告』14-1 : 1-116。
Htin Aung, Maung
1933 Some Inferior Burmese Spirits. *Man* No. 64 : 61-62.
1962 *Folk Elements in Burmese Buddhism.* London, Oxford University Press.
池田正隆
1990「パヤー・コーズ（九神）供養儀礼――Dr. Htin Aung の著書から」『大谷中・高等学校研究紀要』27 : 38-48。
生野善應
1975『ビルマ仏教――その実態と修行』東京、大蔵出版。
1980『ビルマ上座部佛教史――「サーサナヴァンサ」の研究』東京、山喜房佛書林。
1982「ビルマ上座部全宗派合同会議」『亜細亜大学アジア研究所紀要』9 : 55-86。

石井米雄
1975『上座部仏教の政治社会学——国教の構造』東京、創文社。
1982「上座部仏教文化圏における<千年王国運動>序説」鈴木中正編『千年王国的民衆運動の研究——中国・東南アジアにおける』東京、東京大学出版会、pp. 399-440。
伊野憲治
1991「ミャンマー軍事政権（SLORC）の政治体制について（Ⅰ）」『アジア経済』32-12 : 65-78。
1992「ミャンマー軍事政権（SLORC）の政治体制について（Ⅱ）」『アジア経済』33-1 : 63-71。
1994「理想的支配者を求めて——ミャンマー「民主化」運動下の民衆像」田中忠治先生退官記念論文集刊行委員会編『地域学を求めて——田中忠治先生退官記念論文集』東京、田中忠治先生退官記念論文集刊行委員会。
伊東利勝
1983「20世紀初上ビルマの反政庁運動」『愛知大学文学論叢』73 : 49-87。
1985「ウー・トゥーリャの乱——19世紀末下ビルマの反政庁運動」『東南アジア研究』23-2 : 155-72。
1991「南伝上座部仏教圏の救世主と民衆反乱」講座仏教の受容と変容２・石井米雄編『東南アジア編』東京、佼成出版社、pp. 197-240。
ジョターランカーラ、ウー
1985『南方上座部仏教のおしえ』北九州、世界平和パゴダ。
海恵宏樹
1964「ビルマ仏教の輪廻説」『東南アジア研究』3 : 11-23。
カーンチャナパン、アーナン
1993「北タイにおける治療儀礼——仏教治療者と力」田邊繁治編著『実践宗教の人類学・上座部仏教の世界』京都、京都大学出版会、pp. 135-160。
梶原景昭
1977「雨乞い儀礼の分析——北タイ仏教の一理解」『民族学研究』42-2 : 142-61。
片山一良
1973「セイロンにおける仏教と呪術的アニミズム——pantheon をめぐって」『駒沢大学宗教学論集』6
1979「パリッタ（paritta）儀礼——スリランカの事例」『駒沢大学宗教学論集』9 : 121-44
川田順造
1992『口頭伝承論』東京、河出書房新社。
Kirsch, T.A.
1977 Complexity in the Thai Religious System : An Interpretation. *JAS* 36-2 : 241-66.
Leach, E. R.
1962 Pulleyar and the Lord Buddha: an aspect of Religious Syncretism in Ceylon. *Psychoanalysis and Psychoanalytic Review* 49 : 80-102.
Lieberman, Victor B.

1984 *Burmese Administrative Cycles, Anarchy and Conquest. c.1580-1760.* Princeton, Princeton University Press.

Luce, Gorden H.

1919 The Ari of Burma and Tantric Buddhism by Chas. Duroiselle' *JBRS* 9-1 : 53-56.

Mendelson, Michael E.

1960 Religion and Authority in Modern Burma. *The World Today* 16-3 : 110-18.

1961a The King of the Weaving Mountain. *Royal Central Asian Journal,* 48 : 229-37.

1961b A Messianic Buddhist Association in Upper Burma. *BSOAS* 24 : 560-80.

1963a The Uses of Religious Scepticism in Modern Burma. *Diogenes* 41 : 94-16.

1963b Observations on a Tour in the Region of Mount Popa, Central Burma. *France-Asie* 179 : 786-907.

1975 *Sangha and State in Burma, A Study of Monastic Sectarianism and Leader-ship.* John P. Ferguson（ed.）, Ithaca and London, Cornell University Press.

水野弘元

1968『パーリ語辞典』春秋社。

Nash, Manning

1965 *The Golden Road to Modernity.* John Wiley & Sons, Inc, New York.

『南伝大蔵経』

1984（1936）東京、大蔵出版。

根本敬

1993「ビルマの民族運動と日本」『近代日本と植民地 6. 抵抗と屈従』東京、岩波書店、pp. 91-120。

Okell, John

1971 *A Guide to the Romanization of Burmese.* London, The Royal Asiatic Society of Great Britain and Ireland.

奥平龍二

1988「ビルマにおける仏教浄化運動――シュエダゴンパゴダにみる具体的動き」『東南アジア・歴史と文化』17 : 163-64。

1994「ビルマの仏塔信仰――その伝統と現実」森祖道研究代表者『南方上座仏教の展開と相互交流に関する総合的研究』愛知、森祖道、pp. 10-22。

Old Grandfather

1914 A Prediction（Tanhbaung）in Burmese. *JBRS* 4-1 : 71-72.

小野澤正喜

1986「タイにおける宗教的シンクレティズム」『文化人類学』3 : 177-93。

Pfanner, David Eugene

1962 *Rice and Religion in a Burmese Village.*（Ph.D Dissertation, Cornell University）Michigan, Ann Arbor.

Pfanner, David Eugene and Ingersoll, Jasper

1962 Theravada Buddhism and Village Economic Behavior. *JAS* 21-3 :341-61.
Rosald, Renato
1980 *Ilongot headhunting 1883-1974, A Study in Society and History*. California, Stanford Univ. Press.
Sadler, A.W.
1970 Pagoda and Monastery : Reflections on the Social Morphology of Burmese Buddhism. *JAAS* 5-4 : 282-93.
Sarkisyanz, E.
1965 *Buddhist Backgrounds of the Burmese Revolution.* The Hague, M.Nijhoff.
Schober, Juliane
1980 On Burmese Horoscopes. *South East Asian Review* 5 : 43-56.
1988 The Path to Buddhahood : The Spiritual Mission and Social Organization of Mysticism in Contemporary Bumra. *Cross-road* 4-1 : 13-30.
1989 *Paths to Enlightment: Theravada Buddhism in Upper Burma.*（Ph.D Dissertation, Universitoy of Illinois） Michigan, Ann Arbor.
Shorto, H.L.
1978 The Planets, the Days of the Week and the Points of the Compass : Orientation Symbolism in Burma. In G.B.Milner（ed.）, *Natural Symbols in South East Asia. London.*
Shwe Yoe（Scott, J）
1989（1910）
The Burman : His Life and Notions.（3rd ed.） Scotland, Kiscadale.（シュエヨー『ビルマ民族誌』（国本喜平治、今永要訳）1949年、東京、三省堂。）
Shwe Zan Aung, Maung
1912 Hypnotism in Burma. *JBRS* 2 : 44-56.
1918 Buddhism and Science. *JBRS* 8-2 : 99-106.
Silva, Lily De.（ed.）
1970 *Dighanikay-Atthakathatika Linattha Vannana* vol. 3
Spiro, Melford E.
1967 *Burmese Supernaturalism, A Study in the Explanation and Reduction of Suffering.* New Jersey, Prentice Hall Inc.
1970 *Buddhism and Society : A Great Tradition and Its Burmese Vicissitudes.* New York, Harper & Row.
1977 Book Review on World Conqueror and World Renouncer. *JAS* 36-4 : 789-91.
Sunait Chutintarannond
1988 Cakravartin : Ideology, Reason and Manifestation of Siamese and Burmese Kings in Traditional Warfare（1538-1854）. *Cross-road* 4-1 : 46-56.
高谷紀夫
1983「ビルマ仏教の全体像をめぐって――その人類学的考察」『鹿児島大学南海研紀要』3-2 : 211-24。
1986「ＰＷＥの世界――ビルマ儀礼論」『鹿児島大学教養部史学科報告』33 :

41-54。
1993「ビルマ儀礼論の展開――祭祀空間としてのパゴダをめぐって」田邊繁治編著『実践宗教の人類学・上座部仏教の世界』京都、京都大学出版会、pp. 102-31。
Tambiah, S.J.
1970 *Buddhism and the Spirit Cults in North-east Thailand.* London, Cambridge University Press.
1976 *The World Conqueror & World Renouncer, A Study of Buddhism and Polity in Thailand against a Historical Background.* Cambridge, Cambridge University Press.
1978 The Buddhist Concept of Kingship and its Historical Manifestation : A Reply to Spiro. *JAS* 37-4 : 801-09.
1984 *The Buddhist Saints of the Forest and the Cult of Amulets.*Cambridge, Cambridge University Press.
1996『呪術・科学・宗教：人類学における「普遍」と「相対」』（多和田裕司訳）思文閣出版。
田村克己
1980「上ビルマの一農村における年中儀礼と二元性」『鹿児島大学南総研紀要』1-1 : 93-141。
1983 Intimate Relationships in Burma. *East Asian Cultural Studies.* Vol.22 1-4 : 11-36.
1987「『伝統』の継承と断絶――ビルマ政治のリーダーシップをめぐって」伊藤亜人、関本照夫、船曳建夫編『現代の人類学3・国家と文明への過程』東京、東京大学出版会、pp. 83-106。
1993「見えない『国家』――ビルマの精霊儀礼の語るもの」田邊繁治編著『実践宗教の人類学・上座部仏教の世界』京都、京都大学出版会、pp. 195-220。
1994「仏教の周縁にて――ビルマのナッとガイン」田邊繁治編『アジアにおける宗教の再生――宗教的経験のポリティクス』京都、京都大学出版会、pp. 131-51。
田邊繁治
1993『実践宗教の人類学・上座部仏教の世界』（編著）京都、京都大学出版会。
1994「精霊祭祀の再構築――北タイの職業的霊媒カルト」『アジアにおける宗教の再生――宗教的経験のポリティクス』京都、京都大学出版会、pp. 195-229。
Taylor, J.L.
1993 *Forest Monks and the Nation-State: An Anthropological and Historical Study in Northeastern Thailand.* Singapore, Institute of Southeast Asian Studies.
Than Tun
1988 *Essays on the History and Buddhism of Burma*（Strachan, Paul ed.）. London, Kiscadale.
Thittila, Ashin

1987 *Essential Themes of Buddhist Lectures Given by Ashin Thittila.* Rangoon (Yangon), Depat. of Religious Affairs.

Tin, Maung

1913 Burmese Ghosts. *JBRS* 3 : 65-68.

1914 Burmese Ghosts. *JBRS* 4 : 53-56.

Tin Maung Maung Than

1988 The Sangha and Sasana in Socialist Burma. *Sojourn* 3-1 : 26-61.

Toe Hla, U

1979 Monetary System of Burma in the Konbaung Period. *JBRS* 62 : 53-87.

土佐（堀田）桂子

1987「ビルマにおける近代小説の登場――novel と vatthu のはざま」『東南アジア・歴史と文化』16 : 76-112。

1996「ビルマにおけるウェイザー（超能力者）信仰の一考察：ガインにとってのローキーとローコゥタラ」『民族学研究』61-2 : 215-42.

1999「宗教に基づく「共生」の地としてのターマニャ山：ミャンマー連邦カレン州の事例から」栗原浩英編『東南アジアにおける「共存」・「共生」の諸相』東京、東京外国語大学アジア・アフリカ言語文化研究所。

ウエープッラ、ウー

1980(1978)

『南方仏教・基本聖典』東京、仏教書林中山書房。

Wirz, Paul

1954 *Exorcism and the Art of Healing in Ceylon.* Leiden, E.J. Brill.

Woodward, Mark R.

1988 When One Wheel Stops : Theravada Buddhism and the British Raj in Upper Burma. *Cross-road* 4-1 : 57-90.

Yalman, Nur

1964 The Structure of Sinhalese Healing Rituals. *JAS* 23 : 115-50.

Yule, Henry

1858 *A Narrative of the Mission Sent by the Governor-Geveral of India to the Court of Ava in 1855 with Notices of the Country, Government and People.* London, Oxford University Press.

芳村修基他

1968「ビルマ仏教教団の構造」芳村修基編『仏教教団の研究』pp. 499-588. 東京、百華苑。

年　表

西暦	政　治	仏　教	LPに関すること	ウェイザーの歴史
11c	【パガン朝】	アリ僧（大乗密		※シン・イッサゴーナ活躍
		教系？）活躍		
	アノーヤター王	上座部仏教取り込み	ポゥパー山僧正	(←シン・イッサゴーナか？)
		(シン・アラハン僧正)	に呪術行わせる	※シン・アラハン
	【ピンヤ朝】			
1322-42	ウザナー王	「七僧院」建立		
1342-50	ガー・スィシン・チョーズワー王		ティンガザ僧正拳闘	
			(ポェジャウン)	
	【インワ朝】			
1368-01	ミンチィズワ・ソーケ王	ヤカイン僧正王師	(←占星術)	
1404-22	ミンガウン王			※ミンガウン王
	※【ハンターワディ朝】			※ダンマゼィディ
	下ビルマ→			※ダンマパーラ
1472-	ダンマゼィディ王			
	【ニャウンヤン朝】		1593	
1597-05	ニャウンヤン王	1607	モン族系バーメ僧正	※バーメ僧正、バー
1605-28	アナウペッルン王	モン族系僧侶重用	が呪符で首都を守る	タムッ僧正、バータ
1629-48	タールン王	ナッセッヤウン僧正	ナッセッヤウン僧正（占星術）	モゥ僧正、バーミャ
1673-98	ミンイェイチョウディン王	〃王師になる ←	〃幽霊退散させる	イ僧正
1698-14	サネ王	※通肩派偏祖派対立		
	【コンバウン朝】			
1752-60	アラウンパヤー王			
1782- 1819	ボードーパヤー王	1784 宗教浄化委員会設置		※王幼少時はBBAと友人
			1802	※アーターナディヤ・ガイ
1819-37	バジードー王		ポェジャウン弾圧	ンの始祖この世を抜ける
1824	第一次英緬戦争			※王、BBAと対立敗北
	※転輪聖王の噂			BBA、ニャウヤン王子を守る
1838-45	ターヤーワディ王			
	※ニャウンヤン王子処刑			
1852	第二次英緬戦争		『サーサナ・ヴァンサ	
1852-77	ミンドン王	サンガ・ウィナヤ法	(仏教史)』編纂	
		勅令により浄化	1855	
		第5回仏典結集	ポェジャウン弾圧	
		瞑想宮廷で広がる	1856勅令	

西暦	政　治	仏　教	LPに関すること	ウェイザーの歴史
1877-85	ティーボー王			
	※英領下ビルマ各地で反乱			ガイン結成される
1885	王朝崩壊	オゥタマ僧正反		
	※各地で反乱（未来王）	英活動行う	＊ウー・カンディ、	＊ウェイザーたちが会議を
1907	YMBC結成	レーディ僧正仏教を	パゴダ建立行う	開きカンディを選ぶ
1911	GCBA結成、民族学校開く	分かりやすく説く		
				BMGの噂広まる
1930	サヤー・サン反乱			1938ポゥパー山
	日本軍占領時代			に籠る
1948	独立			
	【ウー・ヌ政権】	仏教政策		
		第6回仏典結集		BMG＝転輪聖王の噂
1956		仏暦2500年式典		1952この世を抜ける
1958	【ネーウィン政権】			1957理想王
1979		ガイン弾圧		ガイン弾圧
		全宗派合同会議開催		
		称号など与える	ネーウィン占星術に	
			凝るという噂	
1988	【民主化運動・セィンルィン政権】	僧侶の一部反政府活動行う	セィンルィン占星術？	
	【スローク政権・ソーマウン大将】	政治僧還俗		
1992	【タンシュエ大将】	1990、5年毎の会議		

※BBAはボーボーアウン、BMGはボーミンガウンの略

著者略歴

1957年　愛知県に生まれる
1995年　総合研究大学院大学文化科学研究科比較文化学修了。博士（文学）
現　在　神戸大学国際文化学部助教授
主論文「ビルマにおけるウェイザー（超能力者）信仰の一考察」（『民族学研究』61巻2号、1996年）
「日常生活のなかの仏教と民間信仰」（日本放送協会編『ブッダ大いなる旅路2』NHK出版、1998年）ほか
訳　書　マ・サンダー『欠けている所を埋めてください』（井村文化事業社、1986年）ほか

ビルマのウェイザー信仰

2000年2月15日　第1版第1刷発行

著　者　土《と》佐《さ》桂《けい》子《こ》
発行者　井村寿人

発行所　株式会社　勁《けい》草《そう》書房

112-0004　東京都文京区後楽2-23-15　振替　00150-2-175253
電話（編集）03-3815-5277（営業）03-3814-6861
FAX　03-3814-6854
平文社・牧製本

ISBN 4-326-10129-6

http://www.keisoshobo.co.jp